Georg Horn / Hubertus von Schrottenberg

Ganzheitliche Finanzplanung

Georg Horn / Hubertus von Schrottenberg

Ganzheitliche Finanzplanung

Das neue Wertebewusstsein
von Kunden und Beratern

GABLER

Bibliografische Information der Deutschen Nationalbibliothek
Die Deutsche Nationalbibliothek verzeichnet diese Publikation in der
Deutschen Nationalbibliografie; detaillierte bibliografische Daten sind im Internet über
<http://dnb.d-nb.de> abrufbar.

1. Auflage 2011

Alle Rechte vorbehalten
© Gabler Verlag | Springer Fachmedien Wiesbaden GmbH 2011

Lektorat: Guido Notthoff

Gabler Verlag ist eine Marke von Springer Fachmedien.
Springer Fachmedien ist Teil der Fachverlagsgruppe Springer Science+Business Media.
www.gabler.de

Umschlaggestaltung: KünkelLopka Medienentwicklung, Heidelberg
Gedruckt auf säurefreiem und chlorfrei gebleichtem Papier
Printed in Germany

ISBN 978-3-8349-2694-4

Zum Geleit

Wenn es stimmt, dass der Goldpreis ein Indikator für Angst und Vertrauensschwund gegenüber den klassischen Kapitalanlagen ist, dann muss die Einstellung der Menschen gegenüber den Finanzmärkten zum Zeitpunkt der Entstehung dieses Geleitwortes als äußerst kritisch bezeichnet werden. Jener Mangel an Vertrauen gründet nicht nur auf den Enttäuschungen, die die Märkte beschert haben, er wurzelt ebenso tief in den systematischen Fehlberatungen der Produktanbieter. Auch die Banken, die bis 2008 grundsätzlich als seriös galten, wurden häufig als Verkäufer nicht werthaltiger Finanzprodukte entlarvt. Den sogenannten Beratern kam es mehr auf ihre Provision, denn auf seriöse und nachhaltige Kundenbetreuung an und die Vorgesetzten und Vorstände forcierten dieses Gebaren durch unmenschliche Zielvorgaben. Hat sich daran in der letzten Zeit etwas geändert? Leider nein und das spürt die Kundschaft. Daher fallen die Ergebnisse der vom Institut Allensbach durchgeführten Postbank-Studie „Altersvorsorge in Deutschland 2010/2011" auch so katastrophal aus wie nie zuvor: Über 80 Prozent aller Mitbürger sehen die langfristige Zukunftssicherung als wichtigstes Sparziel an, jedoch hat ein Viertel genau dieser Menschen seine Vorsorgeverträge reduziert oder ganz gekündigt. Jeder Dritte besitzt überhaupt keine private oder betriebliche Versorgung mehr und über 40 Prozent sehen keinen Sinn in einem weiteren Ausbau, obwohl sie wissen, dass sie deutlich unterversorgt sind; das Handelsblatt titelt daher am 7. Oktober 2010: „Massenflucht aus der Altersvorsorge". Die Immobilie feiert als in den Verbraucheraugen beste und sicherste Form der Altersvorsorge ein nicht für möglich gehaltenes Comeback.

In diesen Zeiten tut es gut, wenn sich zwei Praktiker der Branche, ein Versicherungsprofi und ein Vermögensberater, der Problematik Finanzplanung auf eine recht unkonventionelle Weise annehmen. Ihre Botschaft richtet sich an Finanzberater und Kunden in gleicher Intensität: Sich mit den Themen der Geldanlage und Altersvorsorge pro-aktiv zu beschäftigen (durch Informationsbeschaffung und eigenständige Verarbeitung) und sich der ökonomischen Eigenverantwortung bewusst zu werden, ist für Kunden von existenzieller Wichtigkeit – ähnlich der Vorbereitung auf die Fahrprüfung zur Erlangung des Führerscheins. Und für die Finanzberater gilt das Gleiche, allerdings mit dem Zusatz, dass ihr Fachwissen – ihr „Gewusst wie" – immer in der Verantwortung gegenüber dem Wohl des Kunden zur Anwendung kommt, im *„Bewusst wie"*!

Erst wenn beide Intentionen zusammenwirken, wenn es bei den Finanzberatern wie bei ihren Kunden zu diesem neuen Bewusstsein der Verantwortlichkeit gekommen ist, kann man von einer wirklich „ganzheitlichen Finanzplanung" sprechen.

In diesem Sinne wünsche ich diesem Buch eine aufgeschlossene und *nachdenkliche* Leserschaft und eine weite Verbreitung dergestalt, dass sich hierzulande die Thematik der Altersvorsorge, Vermögensbildung und Finanzierung eines zunehmenden Interesses, einer steigenden Akzeptanz, um nicht zu sagen: einer wachsenden Begeisterung erfreuen möge!

Thomas Dommermuth

Steuerberater und Steuerexperte insbesondere auf dem Gebiet der Altersvorsorge. Inhaber des Lehrbereichs für Steuerlehre, sowie Finanz- und Investitionswirtschaft incl. Altersvorsorge an der Hochschule Amberg-Weiden. Vorsitzender des wissenschaftlichen Beirats des Instituts für Vorsorge und Finanzplanung in Altenstadt/WN.

Vorwort der Autoren

Bewusst wie: Herz, Kopf und Hand

Gut 50 Prozent unserer Entscheidungen im Umgang mit Geld seien psychologisch motiviert, heißt es landläufig. Und Altmeister André Kostolany behauptete sogar: *„Die Börse besteht zu 90 Prozent aus Psychologie!"* Da staunt man nicht wenig, denn eigentlich sollte man doch meinen, dass dieser Bereich weitgehend von der Vernunft, von „Rationalität", bestimmt werde. Schließlich geht es um „nackte" Zahlen und „harte" Fakten, und die sprechen – so meinen wir – eigentlich ausschließlich unseren Verstand an. Warum also ebenso die Gefühle, unsere Psyche? Ganz einfach: Weil all unser Tun (und auch unser Nicht-Tun!), jede Entscheidung von Emotionen und Gefühlen begleitet, um nicht zu sagen *geleitet*, wird. Beobachten wir uns nur selbst, sozusagen über die eigene Schulter, dann werden wir es ganz schnell bestätigen.

Die Bedeutung psychologischer Mechanismen für die Beschreibung und Entwicklung der Finanzmärkte ist unstrittig. Und die wissenschaftliche Analyse dieser Mechanismen hat in den letzten Jahren einen starken Aufschwung erlebt: *„Die an der Schnittstelle zwischen psychologischer und finanzwirtschaftlicher Forschung angesiedelte Behavioural Finance (Finanzpsychologie) hat sich als* [neuer] *Forschungsansatz etabliert"*, bestätigt Dr. Carsten Zoll von der Gruppe für interdisziplinäre Psychologie an der Otto-Friedrich-Universität zu Bamberg (uni.vers, Mai 09, S. 16). Bereits 1979 wurde von zwei Psychologen, dem späteren Wirtschafts-Nobelpreisträger (2002) Daniel Kahneman, und seinem Kollegen, Amos Tversky, in Studien belegt, dass viele Menschen bei Fragen der Geldanlage „irrational rational" handeln. Das heißt, sie halten für vernünftig, was realiter – oder sagen wir: nach mathematischen Gesetzen – nicht logisch ist. Als Beleg für diese sogenannte „Prospect Theory" steht eine Personengruppe in zwei Tests vor der Wahl:

Test 1: Um eine am Aktienmarkt investierte Summe von 60.000 Euro in einer wirtschaftlichen Abschwungphase vor Verlust zu retten, stehen zwei Investmentstrategien zur Verfügung. Bei Strategie A würden 20.000 Euro gerettet, der Rest ginge verloren; bei Strategie B würden mit einer Wahrscheinlichkeit von 1 zu 3 die gesamten 60.000 Euro gerettet und mit einer

Wahrscheinlichkeit von 2 zu 3 wäre alles verloren. Die Test-Investoren entscheiden sich mehrheitlich für Strategie A. *„Offensichtlich ist ihnen der 'Spatz in der Hand' lieber als die 'Taube auf dem Dach', oder, anders ausgedrückt: ein sicherer kleiner Geldbetrag erscheint attraktiver als eine unsichere große Summe"*, schlussfolgert Carsten Zoll (ebd.).

Test 2: Und in dem inhaltlich zwar gleichen, aber anders formulierten Alternativangebot stehen die Investoren vor der Wahl, dass bei Investmentstrategie A 40.000 Euro verloren sind, bei Investmentstrategie B mit einer Wahrscheinlichkeit von 1 zu 3 kein Geld verloren ist, aber mit einer Wahrscheinlichkeit von 2 zu 3 alles – also 60.000 Euro – verloren ist. Die Mehrheit der Testpersonen entscheidet sich in diesem Fall für Strategie B.

In beiden Fällen wählen die Anleger zwischen einem sicheren Geldbetrag von 20.000 Euro (Strategie A) und einer 1 zu 3-Wahrscheinlichkeit, ihr ganzes Geld zu retten, bei einer 2 zu 3-Wahrscheinlichkeit, gar nichts mehr zu besitzen (Strategie B). Der Unterschied zwischen den Tests besteht lediglich darin, dass die Konsequenzen der Entscheidung im ersten Fall positiv (also als Gewinne) und im zweiten negativ (also als Verluste) dargestellt sind.

„Dieses und viele andere Beispiele zeigen, dass das in den Finanzwissenschaften lange Zeit vorherrschende Bild des [rational handelnden] *sogenannten 'homo oeconomicus' nicht aufrecht erhalten werden kann. Vielmehr muss auch von einem 'homo psychologicus' ausgegangen werden, bei dessen Finanzentscheidungen neben dem Streben nach Gewinnmaximierung noch weitere Motivationen eine Rolle spielen."* (Carsten Zoll, ebd.) Diesem Phänomen geht inzwischen die Neuro-Ökonomie auf den Grund, um (nicht zuletzt im Auftrag der Werbewirtschaft!) herauszufinden, wie wir „ticken", wenn wir Kauf- bzw. Geldanlageentscheidungen treffen. „Schöne neue [Konsum-] Welt!", mag man da in Erinnerung an Aldous Huxleys Roman von 1932 mit leicht verunsichertem Lachen ausrufen.

Bezeichnenderweise sind es häufig die Krisen – sowohl im persönlichen Leben als auch im großen Rahmen der Politik bzw. der Wirtschaft –, die uns veranlassen, über unser Verhalten, ja über den Sinn unseres Lebens gründlicher nachzudenken als wir es in „belanglosen" Zeiten gewöhnlich tun. So hat auch die Finanzkrise seit 2007/08 zu einer wahren Flut von wirtschaftsethischen Reflexionen über das Verhalten der Finanzakteure und der Kunden, ja zur Infragestellung des kapitalistischen Wirtschaftssystems geführt. Nicht immer klug und zielführend, aber immerhin anregend. Wir möchten in unserer vorliegenden Schrift diesen Trend nicht auch noch „ausreiten", wenngleich es sich nicht vermeiden lässt, ja stellenweise auch geboten ist, explizit auf *die Krise* zu sprechen zu kommen.

Erwähnenswert ist in diesem Zusammenhang freilich jene Meldung, dass infolge der Finanz- und Wirtschaftskrise, bei der viele Menschen viel Geld verloren haben, ein Verhaltensmuster wieder entdeckt und angepriesen wird, welches vor rund zwei Jahrtausenden in der griechischen und später römischen Philosophie entwickelt worden war: Der Stoizismus. Nach seiner Lehre kann kein auch noch so heftiges Ereignis den betroffenen Menschen aus der Ruhe bringen. Stoische Gelassenheit als *„Haltung in der Krise"* wird hier gleichsam als Tugend verstanden, die man in etwa mit dem maßvollen Verhalten („Maze") der von Plato ausgehenden und im Mittelalter weiterentwickelten Tugendkataloge vergleichen kann. Offenbar haben in der Finanzkrise die Kräfte wirtschaftlicher Fakten das Seelenleben der Menschen so stark aus der Ruhe bringen können, dass sie diese Ruhe jetzt wieder zu finden versuchen, indem sie sich diesen Kräften gänzlich entziehen. So gibt es in den USA (wo auch sonst?!) bereits eine Plattform zum chatten für „Neu-Stoiker". Wir lesen darüber: *„Auf der Website newstoa.com erklärte ein in der Finanzbranche erfahrener Asset Manager, was für ihn vom Stoizismus zu lernen sei: ˋDie Lösung für das Individuum ist, das Risiko des Lebens und das Risiko von Märkten zu akzeptieren und darauf sein Verhalten einzustellen.ˋ Kurzum: Übt euch ruhig in Unerschütterlichkeit und Seelenruhe! Ein Entkommen aber gibt es nicht."* (Johan Schloemann in der Süddeutschen Zeitung vom 21.12.2009, S. 9).

Freilich, das ist nur eine von etlichen Bewusstseins-Tipps. Aus anderen Ecken hört man schon wieder die neuen Strophen von alten Schalmeien, die uns finanzielle Schnellrezepte einer erfolgreichen Geldvermehrung verführerisch vortragen; solange, bis wir daran zerschellen wie seinerzeit die Rhein-Schiffer am Felsen der Loreley. Wir meinen, dass eine angemessene Reaktion auf die Finanz- und Wirtschaftskrise nicht anders aussieht als das Verhalten, welches auch völlig unabhängig von solchen aktuellen Bezügen das richtige ist und mit den folgenden Begriffen beschrieben werden kann: Wachsamkeit, Augenmaß und Verantwortung.

Was die *Wachsamkeit* betrifft, so kommt das in dem Werbeslogan einer österreichischen Privatbank sehr gut zum Ausdruck: *„Hören Sie auf Ihr Geld!"*, fordert sie ihre Kunden auf und will sie damit sensibilisieren für das Geschehen an den Finanz- und Kapitalmärkten, aber auch für die eigenen (finanziellen) Lebenssituationen, heute und in Zukunft. Das *Augenmaß* wiederum ist das Instrument des Bewusstseins, welches zwischen den Extremen jener neu-stoischen Gelassenheit auf der einen Seite und einer reaktionsnervösen Hyperaktivität auf der anderen Seite das finanziell realistisch Machbare erkennt und sich weder von den Zerrbildern der Armut erschrecken noch von den Illusionen des Reichtums blenden lässt. Und schließlich die *Verantwortung*: Der wesentliche Bestandteil dieses Begriffes lautet: Antwort. Antwort worauf, auf welche Fragen? Sie lauten: Wie will ich leben? Was möchte ich tun? Was kann ich erreichen? Was gibt meinem Leben Sinn? Wir bewegen uns jetzt schon sehr nahe an Kernthemen der Philosophie und ggf. der Theologie. Und in der Tat haben wir es durchaus mit diesen „letzten Dingen des Lebens" zu tun, auch dann, wenn wir uns „nur" um unsere materielle Lebensgestaltung kümmern, heute und morgen.

Und gewissermaßen „metaphysisch" wird es sogar – um ein Beispiel aus der Finanzbranche anzuführen – wenn es um deren Einstellung zum Allgemeinwohl geht: Während der Leiter der Deutschlandabteilung einer US-Investmentbank noch Anfang 2010 trotzig gegenüber Kritikern betont, dass Banken nicht dem Gemeinwohl, sondern wie alle wirtschaftlich handelnden Subjekte in erster Linie ihren eigenen Rendite-Interessen verpflichtet sind, betonte sein amerikanischer Chef, Lloyd Blankfein, dass er mit seinem Job *„bloß das Werk Gottes verrichte"* (Frankfurter Allgemeine Zeitung vom 16. 01. 2010, S. 11). Diese merkwürdige Prädestinationslehre kommt einem irgendwie nicht ganz unbekannt vor. Ach ja richtig: Sie erinnert ein bisschen an die Predigt vom gottgefälligen Kreuzzug des ehemaligen US-Präsidenten gegen die „Achse des Bösen", außerhalb von „God´s own Country" versteht sich!

Versuchen wir mal, das Zusammenspiel zwischen der sogenannten ökonomischen Rationalität und der sogenannten emotionalen Irrationalität vereinfacht und bildhaft nachzuzeichnen: Die emotionale Triebfeder für unser Handeln lokalisieren wir symbolisch in unserem *Herzen*. Wir benennen traditionell das Herz als den Körperteil, aus dem sich unsere Gefühle heraus bewegen (lateinisch: emovere – Emotion). Solche oder ähnliche Vorstellungen hatten auch schon die Philosophen der Antike. Und heutige Neurowissenschaftler und Psychologen stellen mittlerweile die Frage, ob – wieder bildlich gesprochen – das Herz, dieser 'Muskel der Emotionen', biologisch nicht derart deterministisch (vorherbestimmt) funktioniert, dass unsere Entscheidungen eigentlich ausschließlich nach einem festgefahrenen Emotions-Schema ablaufen und gar nicht so frei sein *können*, wie wir uns einbilden.

Nun, wie dem auch sei, spätestens bei dieser Frage beginnt das Symbol der Vernunft und Sitz des Gehirns, nämlich unser *Kopf*, sich gegen diese Auffassung von der vorherbestimmten Macht des Herzens aufzulehnen. Er behauptet herausfordernd, dass er es ist, der die Emotionen beherrschen bzw. die Emotionen rational und autonom sogar übergehen könne. „Gewusst – wie!" strahlt es heldenhaft-programmatisch von der Stirn. Und wie zur Bestätigung seiner autonomen Stellung befiehlt dieser emotionslose, wissende Kopf der *Hand*: „Tu was, *hand*le, – und tu es richtig! Denn schließlich bin ich der Sitz der Logik und Vernunft!" Die *Hand* macht sich geflissentlich auf den Weg, um zu *hand*eln. Sie tut etwas – doch tut sie es auch richtig? Vor diese Frage stellt sie, von hinten anschleichend, der vierte Mitspieler: das sogenannte *Bewusstsein*, um nicht zu sagen: das Gewissen. Um *Vergewisserung* bemüht erfolgt die Rückfrage der Hand an den Kopf. Doch der scheint plötzlich überfordert zu sein: Woher soll er denn wissen, was richtig und was nicht richtig ist? In der Dunkelheit ihrer Verzweiflung tappt die Hand richtungslos umher, sucht Rat und Hilfe da und dort. Unvermutet läuft sie dem Herzen (Gefühl) in die Arme. Dieses hat nur darauf gelauert und dopt flugs die Hand mit einer ordentlichen Dosis Emotionen. Sofort wendet sie sich um und tut etwas – von „richtig" hat sie jetzt nichts gehört und sie legt los – zur Freude der Konsumwirtschaft oder auch der Finanzbranche!

Zugegeben, diese dramaturgische Deutung von Entscheidungsprozessen wird einer glasklaren psychologischen oder neuro-wissenschaftlichen Analyse so nicht standhalten. Aber sie könnte dennoch behilflich sein, vielleicht ein bisschen Ordnung in unser Dasein zu bringen, oder sagen wir es genauer: in unsere *Daseins-Vorsorge*. Dabei ist es angebracht, sich ganz besonders mit diesem „*Bewusst-Sein*" näher zu befassen, über das sich der Evolutionsbiologe Edward O. Wilson im Interview mit Hubertus Breuer relativ hilflos äußerte: „*Wir verstehen zum Beispiel bislang die parallele Evolu-*

tion des biologischen Menschen und der Kultur nur ansatzweise. Aber wir machen Fortschritte – etwa mit Blick auf Entscheidungsverhalten oder Moral. Bewusstsein bleibt aber das größte Rätsel." (Süddeutsche Zeitung vom 29.09.2009, S. 22). Wir sind hier nicht angetreten, diesem Rätsel wissenschaftlich zu Leibe zu rücken oder es auf unseren Themenfeldern voreilig zu lösen; das ist nicht unsere selbst gestellte Aufgabe. Sondern wir wollen versuchen, zu verdeutlichen, dass das *„Bewusst – wie"* in diesem Spiel der Kräfte von Herz/Gefühl, Kopf/Vernunft und Hand/Aktion die Rolle eines Katalysators einzunehmen scheint, der die emotionalen Vor-Entscheidungen des Herzens mit den Denkergebnissen des Kopfes in Übereinstimmung zu bringen versucht und schließlich in End-Entscheidungen der Hand transformiert.

Und genau darum geht es in dem hier vorliegenden Buch: In seinen einzelnen Kapiteln begegnen wir immer wieder der Frage, ob und wie auf der sachlich-logischen Ebene der Geldanlage, Vorsorge und Finanzplanung unsere emotionalen Vor-Entscheidungen durch unser *Bewusstsein* zu End-Entscheidungen im Handeln gebracht werden, die von der Vernunft als richtig oder falsch angesehen werden können. Wir beschränken uns freilich nicht nur auf die Beschreibung solcher Zusammenhänge; vielmehr ist unser Buch ein Plädoyer für die notwendige Aktivierung eines Bewusstseinswandels in Bezug auf unser Vorsorgeverhalten und auf unseren Umgang mit Geld – sowohl beim Anlegen als auch beim Ausgeben.

So tritt neben das sachkompetente *„Gewusst – wie"*, das verantwortungsorientierte *„Bewusst – wie"*. Damit beschäftigen wir uns, nicht aus der gewöhnlich sich gegenüber stehenden Frontstellung von Kunden und Finanzberatern, sondern aus einem *gemeinsamen* Blickwinkel: *Wir* Kunden und *Wir* Finanzberater. Zur Veranschaulichung verwenden wir dabei die Metapher vom Haus, *an* dem wir *gemeinsam* bauen und *in* dem wir Kunden und wir Finanzberater uns *zusammen* aufhalten. Wir wollen es nun betreten und herausfinden, wie wir *beide – Kunden und Finanzberater –* dieses Bewusstsein im Kontext mit den Bereichen Alters-/Vorsorge, Geldanlage, Risikovermeidung und Kreditaufnahme, sowie im Blick auf die Lebenssituationen bestimmter Zielgruppen, aktivieren, beeinflussen und verändern können und zu welchen Schlüssen wir kommen. Kurzum, wie unser Bewusstsein die drei Spieler zu einem ausgewogenen und erfolgreichen Team zusammenführt: **Herz, Kopf und Hand.**

Inhaltsverzeichnis

Abschnitt A

Die Architektur der Gemeinsamkeit

Warum Kunden und Finanzberater zusammen arbeiten sollten.

Dieses Buch verdankt seine Entstehung den Erfahrungen und Lehren, die wir – Kunden wie Finanzberater gleichermaßen – nicht erst aus der Finanzmarktkrise, sondern schon zu Zeiten davor ziehen können und müssen. Dahinter steht die Frage nach den Gründen, warum wir Kunden und wir Finanzberater uns oft so schlecht verstehen, ja misstrauisch gegenüber stehen – sowohl in der Realität der Geschäftspraxis als auch in unserer Vorstellung über die jeweilige „Gegenseite". Wir wollen deutlich machen, welche Faktoren in unserem Bewusstsein und in der Kommunikation zwischen uns Kunden und uns Finanzberatern für die meisten Fehlberatungen verantwortlich sind.

Nachdem die Jahre 1969 und 1989 einen *„Wandel des politischen Bewusstseins"* eingeleitet haben (W. Weimer, CICERO, April 2009, S. 64 ff.), wird das Jahr 2009 voraussichtlich als ein weiteres Wendejahr in die Geschichte eingehen: Gemeint ist der Wandel des *ökonomischen* Bewusstseins. Im Unterschied zu den USA der 30er Jahre, wo dies auf der hohen Regierungsebene im sogenannten „New Deal" umgesetzt wurde, hoffen wir Kunden und wir Finanzberater hier und heute, dass sich ein solcher Wandel – „Change"(!) – schon auf unserer „niedrigen" Ebene in gemeinsamen geschäftlichen Interessen herbeiführen lässt. Und wenn wir uns dabei von Skeptikern den Vorwurf gefallen lassen sollten, wir seien auf dem Geschäftsfeld der Finanzen – Altersvorsorge, Geldanlage, Risikovermeidung – mit der Vision von einer *„neuen Kultur der Gemeinsamkeit"* (Gesine Schwan zum Thema Finanzkrise, am 05.04.2009 in den ARD-Tagesthemen) unrealistisch und blauäugig, dann wollen wir gelassen darauf antworten: Es waren und sind die Visionen, welche die Welt verändert haben und verändern. Und zwar beginnend bei uns selbst: *„Yes we can!"*

Als Beispiel dafür sei die bereits seit fünf Jahren bestehende und nun zu neuer Aktualität gelangte Initiative *„sneep"* genannt. Die Abkürzung steht für *„students network for ethics in economies and practice"*. Es handelt sich um 30 lokale Akademiker-Gruppen, die an ihren jeweiligen Hochschulen ein Netzwerk für Wirtschaftsethik bilden, mit dem Ziel, eine auf menschliches

Moral-Versagen beruhende Wirtschaftskrise bereits im frühen Stadium der akademischen Ausbildung vermeiden zu helfen: durch die Implementierung von Moral, Gewissen, Verantwortung, kurz: Ethik in der Ökonomie („Ökothik"). Und auch die European Business School (EBS) in Oestrich-Winkel *„möchte Führungskräfte auf moralische Prinzipien einschwören"*, im wahrsten Sinn des Wortes: mit einem freiwilligen quasi hippokratischen Manager-Eid der MBA-Absolventen auf die ethischen Prinzipien einer *„Manager-Verfassung"* (Süddeutsche Zeitung vom 29.09.2009, S. 31). Die Idee ist ebenso ehrenvoll wie alt (vgl. schon Hans Küngs „Weltethos für Weltpolitik und Weltwirtschaft", 1998). Was allerdings bislang noch fehlt, ist eine in den unterschiedlichen Kulturen weltweit gültige Verbindlichkeit ethischer Wirtschaftsverhaltensnormen; und deshalb ist diese *„Abkehr von der Gier"* zwar gut *gemeint*, aber noch lange nicht gut *gemacht*.

In unseren Betrachtungen ist viel von *Eigen*-Verantwortung die Rede. Das klingt nach Autonomie und Autarkie, ja fast schon nach Un-Solidarität. Doch nichts ist falscher als das. Denn wir wissen auch: Niemand ist eine Insel. Gerade auf den Feldern der Alters- und Risiko-Vorsorge, des Vermögensaufbaus und der Geldanlage, der Kreditfinanzierung und besonders auch bei steuerlichen Fragen sind die meisten von uns als Kunden mit unserer *Eigen*-Verantwortung auf die Unterstützung von – gleichfalls eigen-verantwortlichen Fachleuten – Finanz- und Steuerberatern – angewiesen. Dieses Angewiesensein fühlt sich für manche Kunden an wie ein Ausgeliefertsein, es macht Angst oder erzeugt Misstrauen.

Denn „auf der anderen Seite" besteht die *Eigen*-Verantwortung bei manchen Finanzberatern lediglich in der Form einer Triebfeder für noch mehr Umsatz und Provision, verbunden mit dem Gefühl von Überlegenheit durch „Herrschaftswissen" – ob das nun fundiert ist oder nicht. Das Verhältnis zum Kunden wird mit der Sprache der Finanzwerbung oft in den lammfrommen Begriff der „Partnerschaft" verkleidet: „Die Partner an Ihrer Seite" sollen der Herde der Kunden Vertrauen einflößen. Doch von einer Partnerschaft im Sinne einer ausgewogenen Geschäftsbeziehung kann vielfach keine Rede sein. So entsteht manchmal ein geradezu neurotisches Verhältnis zwischen Kunden und Finanzberatern, welches ganz besonders evident in Finanz- und Wirtschaftskrisen seine Bestätigung findet. Doch gerade in solch kritischen Situationen liegt unserer Meinung nach die Chance, ja die Notwendigkeit zu einer neuen gemeinsamen mentalen „Architektur" und zu einem besseren

Verständnis für einander. Eine praktikable und erfolgreiche Basis dafür bilden regelmäßige und neutral gehaltene Informationsveranstaltungen für Kunden. Dabei geht es nicht um Produktwerbung, sondern um kompetente Aufklärung über solche Themen der Wirtschaft und des Finanzwesens, die jeweils in einem erlebbaren Zusammenhang mit den konkreten Lebenssituationen von unterschiedlichen Kundengruppen stehen: „Kompetenz-Erlebnis" heißt das Motto. Solche gleichermaßen informativen wie auch geselligen Zusammenkünfte von Kunden und Finanzberatern fördern nicht nur das Sach- und Problemverständnis, sondern auch die persönliche Beziehung und das gegenseitige Vertrauen „beider Seiten" zueinander. Nur wenn wir Finanzberater „näher am Kunden", aber auch die Kunden „näher am Berater" sind, d. h. wenn beide an einem Strang ziehen oder, um es mit der Leitmetapher dieses Buches auszudrücken: am „gemeinsamen Haus" arbeiten, werden es die Finanzhaie schwer haben, leichte Beute zu machen.

Seit geraumer Zeit bemühen sich die politischen Institutionen auf nationaler und internationaler Ebene per Gesetzgebung (z. B. MiFID – Markets in Financial Instruments Directive), aber auch Banken, Versicherungen und Finanzvertriebe auf mehr oder weniger freiwilliger Basis, Fehlberatungen und ihre Folgen schon im Vorfeld zu vermeiden: Beratungs- und Haftungsrichtlinien für die Finanzberater auf nationaler und EU-Gesetzesebene, Beratungsprotokolle, Informationsbroschüren und -blätter sowie Checklisten über den Kenntnisstand der Verbraucher sprießen wie Pilze aus dem Boden, nicht immer mit der erwünschten Aufklärungsfähigkeit. Und angesichts der Finanzmarktkrise überboten sich die politischen Parteien mit Vorschlägen zur Verbesserung der Beratungsqualität und ihrer Kontrolle durch einen erweiterten Verbraucherschutz. In knackiger Polit-Terminologie ist da von einem „TÜV für Finanzprodukte", einem „Finanzmarktwächter" oder „Routenplaner für die Finanzberatung" die Rede.

Zum Jahresende 2009 machte die deutsche Verbraucherschutzministerin Ilse Aigner Druck auf die Banken, der eine erste Konsequenz zeigte: *„Die Geldhäuser versprechen verständliche Produktinfos"* (SZ vom 19./20.12.2009, S. 32). Und seit dem 1. Januar 2010 ist die Protokollierung von Bank-Beratungsgesprächen durch den Berater gesetzlich verpflichtend. Gleichwohl bleibt Vorsicht geboten: Kunden tun gut daran, diese Protokolle inhaltlich genauestens zu überprüfen und auf der Unterschrift des Beraters zu bestehen, bevor sie selbst unterschreiben, damit die Unterschrift nicht zum Bumerang wird, wenn es später doch zu Meinungsverschiedenheiten kommt. Die Finanzbranche, insbesondere die Banken, bietet ja auch allen Anlass zur Kritik: Das Ergebnis der Untersuchung von 21 Banken durch die Stiftung Warentest („Finanztest") gegen Ende 2009 war beschämend: Kein Finanzinstitut bekam für seine Kundenberatung die Note „Sehr gut" oder „Gut"; drei erhielten die Note „Befriedigend"; 16 erhielten „Ausreichend" und zwei sogar ein „Mangelhaft". Viele Bankberater fragten ihre Testkunden nicht einmal nach ihren Vermögensverhältnissen, sondern konzentrierten sich lediglich auf den Verkauf von Produkten.

Nicht jede der politischen Initiativen zur Verbesserung des Finanzverbraucherschutzes wird vermutlich wirklich ihren Zweck erfüllen. Denn aller Voraussicht nach wird das Geschäftsleben weiterhin und weitgehend von sich gegenüber stehenden Interessen bestimmt. Nun kann man sagen, das war schon immer so und sei doch nur natürlich und systemimmanent. Mag sein. Gleichwohl wird von uns die Überzeugung bekundet, dass es auch anders gehen kann – und übrigens für beide Seiten auch vorteilhafter. Und zwar dann, wenn sich Berater und Kunden von vornherein und vorurteilsfrei zu einer besseren *Kommunikation* bereitfinden. Sie ist gekennzeichnet von mehr *Zuhören* statt *Überreden*, von *gegenseitigem Verständnis und Respekt* und – ja man mag es in diesen Zeiten kaum wagen zu formulieren: von *mehr Mitmenschlichkeit und persönlicher Wertschätzung*. Das geht nicht nur *nicht* zu Lasten des Geschäftserfolges, sondern ganz im Gegenteil: Diese Einstellung befördert ihn sogar zum Wohle beider Seiten, der Kunden wie der Finanzberater.

Aus dieser Haltung kann wieder entstehen und wachsen, was massiv verloren gegangen zu sein scheint: *Vertrauen*. Ein Wort übrigens, welches eine Kernaufgabe der Banken bezeichnet: das *Kredit*-Geschäft. Dass ausgerechnet etliche Institute, die dieses lateinische Wort für „Vertrauen" (credere: glauben/vertrauen) direkt oder indirekt im Namen tragen, nun offensichtlich erst einmal wieder im Sinne der Kunden „*das Beraten lernen*" müssen (Börsen-Zeitung vom 10./11.04.2009), um ihren Vertrauensverlust auszubügeln, ist schon ein sehr bezeichnendes Warnsignal! [1] Selbst manch altehrwürdige und altbewährte Privatbank (jedenfalls Deutschlands bzw. Europas ehemals größte) verfiel in den vergangenen Jahren der Versuchung, neben ihrer eigentlichen Kernkompetenz, nämlich der persönlichen, langfristigen und umfassenden Betreuung vermögender Privatkunden, sich als mittelgroßer

„Global Player" auf fremde und multiple Universalbankgebiete hinauszuwagen. Eine Strategie, die, wie wir heute wissen, im Falle der angedeuteten Privatbank zusätzlich durch fragwürdige und aufsichtsrechtlich kritische Geschäftspraktiken der Geschäfts-*Führung* in die Geschäfts-*Aufgabe* mündete. Dass auch im Falle dieser Bank Tradition oder gar „Adel verpflichtet" – diese These hat damit nicht zum ersten Mal gelitten, auch wenn sie dadurch nicht widerlegt wird. Was jedoch – ob adelig oder nicht – den Finanz- und Versicherungsberater ebenso wie den von außen berufenen Bankvorstand und den traditionsbewussten Inhaber-Privatbankier verpflichten muss, das ist die persönliche *Beziehung zum Kunden*. Neben dem zukunftsfähigsten Unternehmensmodell und der effizientesten Marketingstrategie liegt in der menschlich korrekten wie fachlich kompetenten Kommunikation mit dem Kunden für die (Privat-)Banken, wie für alle anderen Finanzdienstleister, die größte und wichtigste Herausforderung. Dabei kommt dem „entschleunigten" Gespräch mit dem Kunden eine herausragende Bedeutung zu.

In der Notwendigkeit zur persönlichen Beziehung zwischen Finanz-/Vorsorgeberatern und Kunden liegt unseres Erachtens nicht nur die Herausforderung, sondern auch die ganz große *Chance* für die „freien", für die mobilen Berater: Sie tun im Gegensatz zu den allermeisten Bankern im oft mühseligen Außendienst ihren Job und sehen dabei täglich, oder besser: allabendlich, ihren Kunden in die Augen. Sie sind vor Ort. Und dieser „Standortvorteil" gegenüber den stationär arbeitenden Finanzberatern ist nicht hoch genug einzuschätzen. Natürlich wollen wir zugeben, dass es unter manchen mobilen Vertriebsorganisationen etliche unfähige Berater gibt, die gleichwohl erfolgreich sind; sie sind eben gute Verkäufer. Ob sich ihre kurzfristigen Verkaufserfolge allerdings in einer dauerhaften Kundenbeziehung niederschlagen, das steht auf einem anderen Blatt. Hier sollte auch bei den Vertriebsleitungen ein Umdenken einsetzen.

Wir möchten freilich unmissverständlich und nachdrücklich zu bedenken geben, dass es auch an uns Kunden selber liegt, wie wir uns beraten lassen. Seien wir ehrlich: Wie groß ist denn unser Interesse oder gar unser Wissen bei den Themen der Geldanlage, Altersvorsorge oder Kreditfinanzierung usw.? Es sich im dunklen Versteck des Unwissens einzurichten, mag ja bequem sein; aber dann darf man sich auch nicht beschweren, wenn man Opfer bewusster oder unbewusster Fehlberatung wird. So wie jede Beziehung immer von *beiden* Seiten lebendig gehalten wird, ebenso trifft das auch für die Beziehung zwischen Kunden und Finanzberatern zu. Es bedarf auf beiden Seiten eines *Bewusstseinswandwels*: Weg von misstrauischer Gegnerschaft – hin zu vertrauensvoller Zusammenarbeit. Die tragfähige Basis dafür ist die Kommunikation auf gleicher Augenhöhe. Darüber wird noch ausführlicher zu sprechen sein.

In diesem Sinne werben wir mit der Metapher des gemeinsamen Hauses um ein besseres gegenseitiges Verständnis: Finanzberater als „Bauarbeiter" und Kunden als „Bauherren" arbeiten gemeinsam an einer nachhaltigen Vorsorge- und Finanzarchitektur.

Sie beginnt im Abschnitt A dieses Buches zunächst im Kopf, als mentale „Haus-Architektur", definiert sodann die Funktion des Geldes als „Baumaterial" in der Finanz- und Realwirtschaft und manifestiert sich in den Erscheinungsformen verschiedener Haustypen: das „Haus ohne Sorgen" (Altersvorsorge), das „Wertpapier-Haus" (Geldanlage), das „Wohn-Haus" (Immobilie), das „Leih-Haus" (Kredite), das „Energiespar-Haus" (Steuern).

Im Abschnitt B besichtigen wir die Räume verschiedener Bewohnergruppen: Jugend, Frauen, Senioren, Freiberufler/Unternehmer, die „Verlierer" und die „Gewinner". Wir behandeln dabei Aspekte, die uns im Hinblick auf die Aktivierung eines neuen Vorsorge- und Finanz-Bewusstseins als besonders wichtig erscheinen.

Im Abschnitt C schließlich suchen wir Antworten auf die Frage: „Was ist beste Beratung?" (Best Advice): Zum einen im Blick der Wissenschaft und zum anderen im Dialog zwischen zwei Kunden und zwei Finanzberatern. Beide Male ergibt sich, dass zur Vermeidung von Vertrauensmissbrauch und Fehlberatung eine Holschuld von Seiten der Kunden vorausgesetzt und eingefordert werden muss. Ziel ist es, dass hinsichtlich der Produkte und Finanzmärkte der Informationsstand von Kunden und Beratern auf möglichst gleich hohem Level liegt. Und dieses wiederum hat zur Voraussetzung, dass wir Kunden ein ausgeprägtes *Vorsorge- und Planungsbewusstsein* besitzen. Erst dadurch sind wir dafür motivierbar, mehr und bessere Kenntnisse über die Palette der Finanz- und Vorsorgeprodukte zu erwerben, als dies bisher in den meisten Fällen zutrifft. Über die Notwendigkeit verstärkter Initiativen zu mehr ökonomischer Bildung in der Breite der

Bevölkerung und zu einer höheren Verantwortungsstufe – sowohl bei der Finanzberatung als auch im Kundenverhalten – besteht auch bei den Politikern parteiübergreifend Einigkeit.

Genau diesem Zweck dient das vorliegende Buch. Allerdings nicht in der Darbietung eines Nachschlagewerkes „Von A bis Z" oder im Sinne der so zahlreich vorhandenen Ratgeberliteratur für Kunden: „Wie lasse ich mein Geld optimal für mich arbeiten?" oder gar „Reich in 30 Tagen!"; und auch nicht in der Art fragwürdiger Motivationsrezepte für Finanzberater zur täglichen Umsatzsteigerung. Das würde die Absicht dieses Buches nicht widerspiegeln. [2]

Es will auch nicht als mahnende Moralpredigt verstanden und deshalb gleich wieder ins Regal weggelegt werden. Denn es wird ja viel und moralisierend von der verhängnisvollen „Gier" als einer der wesentlichen Ursachen für Finanz- und Wirtschaftskrisen gesprochen. Es fehlt allerdings auch nicht an Stimmen von Psychologen, Neurowissenschaftlern, Biologen und Philosophen, welche zu recht diese „Gier" als eine zur Natur des Menschen gehörende Eigenschaft bezeichnen sowie als ein wesentliches Motiv – die Triebfeder – wirtschaftlichen Handelns schlechthin. Gleichwohl kann dieser Befund nicht sozusagen als „naturgegebene" Begründung für das nicht nur passive Fehlverhalten und das geringe Verantwortungsbewusstsein etlicher Finanzmarktakteure bzw. ihrer Kunden herhalten.

In evolutionsbiologischer Betrachtungsweise konzentriert(e) sich dieses Verantwortungsbewusstsein zunächst und in erster Linie zwar „nur" auf die physische Erhaltung und das Überleben der Gattung Mensch. Doch entwickelt(e) es sich im Laufe ihrer Jahrtausende währenden soziokulturellen Evolution weiter, es wurde differenzierter und „erfand" einen meist transzendental begründeten, gleichwohl ökonomisch hergeleiteten Wertekanon sowie disziplinarische Leitlinien für das Handeln des Einzelnen in seiner jeweiligen Sozialstruktur. Eine solche Leitlinie ist die sozialvertra(e)gliche Vereinbarung, wonach auch unsere wirtschaftliche Handlungsfreiheit an der Schädigung des Mitmenschen bzw. der Gesellschaft (Menschheit) als Ganzes seine Grenzen findet. Sie zu überschreiten zieht dann Sanktionen nach sich. Im Fall der Finanzkrise beispielsweise in Form von Rücktritten von hoch dotierten Vorstandsposten, in Form von Bonifikationsschmälerungen oder Verlustbeteiligungen der Verantwortlichen bis hin zu Strafverfolgungen. Ob allerdings das geltende *Recht* die bestehenden Gehalts- und Abfindungsverträge im Nachhinein aufheben kann – im Sinne einer kollektiv empfundenen *Gerechtigkeit* – ist zweifelhaft. Abzuwarten bleibt auch der Erfolg der jüngsten Initiative für das *„Gesetz über die aufsichtsrechtlichen Anforderungen an die Vergütungssysteme von* [Kredit-] *Instituten und Versicherungen"*, welches der Bundesanstalt für Finanzdienstleistungsaufsicht (Bafin) Handlungsvollmacht gegen Bonifikationen für Bank- und Versicherungsmanager geben soll, wenn diese im Verhältnis zur Eigenmittelquote und Liquiditätsanforderung der betreffenden Finanzunternehmen als „überzogen" erscheinen. – Eine neue Herausforderung an deren Bilanzakrobaten!

„Was du nicht willst das man dir tu´, das füg auch keinem andern zu!", sagt das bekannte Sprichwort. Und der Philosoph der „autonomen Vernunft", Immanuel Kant (1724–1804), forderte in einer Grundformel seines „Kategorischen Imperativs": *„Handle so, dass die Maxime* [= subjektive Verhaltensregel] *deines Willens jederzeit zugleich als Prinzip einer allgemeinen Gesetzgebung gelten könne."* Vielleicht würden dem sogar Investmentbanker und Hedgefondsmanager auf ihre ganz eigene Weise zustimmen und zynisch ausrufen: „Spekulanten aller Länder vereinigt euch!" Doch sie wissen vermutlich ebenso wie wir übrigen, dass sich *diese* „Maxime ihres Willens" in einem ungebändigten kollektiven Turbokapitalismus genau dahingehend auswirken würde, dass er die Gesellschaft radikal in Gewinner und Verlierer spaltet und somit eine demokratisch legitimierte „allgemeine Gesetzgebung" verhindert. Doch nur diese wiederum kann die Grundlage wirtschaftlichen Handelns sein, sofern sich dieses neben dem Eigennutz auch dem Allgemeinwohl verpflichtet fühlt.

Der Nationalökonom Alfred Müller-Armack und der erste Wirtschaftsminister der Bundesrepublik Deutschland, Ludwig Ehrhard, definierten das System der „Sozialen Marktwirtschaft" als Symbiose unseres individuellen, materiellen „Strebens nach Glück" (vgl. Verfassung der USA „Persuit of Happyness") mit der sozialen „Verantwortung für das Ganze" (Alfred Herrhausen): beginnend beim Nächsten und bezogen auf die Gesellschaft im Staat. Und heute? Da reicht diese Verantwortung für das Ganze weit über die unmittelbare Erfahrbarkeit unserer Gesellschaft hinaus. Denn wir müssen eingestehen, dass sowohl die tieferen Gründe als auch die Auswirkungen der Finanzmarkt- und Wirtschaftskrise von 2007-2009 auch mit den Gründen der weltweiten Umweltverschmutzung und des Raubbaus an der Natur sowie in der a-symmetrischen Verteilung der Lebensgrundlagen für die wachsende Weltbevölkerung gemeinsame Wurzeln haben: Kurzfristige Rendite-Orientierung anstatt nachhaltige Wert-Schöpfung. Darin zeigt sich: Zu wenig *Vor*denken über ökonomische Alternativen und zu wenig *Nach*denken bzw. Zu-Ende-Denken über die Konsequenzen unseres gegenwärtigen Verhaltens. Kurzum: Mangelnde Verantwortung.

„Du sollst nicht stehlen!", fordert uns das 7. der Zehn Gebote auf. Man kennt es im Zusammenhang mit ökonomischen Verhaltensmustern selbstverständlich keineswegs nur im jüdisch-christlich-abendländischen Kulturkreis des „Westens". Aber gebrochen wurde und wird es von manchen „Kleptokraten" doch dort ganz besonders; wenn auch nicht ausschließlich, da seine Übertretung inzwischen in manchen jungen und neuen Volkswirtschaften weltweit Nachahmung findet. Und das nicht nur in den hohen Chefetagen anonymer Großkonzerne, sondern auch in den Niederungen des persönlichen Alltags: z. B. durch manche Ressourcen vernichtende Konsumgewohnheiten (beim Wasserverbrauch, beim Autofahren, beim Heizen, beim Essen etc.). Und nicht zuletzt auch in dem oft gedankenlosen Umgang mit Geld.

Als ein – zugegeben etwas zugespitztes, aber dennoch realistisches – Beispiel dafür mag die als besonders attraktiv geltende Geldanlage in sogenannten „Rohstoff-Zertifikaten" herangezogen werden. Da diese Zertifikate ihre Existenzberechtigung am Markt (wie natürlich alle Geldanlageprodukte) mit ihren Gewinnerwartungen rechtfertigen, investieren die Anlagemanager das in den Zertifikate-Konstrukten eingebrachte Geld ihrer Kunden größtenteils an den Warenterminbörsen (z. B. Chicago Board of Trade – CBOT). Dort werden viele verschiedene Rohstoffe, auch solche für Nahrungsmittel, wie Getreide, Mais, Reis, Sojabohnen u. v .m., auf Termin gehandelt. Grundsätzlich dienen diese Terminkontrakte (Futures) vernünftigerweise der planbaren Preisstabilisierung bzw. der Kalkulationssicherheit der Handelspartner. Wenn sich allerdings solche Terminkontrakte vom eigentlichen Basisgeschäft in der Realwirtschaft abkoppeln und als bloße Instrumente der Finanzwirtschaft („Wetten auf die Zukunft") verselbstständigt gehandelt werden (z. B. in Form von Indexzertifikaten), können diese Preisspekulationen zu Preisverzerrungen führen, die mit dem tatsächlichen Marktverhältnis von Angebot und Nachfrage an solchen

realen Waren kaum oder gar nichts mehr zu tun haben. So zielt die Investmentstrategie von Nahrungs-/Rohstoffzertifikaten angesichts der zunehmenden Nahrungsmittelnachfrage einer wachsenden Weltbevölkerung
(insbesondere in Asien) auf steigende Nahrungsmittel- bzw. Rohstoffpreise
(Getreide etc.) ab, ohne die Ware selbst zu kaufen; dadurch steigen die
Preise dann tatsächlich dynamischer an, als wenn sich die Finanzinvesto-
ren davon fern halten würden. Fazit: Der (Wett-)Gewinn aus den Rohstoff-
Zertifikaten landet bei den Anlegern, die Nachfrage nach Nahrung, um
nicht zu sagen: der Hunger, bleibt bei den Armen der Welt!

Immerhin führten manche Exzesse im Handel mit Terminkontrakten auf
Rohstoffe nun dazu, dass die amerikanische Aufsichtsbehörde (Commo-
dity Futures Trading Commission – CFTC) diesem Geschäftsgebaren von
Banken und Profi-Investoren Grenzen ziehen will, *„um eine neue Blase am
Rohstoffmarkt zu verhindern"* (Handelsblatt vom 08.07.2009, S. 25). Bezeichnenderweise geschieht dies bevorzugt bei jenen Segmenten, wo die USA
besonders empfindlich reagieren: beim Rohöl, Heizöl, Benzin und Erdgas.
Ziel soll es sein, dass der Handel *„gerecht und geordnet"* ablaufe. Offensichtlich tut er das nicht oder jedenfalls zu wenig, wie selbst von Investorenle-
gende George Soros bei einer Anhörung im Senat 2009 bestätigt worden
war. Ob dieses Ziel erreicht wird, ist allerdings angesichts zahlreicher
Ausnahmeregelungen und Umgehungswege in dem vorgeschlagenen
aufsichtsrechtlichen Regelwerk mehr als fraglich. Denn trotz bestehender
ähnlicher Handelsbeschränkungen im Agrarmarktsektor können sich Fi-
nanzinvestoren ohne jeglichen Bezug zu den realen Waren mit Preisspekulationen (Wetten) weiterhin goldene Nasen verdienen – freilich auch bluti-
ge Nasen holen.

Als ein wesentliches Motiv zu diesem Buch ist das Plädoyer für den Bewusstseinswandel aber auch noch in einer anderen, einer viel näher lie-
genden Perspektive zu verstehen: Wir wollen im Kontext mit der oben
angesprochenen sozial-marktwirtschaftlichen Symbiose von individuellem
Glücksstreben und sozialer Solidarität das Verantwortungsbewusstsein so
verstanden wissen, dass jede/r Einzelne so viel eigene Daseinsvorsorge
leistet, dass sie/er die materiellen/finanziellen Grundlagen der eigenen
Existenz sichern kann, ohne darauf zu spekulieren, von der Solidargemeinschaft automatisch unterstützt zu werden, wenn sie/er sich passiv oder
vorsorgeresistent verhält. Denn wer sich den Vorsorgeangeboten bewusst

verweigert, weil sie/er von vornherein auf die Sicherungssysteme des Sozialstaats baut, greift indirekt seinen Mitbürgern in die Taschen. Sie/er verhält sich unsolidarisch und verantwortungslos und leistet den Vorurteilen gegenüber jenen Vorschub, die sich eine Eigenvorsorge beim besten Willen nicht leisten *können*.

Unsere Beiträge wollen im Sinne dieser den Kunden wie den Finanzberatern gemeinsamen Verantwortung zum Nachdenken anregen. Möge die Lektüre zu der Erkenntnis und zu ihrer Umsetzung motivieren, **warum Kunden und Finanzberater zusammenarbeiten sollten.**

[1]   Kai Pfersich: Neustart Bank – Vertrauen, Fachkompetenz, Fairness. Ein Bauplan für die Beratungsqualität. Bank-Verlag Medien Köln 2008.

[2]   Wer sich dagegen unkompliziert und schnell einen fachlich soliden Überblick über die Vielfalt und den Nutzen der Produkte zur Altersvorsorge und Geldanlage verschaffen möchte, dem seien die beiden Bändchen vom „Institut für Vorsorge und Finanzplanung" (Altenstadt/WN) empfohlen: Dommermuth/Hauer/Nobis „Sichere Altersvorsorge" sowie „Geldanlage von A – Z". Beide erschienen im Verlag Haufe, Freiburg.

1 Die Komponenten der Architektur

Planung - System - Verantwortung.

> *„Ja mach nur einen Plan!*
> *Sei nur ein großes Licht!*
> *Und mach dann noch ´nen zweiten Plan,*
> *Gehn tun sie beide nicht.*
> *Denn für dieses Leben*
> *Ist der Mensch nicht schlau genug.*
> *Doch sein höhres Streben*
> *Ist ein schöner Zug.*
>
> *Ja, renn nur nach dem Glück.*
> *Doch renne nicht zu sehr.*
> *Denn alle rennen nach dem Glück,*
> *Das Glück rennt hinterher.*
> *Denn für dieses Leben*
> *Ist der Mensch nicht anspruchslos genug.*
> *Drum ist all sein Streben*
> *Nur ein Selbstbetrug."*

In diesen beiden Strophen aus der *„Ballade von der Unzulänglichkeit menschlichen Planens"* in Bert Brechts *„Dreigroschenoper"* steckt ebenso viel Sarkasmus wie Weisheit. Der Text ist provokant, er ringt uns Zustimmung ab und fordert uns zugleich zum Widerspruch heraus. Darum leitet er ganz absichtsvoll dieses Kapitel ein, in dem es gerade darum geht, die Sinnhaftigkeit menschlichen Planens zu belegen und Brechts These – zumindest in manchen Bereichen unsers Lebens – zu *widerlegen*.

Nicht nur junge Menschen, sondern oft genug auch die älteren, verbinden mit Begriffen wie *Planung* oder *System* häufig Vorstellungen von Zwanghaftigkeit und Einschränkung, irgendwie ein negatives, weil lustloses Lebensgefühl. Dagegen wird mit den Worten *Zufall*, *Überraschung* oder *Sorglosigkeit* eine vage Vorstellung von *„Freiheit und Abenteuer"*, Glück und lustbetonter Laune gezeichnet. Das pervertiert freilich in Extremfällen auf der einen Seite zu einem geisterfahrerartigem Fatalismus bzw. zu einer „Null Bock"-Haltung; auf der anderen Seite zu unrealistischen Visionen bzw. zur rosaroten Illusion.

Aber auch der konservative, wenngleich positiv besetzte und konsensfähige Begriff *Verantwortung* wird freiwillig nur dann in die alltägliche Lebensgestaltung implementiert, wenn das „nicht weh tut". Weshalb auch die zahlreichen Formen der Tele-Solidarität heute oft mehr Geld für Katastrophenopfer in fernen Regionen einsammeln als es die direkte Nächstenliebe für die psychisch oder materiell Notleidenden im eigenen Umfeld gebietet. Nun ist Verantwortung allerdings eine Lebenshaltung, die gewöhnlich nicht nur die Mitmenschen im Auge, sondern auch die eigene Person und das eigene Schicksal in den Blick zu nehmen hat. Das muss zwar nicht „weh" tun, aber es kann manchmal anstrengend und unbequem ein. Da stellt sich dann die Frage, wie solche Eigen-Verantwortung möglichst mühelos wahrgenommen werden kann. Also sucht man nach Patentrezepten. Lebenshilfeliteratur und -seminare – vom richtigen Ernähren, über gesundes Wohnen mit „Feng shui", bis zur stressfreien Leistungssteigerung (an der Werkbank, am Schreibtisch und selbst im Bett!) und vieles mehr – stehen deshalb heutzutage ganz oben auf den Top-Ten-Lese-Charts. Und ganz besonders auch die richtigen Tipps für einen „totsicheren" Erfolg bei der Geldanlage. Bei letzterem Genre spielt der Faktor Zeit eine besondere Rolle. Denn es läuft in der Regel auf die Frage hinaus: Wie schafft man es, innerhalb einer überschaubaren – und das heißt: möglichst kurzen – Zeitspanne ein Maximum an finanziellem Erfolg herauszuholen? Das hört sich clever und rational an („Zeit ist Geld!") und kann von jedem nachvollzogen werden. Der „Kopf" lässt grüßen! Oder ist es doch das „Herz"?

Doch halt: Erinnert uns das inzwischen nicht irgendwie an die Börsenturbulenzen von 1929, 1987, 2000/03 und – ganz frisch – 2008? – Ein Maximum an Gewinn in einem Minimum an Zeit! – Wir kennen heute die Folgen dieser Superlative. Und wir wissen, dass es dazu verführt, sich genau kontraproduktiv zu verhalten gegenüber dem „Prinzip Verantwortung" (Hans Jonas). Was hat es denn mit diesem Prinzip auf sich?

Da wir die Zukunft nicht wirklich kennen, sondern bestenfalls erahnen können, versuchen wir den Zeitraum bis zur nächsten Zukunftsstation so zu verkürzen, dass wir ihn einigermaßen unter unsere Kontrolle bringen. Unschwer gelingt uns das beispielsweise bei der jährlichen Urlaubsplanung, schon weniger leicht bei der mittelfristigen Karriereplanung und richtig schwer wird das bei der langfristigen Vorsorgeplanung. Diese ferne Zukunft erscheint uns als so vage und unbestimmt, dass wir sie gleichsam aus unserm Vorstellungsradius entschwinden lassen. „Genieße das Heute und sorge Dich nicht um das Morgen!", lautet die verführerische Devise. Übrigens heutzutage nicht nur bei jungen Menschen. Dabei verschließen wir die Augen vor der gnadenlosen Tatsache, dass auch die fernste Zukunft uns mit jedem Tag im wahrsten Sinn des Wortes „auf den Leib rückt". Wir benehmen uns oft wie kleine Kinder, die ihre Hände vor die Augen halten und meinen, dass sie so (von der Verantwortung für die Zukunft) nicht gesehen werden können, weil sie selbst nichts mehr sehen. Nun, bei Kindern mögen wir dieses Verhalten belächeln. Bei uns selbst freilich sollten wir es gründlich ändern, bevor wir es beweinen.

Es hilft also nichts, Augen auf – wir können uns vor der Eigenverantwortung nicht drücken. Eigenverantwortung bedeutet im Zusammenhang mit den Themenbereichen in diesem Buch: Finanz*planung* und Lebens*vorsorge*. Das widerspricht übrigens nicht einer Lebenshaltung, die sich von sorgenvollen Phantasien über die Zukunft loslösen kann und frohgemut die Gegenwart annimmt. Vielleicht könnte man in religiöser Grundhaltung auf jene Textstelle im Neuen Testament anspielen, wo es nach dem berühmten Verweis auf die „Vögel des Himmels" und „die Lilien des Feldes" am Ende des Kapitels heißt: *„Darum sorgt nicht ängstlich für den morgigen Tag; denn der morgige Tag wird für sich selber sorgen. Jedem Tag genügt seine Plage."* (Matthäus-Evangelium, Kapitel 6, Vers 34). Steht das nicht im Widerspruch zu dem von uns propagierten Vorsorgebewusstsein? Keineswegs. Denn gerade das Neue Testament bringt an zahlreichen Stellen eindrucksvolle Bilder vom Sinn des Säens und Erntens. Und die „Talente", die wir ebenso wenig wie Geld im Acker unseres Daseins vergraben und vergessen dürfen, sondern mit ihnen aktiv „wuchern" sollen, sind in erster Linie in unserem Bewusstsein angelegt. Und um nichts anderes geht es – in unserem Sinne – auch bei der eigenverantwortlichen Lebensvorsorge und Finanzplanung. Was uns die Bücher der Bibel freilich lehren, ist ja nicht Eigen-Verantwortungslosigkeit, sondern die Betonung unserer Ver*antwortung* gegenüber Gott im unbedingten und lebensbejahenden Gottvertrauen, in unserer „Gottes-Kindschaft", vor allen anderen Werten und Gütern dieser Welt. Und im Kontext mit dem Gebot, „den Nächsten zu lieben wie sich selbst", ist es auch geboten, in Solidarität mit den Nächsten für die eigene Existenz selbst verantwortungsbewusst zu handeln, anstatt die (staatlich organisierte) Solidargemeinschaft auszutricksen, sich von vornherein auf ihre Unterstützung zu verlassen und es sich in der sozialen Hängematte bequem zu machen. Gerade wegen seiner Solidarität mit den Mitmenschen ist der Einzelne dazu verpflichtet, im Rahmen seiner Möglichkeiten eigenverantwortlich für sich selbst zu sorgen.

Jede Handlung die wir begehen, von morgens bis abends, hat ja Konsequenzen, gewollte und ungewollte. Dem entsprechend weist jedes Handeln in der Gegenwart sofort auch in die Zukunft. Das gilt aber ebenso für jedes *Nicht*-Handeln. Denn das Unterlassen von Handlungen erzeugt jedenfalls das Wegbleiben von solchen Folgen, die wir uns eigentlich vorstellen können, sei es, dass wir sie befürchten, sei es, dass wir sie uns herbeiwünschen. Natürlich, manchmal kann das Wegbleiben bestimmter Konsequenzen auch nur gut und vorteilhaft sein, weil gewisse Handlungen sich *voraussichtlich* negativ auswirken. Allerdings macht sich Nicht-Handeln allzu häufig doch nachteilig bemerkbar, nämlich dann, wenn es um Vorsorge und Finanzplanung geht (s. Kapitel „Verlierer" und „Gewinner"). Wie auch immer, wir sind für die Beantwortung vieler Fragen, welche die Zukunft an die Gegenwart richtet, größtenteils selbst ver*antwortlich*. Im Falle der Altersvorsorge ist das ebenso deutlich wie bei der Vermögensplanung, der Absicherung gegen herkömmliche Risiken (Krankheit oder Unfall) oder bei der Finanzierung von Wünschen und Zielen. Und wer hat nicht Wünsche und Ziele?!

Verwenden wir den Vergleich mit dem Bau eines Hauses: Dass man dabei nicht mit dem Dachstuhl, sondern mit dem Fundament anfängt, anschließend Stockwerk für Stockwerk aufbaut und mit dem Dach endet, ist sonnenklar. So selbstverständlich also planerisches Vorgehen beim Hausbau ist, genauso selbstverständlich muss es auch sein, *systematisch und planerisch* mit dem Aufbau von Vermögen und Altersvorsorge und nicht zuletzt mit der Vermeidung von Lebens- oder Sachrisiken umzugehen. Und ebenso wie man beim Hausbau großenteils auf das Know-how der Bauarbeiter angewiesen ist, so muss man sich auch bei Vermögensaufbau, Altersvorsorge und Risikoabsicherung die fachliche Kompetenz, das „Gewusst – wie", von Fachberatern zunutze machen.

Manches lässt sich – wie beim Hausbau – auch bei Finanzplanung, Vermögensaufbau, Altersvorsorge und Risikoabsicherung in Eigenleistung erledigen. Eine erste besteht darin, dass wir unser *Planungssystem* haben. Dabei teilen wir unsere Zukunft in vier, den Lebensphasen entsprechende Abschnitte ein und betrachten unsere jeweilige Situation in ihnen:

1. Gegenwart: Wo stehe ich als Jugendlicher? Ausbildung, Beruf, Einkommen, Vermögen, Risikoansicherung.

2. Wie wünsche ich mir die „nächste Zukunft"? Was will ich und was kann ich in den ersten Jahren meines Berufslebens und der Familiengründung erreichen? Ausbildung, Beruf, Familie, Vermögen, Einkommen, Lebensstil, Risikoabsicherung.

3. Wie wünsche ich mir die Zukunft in der weiteren Zeit meines aktiven Berufslebens? Beruf, Familie, Vermögen, Einkommen, Lebensstil, Risikoabsicherung.

4. Wie wünsche ich mir die fernere Zukunft, nach meinem Berufsleben? Beruf/Rente, Familie, Vermögen, Einkommen, Lebensstil, Risikoabsicherung.

Der Blick auf die Gegenwart und den Lebensabschnitt 2 bereitet uns keine oder kaum Probleme. Wenn die Lebensabschnitte 3 und 4 dagegen etwas undeutlicher erscheinen, dann liegt es meist daran, dass wir uns nicht trauen, an uns selbst (oder „ans Universum"!) unsere Träume, Wünsche und Ziele unverblümt zu richten. Niemand soll sich und anderen weismachen, keine Wünsche und Ziele zu haben. Also heraus damit! Eigentlich dürfte das doch überhaupt nicht so schwierig sein. Möchte nicht jeder von uns so leben, dass sie/er von materiellen Sorgen so frei wie möglich ist und sich selbst verwirklichen kann – was auch jede/r darunter versteht? Heutzutage mehr denn je. Und wenn wir glauben, dass die heute brüchiger gewordenen Strukturen unserer Arbeits- und Lebensverhältnisse oder die Finanzkrisen dieser Welt unsere Eigenverantwortung und unser Planungsbewusstsein überflüssig machen und wir deshalb resignieren müssen, dann verstärken wir solche Krisen ganz gewaltig und gehen in ihnen unter. Alle Krisen bergen auch Chancen in sich, nur eine nicht: die Resignationskrise. Hier ist das Prinzip „Loslassen" durchaus berechtigt: Loslassen vom Zweifel am eigenen Potenzial, der sich wie Mehltau über die aktive Gestaltung der Gegenwart legt, und Loslassen von dem lähmenden Gefühl, dass alles vergeblich ist.

Um also unseren Lebensabschnitten nun unsererseits mit Planungsbewusstsein „zu Leibe zu rücken", hilft die Metapher von der Architektur weiter: So wie ein Haus aus mehreren Bestandteilen und Räumen besteht, die planvoll vom Architekten zusammen gefügt werden, ebenso verhält es sich mit den folgenden sechs Sachbereichen, die unser ganzes Leben, je nach Lebensabschnitt, mehr oder weniger stark betreffen:

1. Risiko: Absicherung für Leben und Eigentum. Betrifft alle Lebensphasen.

2. Vorsorge: Sicherung des Lebensstandards auch im Alter. Lebensphasen 2 bis 3.

3. Geldanlage: Aufbau und Strukturierung von Finanzvermögen. Lebensphasen 2 bis 4.

4. Immobilien: Finanzierung und Nutzung von Immobilien. Lebensphasen 2 bis 3.

5. Finanzierung: Der richtige Umgang mit Krediten. Lebensphasen 1 bis 4.

6. Steuer: Optimierung der Sachbereiche 1 bis 5. Lebensphasen 2 bis 4.

So wie beim Hausbau der Gebrauch der Wasserwaage üblich ist, die uns anzeigt, ob Linien und Ebenen schief oder waagrecht sind, so bedient sich die Finanzarchitektur eines vergleichbaren Instruments: Es ist der *Liquiditätsplan*. Er zeigt unsere *Finanz- und Leistungsbilanz* und deckt auf, ob unsere Einnahmen und Ausgaben im Gleichgewicht sind. Aber er kann uns auch Hinweise geben, wo wir korrigieren müssen, damit unsere Liquidität wieder ausgeglichen ist. Nur wenn wir uns über diesen unseren wirtschaftlichen Ist-Zustand ein klares Bild gemacht haben, können wir anschließend daran gehen, unseren Wunsch- bzw. Soll-Zustand in den genannten Zukunftsabschnitten finanziell zu planen und zu gestalten. In jüngster Zeit kommt in den Medien ein scheinbar altmodisches, gleichwohl sehr bewährtes Instrument wieder ins Gespräch, das unserem Liquiditätsplan entspricht: das gute alte „Haushaltsbuch". Darüber berichtete die Presse (Fränkischer Tag) am 19.10. (*„Finanzplanung wie im Buche")* und nochmals am 29.12.2009, auf Seite 17: *„Am besten werden Ausgaben und Einnahmen in einem Haushaltsbuch in Tabellenform für das ganze Jahr erfasst und gegenübergestellt. Wer feste und flexible Kosten in den Monats- und Wochenlisten ehrlich auflistet, kann Einsparmöglichkeiten im Familienbetrieb* [ebenso im Single-Haushalt] *aufspüren und Rücklagen für Reparaturen oder Extras besser einplanen."* Eine besonders wichtige Rücklage und keineswegs nur für ein „Extra" ist die für die Altersvorsorge!

Das besagte ehrliche Auflisten aller Posten, insbesondere bei der Ausgabenseite (Kassenzettel aufheben!) ist bei vielen von uns freilich *„die erste große Hürde, an der viele Menschen scheitern"* (Günter Eissing, Professor für Gesundheit und Verbraucherbildung an der Universität Dortmund, zitiert nach FT, 29.12.2009). Leider müssen wir zu oft feststellen, dass wir unsere Finanz- und Leistungsbilanz nicht kennen, geschweige denn, dass wir einen Liquiditätsplan anwenden bzw. ein Haushaltsbuch führen (1). Vielen von uns ist das einfach zu unbequem, wovor Professor Eissing mit Recht warnt. Oder wir befürchten schon von vornherein, dass der Blick ins Haushaltsbuch uns keinen finanziellen Spielraum offenbart, der uns in die Lage versetzt, zum Vermögensaufbau und zur Altersvorsorge einen eigenen Beitrag zu leisten. Doch diese resignative Einstellung offenbart in der Tat etwas: Einen großen Irrtum! Denn nahezu alle Liquiditätspläne zeigen, dass sich mit der Veränderung so mancher (überflüssiger, ja auch ungesunder) Verbrauchsgewohnheiten zugleich Einsparungen und Umschichtungen auf der Ausgabenseite realisieren und in Beiträge zur Vermögensbildung, Risikoabsicherung, Altersvorsorge oder Kreditfinanzierung umwandeln lassen. Und unabhängig davon sollten wir uns vor Augen führen, dass die allermeisten von uns von Seiten des Gesetzgebers zur privaten Altersvorsorge deutliche Förderungen, sowohl durch Steuer-„Subventionen" als auch durch direkte finanzielle Beihilfen, erhalten, die in unserem Haushaltsbuch noch gar nicht vorgesehen sind und unsere Liquidität daher auch kaum berühren.

Dass zudem das Ablegen gedankenlosen Konsumverhaltens auch über den Tellerrand der unmittelbaren finanziellen Selbstverantwortung hinaus reicht – z. B. in Bezug auf Umweltverschmutzung, Wasserverbrauch und andere Ressourcenverschwendung, bis hin zu unserem Gesundheits- und Verkehrsverhalten –, mögen wir vielleicht in den Tagesthemen und bei TV-Talkshows über „den Klimawandel" gerne anerkennen – aber eben nur so lange, wie es uns selbst nicht „weh tut"! Doch in Wirklichkeit geht es hierbei in erster Linie gar nicht um einen Beitrag zur (fraglichen) Verhinderung des Klimawandels, sondern um eine neue Mentalität, um ein „gereinigtes" Effizienzbewusstsein bei Konsum und Genuss. Feng Shui in Herz, Kopf und Hand! Es ist gar nicht so schmerzhaft, wenn wir einmal damit anfangen, den Liquiditätsplan als Ausgangspunkt und Mittel für einen Paradigmenwechsel einzusetzen – für diesen im wahrsten Sinn des Wortes *Wertewandel*. Der beginnt zunächst im Kopf und schlägt sich sodann im Haushaltsbuch nieder: Das „*Ge*wusst – wie" ist die Folge vom „*Be*wusst – wie".

Eine recht konstruktive Möglichkeit, um uns für finanzielles Planungsbewusstsein und die wirtschaftliche Eigenverantwortung „schmerzfrei" zu sensibilisieren, ist die aktive Beschäftigung mit Themen aus der Welt der Wirtschaft, der Finanzen und der sozialen Verhältnisse. Informationen stehen ja genügend zur Verfügung. Doch wie wenige von uns nutzen sie, lesen ja nicht einmal den Wirtschaftsteil der Tageszeitungen! So ungewohnt, mühsam oder langweilig das aktive Zuwenden zu solchen Themen für manche von uns zunächst auch erscheinen mag – nach einer Weile wirkt es sich in vielen Fällen nicht nur intellektuell positiv auf unseren *Verstand* aus, sondern auch erfreulich motivierend auf unsere *Emotionen* und schließlich auf unser ökonomisches *Handeln*. Nämlich dann, wenn wir beginnen, Zusammenhänge zu verstehen, Werbebotschaften zu durchschauen und Nachrichten richtig zu interpretieren. „*Nichts ist spannender als die Wirtschaft*" lautete der Slogan eines bekannten Wirtschaftsmagazins. Um das selbst zu erleben, bedarf es freilich eines ersten Schritts, der Überwindung „des inneren Schweinehundes". Es ist unser lethargisches Desinteresse an den Themen rund um´s Geld, wo dieser Schweinehund begraben liegt.

In der Süddeutschen Zeitung (SZ) vom 08.12.2008 lesen wir in einem Leitkommentar unter der Überschrift „*Geldanlage – eine lästige Pflicht*", dass die Sparer viele Finanzprodukte nicht verstehen und die „Finanzindustrie" dies duldet. Im gleichen Sinne fährt der Kommentator der SZ fort: *„Finanz-berater rufen ihre Kunden an, um sie von einer Investition zu überzeugen – und um ein Produkt zu verkaufen. Im besten Fall sind die Empfehlungen der Berater angemessen, doch das erlebt man leider viel zu selten."* Nicht erst das Desaster mit den Lehman-Brother-Zertifikaten hat dies einmal mehr und ganz besonders drastisch vor Augen geführt.

Nun, wir können die Schuld dafür nicht allein den Finanzberatern und den hinter ihnen stehenden Vertriebsleitern in den Bankinstituten aufhalsen, sondern müssen uns auch selbstkritisch fragen: Waren wir Verbraucher nicht auch zu gutgläubig?! Und wenn ja, warum? Dazu nochmals die Süd-deutsche Zeitung: *„Dabei mangelt es vordergründig nicht an Aufklärung. Die Derivate- und Fondsbranche informiert in Broschüren, im Internet und in Bü-chern. Wer will, kann sich jederzeit schlau machen – doch die wenigsten Anleger wollen das. Hier liegt das Hauptproblem, und das weiß die Branche auch, denn sie kritisiert die mangelhafte Finanzbildung der Deutschen schon lange. ... Sicher haben die Anleger eine Holschuld. Sie sollen sich informieren. Doch die Realität zeigt, dass die meisten Sparer lernfaul sind. Autofahrer zwingt man zum Führer-schein. Es geht um Leben und Tod. Finanzanleger lässt man einfach machen – es geht um Armutsrisiken im Alter."* – Wie wahr!

Die Finanzindustrie legt inzwischen mehr oder weniger informative „Bei-packzettel" den Anlageangeboten bei, die über deren „Risiken und Ne-benwirkungen" aufklären sollen; es werden Fragebögen und Checklisten entwickelt, die die Finanzberater den Kunden anbieten müssen – seit dem 01.01.2010 gesetzlich vorgeschrieben – , um deren Wissen über Finanzpro-dukte abzufragen und dadurch beide Seiten – Finanzberater und Kunden – vor künftigen Streitfällen über Beratungsfehler zu schützen. Auch dazu nochmals die Süddeutsche Zeitung: *„Die Lektüre* [solcher Informationen] *schärft den kritischen Geist der Sparer und bringt ihn auf Augenhöhe mit dem Berater. Vielleicht schafft mehr Wissen dann auch mehr Begeisterung für Finanz-produkte."*

Mehr *Begeisterung* für Finanzprodukte? Soweit will unsere euphorische Er-wartung an das Herz, das Kraftwerk der Emotionen, denn doch noch nicht gehen. Wir meinen allerdings in einem ähnlichen Sinne: Wir sollten zunächst einmal unsere wirtschaftliche Bildungsresistenz stärker bekämpfen, und zwar sowohl generell beim Thema Geld als auch speziell bei dem Thema

Altersvorsorge. Wie die Diplomarbeit *„Das Problem mangelnder Financial Literacy bei der Altersvorsorge"* von Nicole Stücke (Hamburg 2007) belegt, brauchen wir eine neue *mentale Architektur*; sie ist gekennzeichnet von den nur scheinbar einengenden Begriffen: *Planung, System, Verantwortung.* Wir müssen lernen und begreifen, dass unser Wohlstand von heute und in Zukunft nicht in einem anonymen System, sondern ganz konkret in unseren eigenen Händen liegt! Wir können ihn weitgehend selbst gestalten und beeinflussen. Anders gewendet heißt die Aussage ganz eindeutig: Wenn wir für unsere finanzielle Zukunft, für Vermögensbildung, Risikoabsicherung oder Altersvorsorge *nichts* tun, dann tun wir doch etwas: das *Falsche!*

Diese Aussage lässt sich ohne weiteres von der Bewusstseins- auch auf die konkrete Anwendungsebene übertragen, indem wir beispielsweise darauf achten, wo und in welchem Zusammenhang unser Geld angelegt wird: ob in Aktien von Firmen, die es mit den Menschenrechten, dem Umweltschutz und mit der Friedenspolitik nicht so genau nehmen, oder von solchen, welche die Prinzipien der sozial-humanen Verantwortung und der Erhaltung der Natur nicht nur als PR-Label vor sich hertragen, sondern sie an jedem Tag und überall auch praktizieren. „Ethikbezogenes Investment" hat sich inzwischen als eigenständiger Kapitalanlagesektor etabliert, genießt eine zunehmende Zustimmung und die entsprechenden Anlageangebote von „Sustainable" oder „Ethic" Fonds erfreuen sich einer regen Nachfrage.

Da kommt eine etliche Jahre zurück liegende Initiative aktuell zu ehrenvoller Erinnerung: In den 70er Jahren weigerte sich der größte Pensionsfonds der Welt, „CALPERS" (Californian Public Employees Retirement System), das Geld seiner Mitglieder in Aktien solcher Firmen zu investieren, die Geschäfte mit dem südafrikanischen Apartheidregime machten: Ethische Prinzipien als Grundlage der Investmentstrategie – das kann sich positiv auswirken, hat aber unter Umständen auch eine negative Kehrseite; nämlich dann, wenn die „ethischen" Prinzipien sich mit humaner Allgemeingültigkeit nicht vereinbaren lassen, weil sie beispielsweise von fundamentalistischen oder politisch-kulturellen (oder gar rassistischen) Kampfparolen bestimmt werden.

Die katholische deutsche Bischofskonferenz unterstützt mit einer eigenen Studie der Sachverständigengruppe „Weltwirtschaft und Sozialethik" den

Trend des Ethik-Investments: *„Mit Geldanlagen christliche Verantwortung wahrnehmen"* (www.zenit.org/article-19878?l=german, 20.02.2010). Ihr Vorsitzender, Professor Dr. Johannes Wallacher, stellt fest, *„ethikbezogenes Investment könne dann mehr sein als nur eine kleine Stellschraube innerhalb des Finanzsystems, wenn es als Zeichen einer Bewusstseinsveränderung verstanden werde – als Signal für die Bereitschaft von Anlegern, die notwendigen Reformen der politischen Rahmenbedingungen zu unterstützen."* (ebd.). Wir möchten diese Äußerung zur Bewusstseinsveränderung gerne positiv bewerten und uns ihr anschließen, jedoch …

… Jedoch – bei aller Anerkennung der ideellen Absichten von Anlegern – sei auch der Hinweis gestattet, dass selbst bei solch edlen Gesinnungen die finanzielle Rentabilität, die *Rendite,* dieser Investments nicht außer Acht gelassen werden darf. Denn selbst wenn sich ein Investor von der Verantwortung befreit, mit Aktien oder Anleihen von unethisch agierenden Unternehmen Gewinne zu machen, so tappt er unter Umständen in eine neue Verantwortungsfalle hinein: gemeint ist die Vernachlässigung der Verantwortung sich selbst, seinen Angehörigen oder sonstigen Nutznießern seines Vermögens gegenüber. Denn es gehört durchaus zur (Eigen-)Verantwortung, anvertrautes Vermögen zu erhalten und es mit Kreativität, Fleiß und Vernunft zu vermehren. Nicht nur im Falle von geerbtem Vermögen gilt der kluge Rat: „Was du ererbt von deinen Vätern hast, erwirb es, um es zu besitzen!" So formulierte das der alte Geheimrat Goethe; er war übrigens nicht nur der universal geniale Dichter und Gelehrte, sondern auch ein erfolgreicher Finanzminister und weiser Staatsmann am großherzoglichen Hofe zu Weimar. Ethisches Verantwortungsbewusstsein gegenüber Mitmenschen und Umwelt heißt weder zu Goethes noch zu unseren Zeiten, den Prinzipien wirtschaftlichen Wachstums den Rücken zu kehren und auf solide Gewinnchancen zu verzichten. Goethes „Faust" ist insbesondere im Teil II ein eindrucksvolles Beispiel, wie dieses Thema im Spannungsbogen von blinder Gier und weitsichtiger Wachstumsorientierung auf „den Brettern, die die Welt bedeuten", behandelt werden kann.

Völlig undramatisch dagegen, wenn auch eindringlich und hoffentlich nachvollziehbar, gestaltet sich hier unser Plädoyer für mehr Verantwortung bei Vorsorge und Finanzplanung, für die Aktivierung eines Bewusstseinswandels, für eine neue mentale Architektur. Sie wird sich durch die nächsten Kapitel als roter Faden durchziehen und soll uns Kunden und uns Finanzberater zusammen führen. Bevor wir damit fortfahren, möchten wir hier mit 10 allgemeinen, gleichwohl konkret nützlichen „Geboten" für unsere Planung in Bezug auf die oben genannten vier Lebensphasen und sechs Sachbereiche schließen:

1. Wir öffnen unser Bewusstsein für Themen rund um Vorsorge und Finanzplanung in den Tagesmedien. Konkret: Wir lesen den Wirtschaftsteil der Zeitung!

2. Wir holen uns Informationen über Finanz- und Vorsorgeprodukte von mehr als nur einer Seite ein und vergleichen sie mit gesundem Menschenverstand: Haben wir den Inhalt dieser Produkte wirklich verstanden? Wir unterschreiben nichts, was wir nicht genau verstanden haben!

3. Wir hinterfragen kritisch alle Angebote, besonders aber solche mit Gewinnversprechungen, die sich mit Superlativen über den Durchschnitt des Marktes hinaus heben; denn wir wollen nicht, dass unser „Cash" eines Tages im „Crash" versinkt. Wir beherzigen dabei stets den Grundsatz: Wo hoher Gewinn winkt, da versteckt sich hohes Risiko!

4. Wir stellen den Angeboten der Finanz- und Vorsorgeberater unsere eigenen Wünsche und Ziele gegenüber!

5. Wir setzen unser Geld nie auf eine einzige Karte, d. h. wir streuen und legen es so an, dass äußere Einflüsse (Kaufkraftverlust/Inflation oder Preisverfall/-Deflation) nicht unser gesamtes Vermögen bzw. Einkommen vernichten können!

6. Wir bevorzugen Produktanbieter mit mehrjähriger Marktpräsenz, Erfahrung und Reputation, wenn es um Risikoabsicherung, Geldanlage, Finanzierung und Altersvorsorge geht!

7. Wir machen mindestens einmal pro Jahr – wie beim TÜV – einen Vorsorge-Check up, und überprüfen, wie sich unsere individuellen und familiären Lebensverhältnisse, unser Beruf und Einkommen, unser Vermögen, unsere Risikoabsicherung und Altersvorsorge entwickelt haben, und nehmen gegebenenfalls eine Neujustierung vor!

8. Wir tauschen uns aus und diskutieren mit unseren Freunden und Bekannten, die ein gleiches Interesse und einen vergleichbaren Wissensstand haben!

9. Wir Kunden und wir Finanzberater halten engen Kontakt zueinander, damit keiner von uns glauben kann, aus der Mitverantwortung für das „Gemeinsame Haus" entlassen zu sein. Auf diese Weise errichten wir von der Basis her, sozusagen „von unten" (Alltagsgeschäft) „nach oben" (Geschäftsstrategie) jene neue Finanzarchitektur, von der seitens der Politiker im Hinblick auf die Reform des Bankensektors und Finanzwesens die Rede ist!

10. Wir geben nicht auf, auch wenn sich Rückschläge auf unseren Wegen zu finanzieller Vorsorge und Absicherung und zu materiellem Wohlstand nicht immer vermeiden lassen. Wir bleiben planungsbewusst und entwickeln konsequent die Komponenten unserer mentalen **Architektur**!

[1] Ein Modell-Haushaltsbuch gibt es beim Verbraucherzentralen-Bundesverband: E-Mail: versandservice@vzbv.de. Siehe auch: www.fit-fuers-geld.de., die Onlineseite für junge Leute und Berufsanfänger.

2   Das Baumaterial

Das Geld in der Finanz- und Realwirtschaft.

Wenn wir wie im Einführungskapitel für ein neues Bewusstsein der Gemeinsamkeit zwischen Finanzberatern und Kunden plädieren, dann hat das seinen ursprünglichen Grund nicht allein in der Reaktion auf die Vorkommnisse der Finanzmarktkrise von 2007-09. Aber als Anlass und Ausgangspunkt kann sie für unser Anliegen hervorragende argumentative Dienste leisten. Deshalb wollen wir uns im folgenden mit ihr und ihren Auswirkungen auseinander setzen.

Erinnern wir uns noch an das offizielle Unwort des Jahres 2008? Es lautete: „Notleidende Banken"! Man reibt sich die Augen und fragt sich: Sollte es möglich sein, dass die bis vor kurzem noch so glänzend verdienende Finanzwirtschaft und ihre Vorzeigeinstitute in solche existenzielle Schieflage geraten, dass sie die Realwirtschaft und selbst manches gesunde Unternehmen mit in den Abgrund reißen können? – „Yes, they can!".

Bevor wir uns die Ursachen und tieferen Gründe dafür ansehen, werfen wir zunächst einen – wenn auch nur ganz kurzen – Blick auf die Entstehungs- und Entwicklungsgeschichte des Geldes, wie alles vor Jahrtausenden begonnen hatte: Mit dem Tausch von konkreten Waren (realen Werten) gegen konkrete andere Waren, wie z. B. Kamele, Pferde usw. Später und anderswo taten es Muscheln oder Perlen, deren Realwert-Schätzung bereits auf einer höheren und ästhetischen Bewertungsstufe des Tauschhandels festgelegt wurde. Doch die Schwierigkeit, diese Realitäten-Währung in preiskonformen Stückelungen zu verwenden, brachte die Akteure schließlich auf eine bessere, eine abstrakte Idee: An Stelle von zwar nutzbaren, aber schwer transportierbaren und in unterschiedlichen Ausmaßen nachgefragten Gebrauchsgütern zum Tauschen traten im 7./6. Jahrhundert vor unserer Zeitrechnung neue, schon mehr rechensymbolische Werte in Form von diversen edelmetallhaltigen Scheibchen: die Gold- und Silbermünzen. Diese verloren im Laufe der Jahrhunderte immer wieder an ihrem edlen Substanzwert und mussten neu resubstanziiert werden (Silber-/Goldgehalt). Schließlich begann mit dem einsetzenden Kapitalismus und der Erstarkung der Stadtkultur im Mittel-

alter (Ende 13. Jahrhundert ff.) das Papiergeld, zunächst in Form von
Wechseln bzw. „Kreditverbriefungen", dann in den nachfolgenden Jahr-
hunderten (18. Jh. ff.) in Form von Bank-„Noten" mit aufgedruckten Wert-
und staatlichen Hoheitsangaben seinen Siegeszug. – Heute sind es die
Kreditkarten aus Plastik. Und morgen: das virtuelle Web-Money.

Durch die Entstehungs- und Entwicklungsgeschichte des Geldes zieht sich
wie ein roter Faden ein Kernmotiv des menschlichen Verhaltens: Das *Vertrauen*. Das Tauschgeschäft, wert-reale Ware bzw. (Arbeits-)Leistung gegen
wert-abstraktes Symbol, wird getragen von dem Vertrauen beider Ge-
schäftspartner darauf, dass der abstrakte Wert – das Geld – dem realen
Wert – der Ware/Leistung – „paritätisch" entspricht und dementsprechend
auch zukünftig weiter als werthaltig verwendet werden kann. Dieses Vertrauen ist die Grundlage für jedes Geschäftsleben, namentlich im Bankgeschäft („Kredit"-Geschäft). Die Realwirtschaft (= ertragsorientierte Produktion und Verwertung von Waren und Dienstleistungen durch Arbeit) sollte
zur Finanzwirtschaft (= ertragsorientierte Produktion und Verwertung von
Geldwert durch Verzinsung) deshalb in einem weitgehend kongruenten
Verhältnis stehen. Dieses Prinzip konnte freilich die zahlreichen Geldentwertungen der Vergangenheit nicht verhindern, wenn durch Kriege oder
fehlerhafte Wirtschaftspolitiken die Staatsfinanzen zerrüttet waren und
Geldentwertungen (Inflationen) losgaloppierten. Schon die blühende
„Gründerzeit" erlebte 1873 einen veritablen Börsenkrach in Wien, der in
eine europäische Finanzkrise mündete, aus der die Forderung nach umfassenden Reformen des Bankenwesens hervorging.

1923 erlebte Deutschland infolge der Nachkriegsbelastungen und einer
unkontrollierten Geldmengenpolitik eine Hyperinflation, deren psychologische Nachwirkungen bis heute die Mentalität der Deutschen als „Sach-
wert-Anleger" und „Finanzanlage-Muffel" beeinflussen. Mit voller Wucht
zerbrach die Kongruenz von Real- und Finanzwirtschaft im New Yorker
Börsen-Crash vom Oktober 1929: Der Modernisierung und dem Wachstum
der US-Realwirtschaft in den 20er Jahren war das Wachstum der Finanzwirtschaft zunächst kongruent gefolgt. Doch mit zunehmend davon unabhängigen Spekulationen und Manipulationen von Aktienkursen auf der
einen (der ökonomisch starken) Seite und dem „demokratisierten" Zugang
breiter Bevölkerungsschichten zur Börse auf der anderen (ökonomisch
schwachen) Seite hatte sich die Finanzwirtschaft dermaßen über die Di-

mension der Realwirtschaft hinaus wie eine Blase ausgedehnt, dass ihr Platzen unvermeidlich geworden war. Nachdem sich Realwirtschaft und Finanzmärkte nach den Jahren der Depression und Hyperinflation erholt hatten, wollte man in der Absicht, sie wieder stärker zusammenzubinden, die weltweite Leitwährung, den US-Dollar, an den Preis des Goldes fest ankoppeln („Bretton-Woods-Abkommen", 1944); rund eine Generation später (1971/78) löste man sich aber wieder von diesem sich als zu starr erwiesenen Goldstandard. In den ersten Jahren nach dem 2. Weltkrieg erlebten die Deutschen noch einmal eine spezielle Rückkehr zur Realwirtschaft, oder besser gesagt, zur Tauschwirtschaft, bevor schließlich 1948 die DM als Verrechnungseinheit ihren Siegeszug antrat.

Im Zuge der beginnenden Globalisierung der Finanzmärkte wurden die „Preise" der Währungen (Devisen) mehr oder weniger dem freien Spiel der Kräfte (Angebot und Nachfrage) bzw. der Geschicklichkeit der Akteure in den Zentralbanken und den Profis in den Devisenhandelsabteilungen der Groß- und Investmentbanken überlassen. Und es sind private Großinvestoren wie George Soros, denen es 1992 gelang, mit Devisenspekulationen eine ehemalige Weltwährung wie das Britische Pfund vorübergehend in die Knie zu zwingen und damit an einem einzigen Tag eine Milliarde Dollar zu machen; und 1997 mit der Attacke auf eine so relativ unwichtige Währung wie den Thailändischen Bath eine überregionale Finanz- und Wirtschaftskrise auszulösen („Asienkrise"). Solche Krisen hatten und haben aber auch ihr Gutes: Sie machen deutlich, wo und wie mit staatlichen Stützungsmaßnahmen kränkelnde Währungen künstlich am Leben gehalten werden, die an einem massiven inneren Wertzerfall infolge ihrer maroden Volkswirtschaft leiden.

Die Finanzwirtschaft hat längst wieder ihr eigenständiges Gewicht bekommen und sich von ihrer Kongruenz mit der Realwirtschaft gelöst. Was nicht heißt, dass beide Systeme völlig unabhängig voneinander funktionieren. Im Gegenteil, sie beeinflussen sich gegenseitig; allerdings nicht ausbalanciert (kongruent), sondern immer mehr mit der Dominanz der Finanzwirtschaft über die Realwirtschaft. Dafür kann als Beispiel die Ölpreisentwicklung in den Jahren 2006-09 angeführt werden: Die durch Spekulationen (= Wetten) auf die Ölpreise in der Zukunft beeinflussten tatsächlichen Preise in der Gegenwart führten zu Verteuerungen, die weder durch Fördermengenverknappung noch durch Verbrauchsausweitung – also durch realwirtschaftliche Faktoren – begründet werden konnten. Inzwischen erkennen die Regierungen, dass dieses Spekulationssystem ihren Volkswirtschaften (ge-)schadet (hat), und blasen nun gemeinsam zum *„Angriff auf Ölspekulanten"* (SZ vom 09.07.2009, S. 17). Dabei wollen sie *„eine internationale Organisation damit beauftragen, ´eine gemeinsame langfristige Sichtweise zu etablieren, welche Preisspanne mit den Fundamentaldaten in Einklang steht.´.. Darüber hinaus sollten die Regulierungsbehörden ´die Transparenz und die Aufsicht auf dem Ölterminmarkt verbessern, um schädliche Spekulationen zu begrenzen´."* – Na ja, wer´s glaubt, ...

So muss erst die Zukunft zeigen, ob die geplanten Restriktionen tatsächlich zu stabileren Ölmärkten führen – oder ob vielleicht die „bösen" Preisspekulanten gar nicht, oder jedenfalls nicht in dem beklagten Ausmaß, die volatilen Ölpreise verursacht haben; denn auch dafür gibt es ernst zu nehmende Meinungen, wonach *„die Spekulanten für Liquidität sorgen und somit das Funktionieren der Märkte verbessern"* (SZ, ebd.). Wir lernen daraus: Real- und finanz-wirtschaftliche Zustände und Zusammenhänge sind kaum monokausal zu erklären geschweige denn mit einem einzigen legislativen Federstrich umzugestalten. Die globalisierte Welt ist komplexer geworden und das unwiderruflich.

Als eine der systemischen Ursachen der Finanzmarktkrise wird die Entkoppelung (Karl Marx würde sagen: die „Entfremdung") der Finanzwirtschaft von der Realwirtschaft angesehen. Täglich jagt ein Hundertfaches des Wertes der globalen Realwirtschaft (also aller Güter und Dienstleistungen) als virtuelles Geld rund um den Globus. Es wird getrieben von der Absicht, dass sich sein Wert durch geschickte Transaktionen und Ausnutzen a-symmetrischer Marktinformationen bei seiner Rückkehr zum Absender gründlich vermehrt hat. Und das nach Möglichkeit binnen 24 Stunden („Day-Trading" im Fachjargon). Die damit einhergehende und zunehmende Verselbstständigung des Handels mit abstraktem Geldwert zur eigenständigen, virtuellen Ware verführt die Marktteilnehmer dazu, die Auswirkungen ihres Handelns auf die Realwirtschaft nicht mehr zu erkennen bzw. sie bewusst zu vernachlässigen. So führte die Autokratie der Finanzwirtschaft – des Geldes – dazu, dass die Werte der Realwirtschaft – der Unternehmen – vielfach zu machtlosen Spielbällen der Spekulation und zum Futter manch berüchtigter „Heuschrecken" (Hedgefonds, Private-Equity-Firmen, allerdings nicht aller!) werden konnten.

Vor diesem Hintergrund führt uns die Ursachenrecherche über die Finanz-
und Wirtschaftskrise der Jahre 2007/08/09 zunächst in die USA, in die An-
fangsjahre dieses Jahrtausends. Die amerikanische Notenbank FED sorgte,
nicht zuletzt auch infolge des Schocks „Nine/Eleven" 2001, mit ihrer Nied-
rigzinspolitik dafür, dass die Realwirtschaft brummte und dass Immobi-
lien- und Konsumfinanzierungen so verführerisch günstig waren wie selten. In der Folge wurden in dem US-typischen Verbraucher-Treibhaus-
klima zahlreiche konsumfreudige Menschen von zahlreichen provisions-
freudigen Finanzberatern zu Besitzern von Immobilien und Verbrauchsgü-
tern auf Kreditbasis gemacht, die eigentlich aufgrund ihrer mangelhaften
finanziellen Stärke (Bonität) dafür vollkommen ungeeignet und finanziell
überfordert gewesen sind. Doch welchen Schuldner schert das, wenn er
weiß dass er Immobilienkredite in Anspruch nehmen kann, die zum Teil
sogar von der auf sein sonstiges Privatvermögen durchgreifenden Haftung
losgelöst sind („Non Recourse Loans": Nicht verpfändbare Kredite). Davon
können wir hierzulande nicht einmal zu träumen wagen. Ist vielleicht auch
besser so – nicht nur für die hiesigen Banken, sondern selbst für uns Kunden!

Die Finanzierungskonditionen im US-Immobilienboom wurden zudem
lediglich kurzfristig vereinbart, da das aktuelle Zinsniveau „am kurzen
Ende" niedriger war als die Zinsen „am langen Ende". Diese Schönwetter-
Konstellation wurde auch für die Zukunft so in Aussicht gestellt. Allein die
Hoffnung, dass zu erwartende steigende Immobilienpreise die meist über
100-prozentigen Fremdfinanzierungen für Haus und Konsum decken werden, reichte den Banken und Finanzberatern als leichtsinnige Rechtferti-
gung für die Kreditvergaben aus: „The American Way of Life goes on!".
Hinzu kam, dass die wechselnden politischen Administrationen bereits
1994 („Community Re-Investment Act") und dann zu Beginn dieses Jahrtausends, vermutlich in zu unterstellender bester sozialpolitischer Absicht,
die beiden Hypothekenfinanzierer Fannie Mae und Freddie Mac dazu
ermunterte, das Finanzierungsgeschäft der Banken bei gering immobi-
lisierten Gesellschaftsschichten in bestimmten Landes- und Stadtteilen,
insbesondere mit hohem farbigen Bevölkerungsanteil, großzügig zu bedienen: *„Wir wollen, dass jeder in Amerika sein eigenes Haus besitzt!"*, proklamierte die US-Regierung im Oktober 2002. Manche US-Bürger schienen daraus
eine Art Rechtsanspruch auf Immobilienkredite abzuleiten. Denn in der
Tat: Den Kreditinstituten wurde die Aufgabe gestellt, bis zum Ende des

Jahrzehnts 5,5 Millionen Minderheitenangehörige zu Hausbesitzern zu machen. Und im Jahre 2003 erließ die Regierung in Washington den *American Dream Downpayment Act*", der den Angehörigen unterer Einkommensschichten weitgehende Erleichterungen (sprich: laxe Kredit- bzw. Sicherheitenprüfungen!) bei der Kreditaufnahme versprach. So soll sich die Zahl der Eigenheimbesitzer in den USA zwischen 2002 und 2007 um 3,1 Millionen erhöht haben. Im Resultat führte diese Immobilienfinanzierungsschwemme dazu, dass das stolze „God's own Country" nach dem Zusammenbruch der Immobilienwerte und dem Platzen der Kreditblase in etlichen Landesteilen zum verlassenen „Subprimia Land" verödet ist. [1]

Denn vermutlich schon vor, aber gewiss spätestens ab Mitte 2007 wurde man gewahr, dass übermäßig viele dieser Immobilienkredite infolge nicht eintretender Wertsteigerungen der finanzierten Objekte auf der einen Seite und nun doch steigender Zinsen und persönlicher Einkommensverschlechterungen auf der anderen Seite von den Kreditnehmern nicht mehr bedient werden konnten. Nun begannen die Banken ihre faulen Immobilienkredite („Subprime Loans") gegen das Risiko von Abschreibungen und Wertberichtigungen abzusichern („Credit Default Swaps" CDS), mit anderen, weniger „giftigen" Krediten zu mischen und diese schwer durchschaubare Mixtur von Kreditforderungen und -absicherungen bei den Investmentbanken der Wallstreet in Form von Verbriefungen – als Bankschuldverschreibungen (= Zertifikate. Aus dem Lateinischen: certus = sicher, und facere = machen; in diesem Sinn: gewährleisten) – gebündelt zu platzieren. Von denen wurden sodann diese Zertifikate auf den internationalen Finanzmärkten als rentable und gleichwohl sichere (weil doch von Hypotheken unterlegte!) Forderungswertpapiere angeboten, bekannt unter den exotisch klingenden Begriffen „Collatoralized Debt Obligations" (CDO) oder „Asset Backed Securities" (ABS). Zudem kamen sie aus „gutem Hause", wie die emittierenden Investmentbanken der Wallstreet damals von den Ratingagenturen eingestuft wurden. Allerdings wurde dabei (geflissentlich?!) übersehen, dass diese Ratings von den Emissionsbanken teilweise in Form von Bonifikationen auf den Absatzerfolg jener Zertifikate bezahlt wurden, die die Ratingagenturen zu bewerten hatten ..!

So hatten also ausgerechnet jene Institutionen, die für eine marktkonforme und zuverlässige Bewertung von Kapitalmarktinstrumenten und für eine einwandfreie Bonitätsbeurteilung von Emittenten verantwortlich sind, am

Entstehen der Finanzmarktkrise entscheidend mitgewirkt. Die Konsequenz bekommen sie nun zu spüren: Bei Verstößen gegen neue EU-Rechtsverordnungen im Hinblick auf das Procedere des Ratings (z. B. Trennung von Beratung und Bewertung von Unternehmen) wie auf das Vergütungssystem drohen ihnen saftige Geldstrafen. Die US-Administration erwägt eine entsprechende gesetzliche Vorgehensweise.

Da die Emissionshäuser wie „Goldman Sachs", „Lehman Brothers", „Merryll Lynch" und andere *vor Ausbruch der Krise* durchaus nicht zu Unrecht als gute Adressen angesehen wurden und sich ihren guten Ruf offensichtlich auch noch einige Zeit lang *in der Krise* bewahren konnten, galten auch ihre zahlreichen sonstigen Zertifikate, die z. B. mit Aktienindizes unterlegt waren und mit den bald als „toxisch" eingestuften Hypothekenzertifikaten nichts direkt zu tun hatten, als „absolut" (Beraterjargon!) sichere Anlagen und als geeignet für den Vertrieb an ein breites Anlegerpublikum. Dass kaum ein Berater, geschweige denn ein Anleger Produktinhalt und Risikostruktur dieser Investments wirklich verstanden hat bzw. verstehen konnte (oder wollte?!), steht auf einem anderen Blatt. Als nun aber das Gift der umfangreichen Hypothekenzertifikate in die Bonität und somit in die Haftungsfähigkeit ihrer Emissionsbanken selbst eindrang, da infizierte dieser Umstand schließlich auch all ihre übrigen Schuldverschreibungen, in welche die privaten Anleger ihre Ersparnisse gesteckt hatten. Man hatte ihnen Ertrag und Sicherheit in Aussicht gestellt oder gar „garantiert". Nun kämpfen sie ihren Kampf ... . Hierzulande noch mit deutscher Disziplin, andernorts schon mit Gewaltaktionen (z. B. in London oder in New York).

Zurück zu den Ursachen der Finanzmarktkrise: Die angepriesene Bonität der amerikanischen Emissionsbanken und die in Aussicht gestellten sehr hohen Renditen ihrer neuen Anlageinstrumente verführten gerade auch die institutionellen Investoren – nicht zuletzt die Landes- und andere Geschäftsbanken sowie deren Großkunden in Deutschland – wiederum dazu, den Kauf solcher Zertifikate nicht mit Eigen- sondern mit vorläufig noch (!) zinsgünstigem Fremdkapital zu finanzieren. Dabei wurde die goldene Regel außer Acht gelassen: die Fristenkongruenz, d. h. dass die Laufzeit der Finanzierung (in etwa) kongruent sein sollte mit der Laufzeit der finanzierten Anlage. Ein Prinzip, das schon im ersten Banklehresemester zum Lernstoffstandard gehört! Triebfeder für diesen methodischen Leicht-

sinn (um nicht zu sagen: Wahnsinn) der Investoren war zum einen die
nicht zu Unrecht als „maßlos" kritisierte „Gier" nach einer durch die Differenz von niedrigem Kreditzins (am kurzen Ende) und höherem Zinsertrag
(am langen Ende) „gehebelten" Rendite (Leverage-Effekt); zum anderen
gehörte es aber auch „zum guten Ton" der Finanzwirtschaft, unter Vernachlässigung aller Sicherheitsbedenken knackige Renditeaufschläge gegenüber „Vergleichsanlagen" zu vereinnahmen. Für die Akteure war dieses Bewusstsein rational, weil renditeorientiert. Suchte man doch insbesondere bei den deutschen Landesbanken nach dem Entzug des öffentlich-
rechtlichen Institutsprivilegs (hohe Bonität = günstige Refinanzierung)
durch die EU verständlicherweise (?) nach „alternativen Geschäftsmodel-
len", mit denen man die Verteuerung der Refinanzierung auf den Kapitalmärkten und damit die gesunkene Eigenkapitalrendite wieder hoch-
peppeln konnte. Zum (nicht zulässigen) Vergleich (Benchmark) dienten die
Eigenkapitalrenditen der anglo-amerikanischen Investmentbanken, aber
auch mancher prominenter Großbanken auf dem europäischen Festland
(die berühmte „25 Prozent-Eigenkapitalrendite" der Deutschen Bank).
Teilweise waren ja auch diese Vorzeigeinstitute mehr oder weniger in
solche Geschäfte mit fremdfinanzierten Wallstreet-Geldanlagen involviert,
deren Fragilität und Risikostruktur sich anscheinend erst mit dem Zusam-
menbrechen des Immobilienmarktes und in dessen Folge der Banken in
den USA herausstellten.

Schließlich aber gab erst im September 2008 die (Fehl-?)Entscheidung der
US-Behörden, die „Lehman-Brüder" ertrinken zu lassen, dem Banken- und
Finanzsystem weltweit den ultimativen Stoß. Überraschend für uns heute
ist die gewaltige Dimension der virtuellen und in Folge auch der realen
Geldvernichtung. Sie lässt sich im Nachhinein so erklären: Wert-Papiere,
deren Werthaltigkeit (hier: Forderungen auf Immobilienkredite) in sich
schon fragil und mit Fremdkapital durchsetzt ist, wurden auf Basis einer
100-prozentigen Fremdfinanzierung von Investmentbanken und Hedgefonds erworben; sodann wurden sie als Bankschuldverschreibungen (Zertifikate) gebündelt, ggf. mit Optionen versehen und anschließend auf der
internationalen Kapitalmarktbühne als *gut besicherte und hoch rentable (!!)*
Kapitalanlagen angeboten; dort wurden sie schließlich – wiederum fremd-
finanziert! – von institutionellen Investoren abgekauft. Durch diese turbo-
artigen Fremdfinanzierungen blähte sich exponentiell eine gewaltige Kreditblase auf. Sie war (und ist) logischerweise inzwischen deutlich größer

als all jene fremdfinanzierten und jetzt verfallenen Immobilienwerte in den USA zusammen, die einst der Ausgangspunkt dieser Aufblähung waren. Die Sach-Werte sind zusammengeschmolzen, die Finanz-*Schulden* sind gewachsen.

Und nun versuchen etliche Banken und Staaten zu retten, was zu retten ist: Letztere säubern und entlasten die Bilanzen der ersteren, indem sie deren Schulden auf Kosten der Staatsbudgets (Steuerzahler) abkaufen (übernehmen) und lagern die dafür haftenden „toxischen Papiere" – weitgehend abschreibungs- oder wertberichtigungsgefährdete „Un-Wertpapiere" – in sogenannten „Bad Banks" wie auf Sondermülldeponien ein: „Assets zu Asse!" Und aus dem Baumaterial Geld ist Bauschutt geworden.

Schon imponierend, wie das wiederum in den USA abläuft: Da unterstützt die Obama-Administration die marode Finanzwirtschaft zunächst mit Garantien und Bürgschaften in Höhe von rund 720 Milliarden Dollar und entsprechenden Auflagen an die Banken hinsichtlich Boni-Auszahlungen, Kreditfazilitäten für die Wirtschaft und Eigenkapitalanforderungen. Und in weniger als einem Jahr gelingt es den ersten Finanzinstituten bereits, staatliche Subventionen zurückzuzahlen, und nicht nur das, sondern auch noch exorbitante Gewinne zu machen und – entsprechende Boni zu zahlen. Als ob nichts gewesen wäre. Nun sitzt die US-Regierung – richtiger: der Steuerzahler – noch auf etlichen Milliarden Verbindlichkeiten, die manche Banken weiterhin schuldig sind. Doch wie es scheint, bleibt man nicht darauf sitzen. „Gut-Präsident" Obama ruft in britisch-bewährter „Iron-Lady"-Manier den Bankern zu: „I want my money back!" Und gibt ihnen 10 oder 12 Jahre Zeit dafür. Wetten, dass sie die gar nicht brauchen?

Die deutsche Administration hat zwar auch rund 500 Milliarden Euro zur Sanierung in die Hand genommen, aber bei weitem nicht ausgegeben, geschweige denn verloren. Dementsprechend war auch kein kanzlerhaftes Machtwort erforderlich. Und das bundespräsidiale Mahnwort: „Mehr Demut", blieb nicht wirklich haften.

Einige wenige sahen die verheerenden Folgen dieser Kreditblase und der Abkoppelung der Finanzwirtschaft von der Realwirtschaft bereits vor Jahren voraus und haben gewarnt – vergeblich! Warum vergeblich? Die Antwort liegt in der Natur von uns Menschen und lautet: Zuerst macht die

Gier auf Gewinnsteigerungen die Augen der Investoren und die Gier nach Provisionen die Augen der Finanzberater blind; und dann, wenn es nach unten geht, die panische Angst vor Verlusten. Nicht anders ist es zu erklären, dass die gegenwärtige Finanzmarktkrise so zustande kam, wie sie zustande kam. Zum Thema „Gier" haben wir uns ja bereits im vorherigen Kapitel geäußert. Wie kapitalismus-immanent man sie auch immer be- oder verurteilen mag: wir benutzen diesen Begriff „Gier" in diesem Zusammenhang lediglich, um zu verdeutlichen, dass die *kaufmännisch vernünftigen Maßstäbe* der Verantwortlichkeit im Bankgeschäft vielfach missachtet worden sind. Wie heißt es so kurz wie treffend: „Gier frisst Hirn!" – Und die Angst ist nicht weniger gefräßig.

Doch halt: So ganz blind und hirnlos konnten manche Banker denn doch wieder nicht gewesen sein. Zumindest waren sie so weitsichtig, um nicht zu sagen so clever, dass sie jene fremdfinanzierten US-Wertpapiere, deren Erträge zur Hebelung der Eigenkapitalrendite ihrer Bank dienen sollten, nicht in eben diese Bilanzen ihrer Banken einbrachten. Das war schlau: Denn diese Finanzierungen von US-„Wert"-Papieren missachteten die bereits angesprochene Goldene Finanzierungsregel in eklatanter Weise; nämlich die sogenannte Fristenkongruenz der Laufzeit solcher Finanzierungen mit der Laufzeit ihrer Refinanzierungen am Kapitalmarkt, im Falle HRE also mit Pfandbriefen – des Deutschen sicherste Vermögensanlage! Also lagerten die HRE-Verantwortlichen diese Aktiva in das von der Finanzmarktaufsicht nicht oder kaum kontrollierte Ausland aus: in sogenannten „Zweckgesellschaften" („Special Investment Vehicles" SIV). Doch es nützte nichts: Die Haftung für ihre ausländischen Töchter – z. B. DePfa in Irland – erreichte die inländischen Mütter – z. B. Hypo Real Estate (HRE) in Deutschland – allemal. Da gerade dieses Institut für den überaus systemrelevanten Pfandbriefmarkt von größter Bedeutung ist – so auch für unsere Lebensversicherungen! –, kann es sich der Staat nicht erlauben, sie wie einen faulen „Lehman-Apfel" fallen zu lassen. Ein Zusammenbruch hätte unabsehbare und schwer reparierbare Folgen für die gesamte Volkswirtschaft in Deutschland und weit darüber hinaus: „Too big to fail" – wie schön! Eine andere Frage ist, wie unschön das „Squeeze out" der bisherigen Aktionäre aus ihrer HRE abgelaufen ist..!

Wir lernen daraus nicht nur, dass Gier und Angst blind machen, sondern auch, dass diese Blindheit zur Verantwortungslosigkeit führt. Denn wenn die betreffenden Banken diese „Subprime-Papiere" nicht mit hebelfreudigem Fremdkapital sondern mit ihrem risikoscheuen Eigenkapital erworben hätten, dann wären sie zwar nach dem Zusammenschmelzen der Werthaltigkeit jener „Wert"-Papiere aus den USA gegebenenfalls immer noch „Not-leidend" geworden (bzw. ihre Aktionäre), aber nicht oder jedenfalls weniger zu Lasten des Staates und seiner Steuer zahlenden Bürger – oder sollten wir besser sagen: Bürgen?!

Wir lernen daraus zusätzlich, dass der Einsatz von Fremdkapital zwar „hebelwirksam", also Rendite steigernd, sein kann, dass aber bei Investitionen eine angemessene – und das heißt: eine betriebs- (und damit volks-) wirtschaftlich vertretbare – Beteiligung von Eigenkapital unabdingbar ist. Der „ehrbare Kaufmann" lässt grüßen! Doch von dessen Wertvorstellungen waren nicht nur die unkontrollierten Hedgefondsmanager meilenweit entfernt, sondern leider auch etliche ehrbare Bankvorstände, die sich von ehrgeizigen Renditezielen und kurzfristigen Provisionserträgen haben antreiben lassen.

(Das andere thematische Fass ohne Boden, nämlich der Erwerb der vor Risiken triefenden Hypo-Group-Alpe-Adria in Klagenfurt durch die Bayerische Landesbank in München und die damit in Verbindung stehenden Verdächtigungen, wollen wir hier nicht auch noch aufmachen. Das gibt vielleicht eines Tages noch einen Kino-Thriller, ähnlich wie seinerzeit die verballhornte Story des Milliardenbetrugs durch den Frankfurter Baulöwen Jürgen Schneider gegenüber der Deutschen Bank.)

Finanzierungen mit einem hohen oder gar 100-prozentigen Anteil an Fremdkapital für offensichtlich undurchschaubare, jedenfalls unterschätzte, Risiken in den Investments sind verantwortungslos und führen in der Regel in den Abgrund. Und wenn die schmale Eigenkapitalausstattung der Banken solche Risiko-Investments nicht zulässt, dann heißt das eben: Hände weg! Dass ihre Aufsichtsräte dieses Spiel mitgemacht hatten, liegt vermutlich daran, dass sie teilweise wohl infolge unzureichenden Bilanzierungs- und Kreditfachwissens überhaupt nicht durchgeblickt haben (oder es nicht wollten). Da fragen wir uns: Wie konnten sie dann „Aufsicht" ausüben?! Dass manche von ihnen jetzt erst begonnen haben, sich mit Bilanzierungswissen zu versorgen, wie die Medien meldeten, das hat schon eine gewisse bitter schmeckende Amüsierqualität.

Das Verhalten der betreffenden Finanzmarktakteure war freilich so gedan-
kenlos und irrational gierig, wie es für Außenstehende den Anschein hatte,
auch wieder nicht. Denn die Eigenkapitalrendite aus den „normalen"
(Zins-)Geschäften mit den „normalen" Kunden war in Zeiten allgemein
niedriger Zinsniveaus einerseits und hoher Kostenbelastung andererseits
wenig attraktiv und lag im Durchschnitt bestenfalls zwischen 7 und 15
Prozent. Neue Maßstäbe (Benchmarks) mit 25 Prozent oder mehr setzten
die anglo-amerikanischen Investmentbanken, gefolgt von den sonstigen
„Global Player" auch hierzulande. Eine alternative Geschäftspolitik zur
Verbesserung der Eigenkapitalrendite setzte daher einerseits im Kunden-
geschäft   in   erster   Linie   auf   die   provisionsreiche   Anlage-
/Vermögensberatung von privaten und institutionellen Kunden, anderer-
seits besonders auf den Eigenhandel der Banken an den Wertpapier- und
Devisenmärkten, und das unter anderem mit dem reichhaltigen Instru-
mentarium der Derivate. Was ist darunter zu verstehen?

Das Wertentwicklungspotenzial von sogenannten Basiswerten, wie Aktien
oder Anleihen, aber auch Rohstoffen oder Währungen, lässt sich mit Instrumenten steigern – „hebeln" (Leverage) – , die unter dem Begriff „Derivate" subsumiert werden. Dabei handelt es sich, wie der (wieder mal aus
dem Lateinischen herrührende) Name schon nahe legt, um „Ableitungen"
von solchen Basiswerten. Beispielsweise um Optionen oder Futures, welche die un-/befristete Zukunftserwartung von Kursen/Preisen bei Aktien,
Währungen, Rohstoffen etc. widerspiegeln. Man kann es auch als „Wetten
auf die Zukunft" umschreiben.

Groß in Mode kamen in den letzten Jahren „Zertifikate". Dabei handelt es
sich um „Inhaberschuldverschreibungen" von Bankinstituten, deren Wertentwicklungen von der Preiserwartung/-entwicklung (um nicht zu sagen
Schwankungen) der ihnen unterlegten anderen Werte (z. B. eines Aktien-
oder Rohstoffe-Index) beeinflusst werden; zusätzlich wird die Rendite
dieser Papiere durch die Refinanzierung mit Fremdkapital gehebelt; darin
können sich beispielsweise auch Immobilenkreditbündel aus den USA
einnisten; galten von Hypothekendarlehen unterlegte Anlagen doch seit
jeher als „totsicher" – siehe Pfandbriefe! Die Variationsmöglichkeit bei der
Ausstattung solcher Zertifikate, natürlich auch noch mit Optionen für
verschiedene Garantien mit eingezogenen Kursober- und Untergrenzen
etc., war enorm und ist es immer noch, wenn auch inzwischen etwas

eingebremst. Die Sicherheit von „reinen" Inhaber-/Bank-Schuldverschreibungen steht und fällt selbstverständlich mit der Bonität (= Zahlungsfähigkeit/Kreditwürdigkeit) der Banken, die sie emittieren. Doch haben die Zertifikate infolge ihrer komplexen Strukturen ein gewisses Eigenleben im Vergleich zu diesen „reinen" Bank-Inhaberschuldverschreibungen an den Tag gelegt. Ebenso enorm wie die Unübersichtlichkeit im Zertifikate-/Derivate-Markt war auch die Verständnislosigkeit über die Produkte bezüglich ihrer Struktur, Kosten und Risiken bei den Kunden. Und offensichtlich selbst bei manchen Bankvorständen und Aufsichtsräten. Und naheliegenderweise dann auch bei vielen Finanzberatern. Dementsprechend kam es zu folgenschweren Anlage-Fehlempfehlungen, die vielleicht ehrlich gemeint waren, weil auch die Berater selbst nur positive Informationen über diese Produkte bekamen. Gleichwohl, viele dieser Empfehlungen waren von vornherein nicht „anlegergerecht".

Darunter versteht man die Berücksichtigung der Ziele und Wünsche sowie der individuellen Lebenssituation des Anlegers und nicht zuletzt auch seiner Kenntnisse über den Kapitalmarkt und dessen Produkte. So hätten die Zertifikate aus dem Hause „Lehman Brothers", auch während seines noch guten Rufes, nicht ohne weiteres in die Empfehlungsliste eines Beraters bei Kunden mit geringer Kapitalmarktkenntnis gelangen dürfen. Hier liegt dann doch der Verdacht nahe, dass die in Aussicht stehende hohe Provision für den Verkauf der Lehman-Zertifikate solche „Beratungen" angetrieben hat. Nicht von ungefähr können hohe Verkaufsprovisionen (oder auch Ausgabeaufschläge) als Indizien für die Schwervermittelbarkeit bzw. die latente Risikogefahr von Anlageprodukten angesehen werden. Es fällt natürlich allzu leicht, wie man es häufig erlebt, pauschal auf die Anlageberater, ihre Vertriebsleiter im Hintergrund und die Bankvorstände an der Spitze mit der „Moralkeule" einzuschlagen. Zumal die von der Politik und Öffentlichkeit erwartete „Demut" (Bundespräsident a.D. Horst Köhler), z. B. in Form einer öffentlichen Selbstkritik oder gar Entschuldigung für den angerichteten Schaden – für diese „Leistung, die Leiden schafft" – bisher von Seiten der verantwortlichen Banker wenig zu erkennen ist. Anerkennung verdient gleichwohl der redlich gemeinte Vorschlag des Vorsitzenden der „Regierungskommission Deutscher Corporate Governance" und des Deutschen Bankenverbandes, Klaus-Peter Müller, künftig die Bankvorstände persönlich auch *„am Misserfolg zu beteiligen"* (vgl. Süddeutsche Zeitung vom 2.4.2009, S. 18). Warten wir's ab! Ob die jüngsten

Beschlüsse der Bundesregierung zur Ober-Begrenzung von Managergehäl-
tern den Finanz- und Wirtschaftsstandort Deutschland international wett-
bewerbsfähig halten oder gar attraktiv machen, ist andererseits doch sehr
zweifelhaft.

Und zweifelhaft ist auch – bedauerlicherweise –, ob die Finanzmarktakteure aus der Krise 2007-09 gelernt haben, ja überhaupt lernen wollen. – Oder
es am Ende gar nicht können? Trotz der Beteuerungen des Branchenver-
bandes im Bericht des „Institute of International Finance" (IFF) vom Juli
2009, sich „zu bessern" und der darin detailliert genannten Selbstverpflich-
tung zu weit reichenden Reformen, die eine *„Rückkehr zu Business as usual"*
ausschließen soll (Josef Ackermann), bleibt Skepsis angesagt: *„Das ewige
Kasino – In der Finanzwelt rollt die Kugel. Die Geldhäuser melden vor allem im
Investment-Banking Gewinne und gehen schon wieder riskante Geschäfte ein."* So
steht's geschrieben auf der Titelseite der Finanzzeitung des Handelsblattes
vom 08. Juli 2009! Und ein paar Seiten weiter wird's konkreter: Unter der
Überschrift *„Und ewig lockt das schnelle Geld"* berichten die Autoren (Micha-
el Maisch aus London und Torsten Riecke aus Zürich), dass die aktuelle
Entspannung auf den Finanzmärkten dazu geführt hat, *„dass einige Banken
in ihre alten Verhaltensmuster aus der Zeit vor der Krise zurückfallen."* Aus Sicht
der Finanzpolitik und Aufsicht eine wahre Katastrophe: *„Im Auge haben die
Finanzwächter nicht nur den starken Anstieg bei den Gehältern der Spitzenbanker
(„Die dicken Boni sind zurück"!). Allzu oft basieren die Geschäftsmodelle der
Finanzhäuser nach wie vor auf volatilen und zum Teil riskanten Einnahmen aus
dem Investment-Banking".* – *„Die Banken verlassen die Intensivstation und werden gleich wieder rückfällig".* Auch was die Boni für umworbene Mitarbeiter
betrifft: *„Das Spiel geht weiter"* titelt dazu die Frankfurter Allgemeine Zeitung am 19.12.2009 (S. 23); zumindest in den USA: *„Amerikas Banker kassie-
ren so hohe Boni wie noch nie"!* (Süddeutsche Zeitung vom 12.01. 2010, S. 21),
was des moralverpflichteten Präsidenten – vorläufig noch erfolglosen –
Zorn hervorrief. Doch seine teilweise drastischen Reforminitiativen bezüglich Eigenkapitalausstattung, Risikovermeidung und Renditeanreize zeigen gleichwohl Wirkung – insbesondere und bezeichnenderweise durch
(vorübergehenden) Kursverfall von Bankaktien an den Börsen. Zudem
fürchten die Mega-Finanzinstitute eine Rückkehr zum Trennbanksystem
(Glass-Steagall-Act, 1932/1933), das 1999 zugunsten des in Europa bereits
bestehenden Universalbanksystems aufgehoben wurde. Ob sich allerdings
gerade deshalb das schädliche Finanzverhalten der Bankmanager so unge-

hemmt entfalten konnte, mag hier nicht beurteilt werden. Eine wachsame-
re und effektivere Bankenaufsicht möchte man sich freilich in jedem Falle
wünschen. Und das nicht nur, aber ganz besonders in den USA.

Beachtenswert bei den Bemühungen, die richtigen Konsequenzen aus der
Finanzmarktkrise zu ziehen, ist der Umstand, dass ausgerechnet ein Land,
welches zu Zeiten der Euro-Einführung noch als „Wackelkandidat" gegol-
ten hatte und infolge ökonomischer und fiskalischer Schwächen aktuell
zum Währungsrisikofaktor geworden ist, als Vorbild für die EU dient:
Spanien. Dort ist gesetzlich verankert, was erst noch EU-Norm werden soll,
nämlich dass „die Banken in guten Zeiten mehr Kapital für den Abschwung
zurücklegen, der irgendwann folgt." (Financial Times Deutschland vom
31.07.2009, S. 18). Spaniens „Dynamic Provisioning" könnte für das europäische Bankwesen nun Schule machen.

Bei aller Kritik an den Banken und besonders an deren bonus- und provi-
sionsgetriebenen Vertriebsmodellen und daraus entstandenen Fehlberatungen – aus der Verantwortung können auch wir „normale" Kunden
nicht entlassen werden. Denn man sollte sich immer vor Augen halten: Die
psychologischen „Blindmacher" im Zusammenhang mit der Geldanlage,
die Gier und die Eitelkeit, sind nicht nur für Bankmanager oder Kundenbe-
rater reserviert; sie sind allgemein menschlich und sie gelten somit ebenso
für uns Kunden. Sind wir doch ehrlich: Ertappen wir uns nicht nahezu
täglich in dem Bemühen, das Meiste für uns herauszuschlagen, wenn es
um die Wahrung unserer materiellen Interessen geht? „Geiz ist geil" – so
hässlich dieser Slogan ist, offensichtlich traf er werbewirksam ins Schwarze! Doch auch der Appell der Werbung an unsere prestigegetriebene Eitelkeit zeigt immer wieder Erfolg.

Ein besonders krasses, wenn auch bereits etliche Jahrhunderte zurück
liegendes Beispiel für das prestigegetriebene Versagen der Vernunft ist die
berühmte „Amsterdamer Tulpenzwiebel": An der dortigen Börse (eine der
ältesten überhaupt) wurde 1638 auf die erwartete Wertentwicklung von
importierten orientalischen Tulpenzwiebeln (besondere Raritäten mit entsprechendem Prestigewert) dermaßen hoch spekuliert, dass sie zeitweise
den damaligen Preis eines Einfamilienhauses übersteigen konnten. Solche
und andere Beispiele für das Versagen rationalen Handelns, auch aus der
jüngeren Vergangenheit (denken wir nur an die Hype des „Neuen Mark-

tes"/„New Economy" in den 90er Jahren), führen uns die zwei psychologischen Eigenschaften vor Augen, die beim Investieren nicht nur als Blindmacher, sondern als handfeste Werte-Vernichter angesehen werden müssen: die schon angesprochene Gier und ihre Schwester, die Eitelkeit.

Was letztere, die Eitelkeit, betrifft, so lässt sich das beispielsweise unschwer beim Autokauf erkennen: Neben vielen technischen Argumenten spielt die *Marke* und die damit verbundene Vorstellung von Erfolg bzw. das Prestige eine oft entscheidende Rolle. Das schlägt sich dann im Preis – im vermeintlichen Wert – des Autos natürlich nieder. Und hier erfährt der Käufer manchmal auch seinen inneren Konflikt; er fragt sich: Wie viel Prestige kann oder will ich mir leisten? Vernunft trifft auf Eitelkeit! Erinnern wir uns an das Dreierspiel im Kapitel: „Herz, Kopf und Hand"?

Die Gier erscheint im Vergleich dazu auf den ersten Blick etwas „vernünftiger". Schließlich ist es doch sinnvoll, ja sogar verantwortungsbewusst, wenn z. B. ein neu angeschaffter Kühlschrank effizienter arbeitet, d. h. bei mehr Fassungsvermögen eine geringere Menge Energie verbraucht, zudem auch sonst umweltfreundlicher und schließlich für weniger Geld zu haben ist als der ausrangierte Vorgänger. Sollte man in dieser rentabilitätsorientierten Rationalität nicht genau so auch mit der „Ware Geld" umgehen? Lege dein Geld so an, dass es in möglichst kurzer Zeit eine höchstmögliche Rendite erzielt, bei gleichzeitig möglichst geringem Risiko! (Effizienzgebot).

Wir fragen uns: Spielt hier neben der „vernünftigen" *Gier* nicht ebenfalls die „unvernünftige" *Eitelkeit* eine Rolle? In vielen Fällen schiebt sie sich vor die Gier und gaukelt hinter der Maske der Professionalität dem Investor vor, dass er ein „Winner" ist, wenn er diese oder jene Finanzinvestition durchführt. Und im Vollbesitz dieser Siegesillusion von einem clever erzielten zukünftigen Gewinn blendet er die Warnungen vor möglichen Risiken aus und investiert sein Geld auch dort, wo er sich kaum wirklich auskennt. Diese Mischung aus Gier und Eitelkeit können wir täglich am Stammtisch, im Flight auf dem Golfplatz und bei sonstigen Gelegenheiten erleben, wo uns voller Stolz erzählt wird, wie erfolgreich – sprich: schlau/clever/überlegen usw. – jemand sein Geld mit Geld vermehrt hat. Vom Misserfolg spricht natürlich keiner, das verhindert ja die Eitelkeit.

Wir haben also wiederum etwas Wichtiges gelernt: Psychologische Faktoren können uns beim Umgang mit Geld blenden und die Sicht auf die Realität vernebeln. Neben der bereits im vorigen Kapitel („Architektur") behandelten Trägheit, uns über Finanzprodukte und die Welt der Wirtschaft besser zu informieren, sind es die Gier und die Eitelkeit.

Um unsere Sicht davon frei zu halten, wollen wir uns stärker über das richtige Verhältnis der Real- zur Finanzwirtschaft bewusst werden und uns von neuem klar machen, dass der Wert des Geldes mit dem Wert der Güter und Dienstleistungen in Verbindung steht. Konkret heißt das beispielsweise, dass Aktien oder Anleihen, deren Wertpotenzial weder durch ausreichend substanzielle Werte noch durch hervorragendes Management des betreffenden Unternehmens bzw. des Emittenten unterlegt ist, sondern hauptsächlich oder gar zur Gänze auf Gewinnspekulationen durch finanztechnische Hebelinstrumente beruht, wertanfällige Investitionen sind. Es lohnt sich, darüber nachzudenken, ob wir unser Geld in Anlagen investieren, die mit der Realwirtschaft etwas direktes und „handfestes" zu tun haben oder in jene virtuellen Instrumente des Finanzmarktes, die mit mehr oder weniger Geschick, aber keinesfalls mit Nachhaltigkeit, Geld aus Geld produzieren. Dass sich die Kritik über letztere Form des Investierens inzwischen lautstark – wenn auch nicht immer treffsicher – zu Wort meldet, ist verständlich. Doch müssen wir zu bedenken geben, dass manche dieser Instrumente durchaus ihre Berechtigung auch für das Funktionieren der Realwirtschaft haben. So dienen beispielsweise Termingeschäfte mit Options und Futures für eine Zins- und Währungsabsicherung den Import- und Exportfirmen dazu, ihre Finanzierungs- und Preiskalkulationen auf eine mittelfristig sichere Basis zu stellen.

Eine, wenn auch nicht logische Folge des Systemzusammenbruchs ist in dem Umstand zu sehen, dass mit dem Platzen der Spekulations- bzw. Kredit-Blase von Seiten mancher Politiker die *Börsen (!)* für die Wirtschaftskrise mitverantwortlich gemacht wurden. *„Aber sie sind nicht der Ausgangspunkt"* der Finanzkrise meint Franz-Josef Leven, Direktor des Deutschen Aktien-Instituts (DAI). Richtig! Die Börsen sind lediglich der Handelsplatz, auf dem sich die Akteure, angefangen von Banken, über Hedgefonds bis hin zu Privatanlegern, verzockt haben. Und dennoch mussten die Börsen die Konsequenzen mit ausbaden: *„Als eine Möglichkeit* *für Unternehmen, an frisches Kapital zu kommen, taugten die Börsen 2009 nur bedingt. Zwar konnten sich vor allem große Unternehmen an den Märkten über die Ausgabe von Anleihen oder Kapitalerhöhungen Geld besorgen, aber der Markt für die eigentlichen Neuemissionen ist in Deutschland praktisch zum Erliegen gekommen. Die Wirtschaft verliert damit an Dynamik"* (Fränkischer Tag, vom 29.12.2009).

Im Extremfall kann die Skepsis gegenüber den von der Realwirtschaft abgekoppelten Instrumenten der Finanzmärkte dazu führen, dass selbst das Generieren von (Zinses-)Zinsen aus Kapitalanlagen (sprich: aus verliehenem Geld), zur Debatte gestellt wird. Im Bankenwesen der Islamischen Welt ist es durchaus so, dass nicht Zinsen oder gar Zinseszinsen und autonome Finanzinstrumente zur Renditehebelung die Entscheidung für ein Investment bestimmen, sondern dessen Real-Wirtschaftlichkeit. Dementsprechend sind Investments nach den Regeln der Scharia weitgehend auf reale, also direkt oder indirekt unternehmerisch beteiligende Art und Weise in Unternehmen üblich. Die groß dimensionierten Beteiligungen von Staaten oder Staatsfonds arabischer Herkunft in Firmen der westlichen Hemisphäre sind aktuelle Belege. Und auch auf dem „Normalniveau" der Investitionsfinanzierung, beispielsweise bei privaten Immobilien, *verleiht* die Islamische Bank kein Geld nach dem uns bekannten Kreditmuster, sondern sie erwirbt selbst die betreffende Immobilie und verkauft sie mit Aufschlag sukzessive (ratenweise) an den eigentlichen Erwerber weiter. Dementsprechend prüft sie vermutlich auch die Chancen und die Risiken, die in dem erworbenen Immobilienobjekt vorhanden sind, noch gewissenhafter als hierzulande – von den US-Bankpraktiken ganz zu schweigen! Jetzt könnte man einwenden, dass diese islamische Finanzierungsform lediglich eine andere Methode der selben Sache ist, indem an die Stelle der Zinsen die „Preis-Aufschläge" gerückt sind. Doch dieser Einwand verkennt, dass diese Preisaufschläge stets am Wert des realen Wirtschaftsgutes, beispielsweise der Immobilie, angekoppelt sind, hingegen sich die von den realen Werten abgekoppelten Leverage-Instrumente nach „westlichem" Muster sich im „Halal"-Banking nicht realisieren lassen.

Im „Islamic Banking" verhalten sich Realwirtschaft und Finanzwirtschaft grundsätzlich (möglichst) kongruent zueinander. Es ist nicht zu übersehen, dass die Finanzmarktkrise in diesem System weniger tiefe Spuren hinterlassen hat. Und seit geraumer Zeit etablieren sich selbst im turbokapitalistischen Herzen der Londoner City Banken aus den arabischen Ländern mit zunehmendem Erfolg. Der Grund dafür liegt allerdings nicht darin, es „dem Westen mal zu zeigen, wo´s lang geht in der Welt der Finanzen", sondern schlicht darin, dass etliche Superreiche aus Saudi-Arabien und benachbarten islamischen Staaten im Vereinigten Königreich einen zweiten Wohnsitz und noch häufiger einen Firmensitz haben. Gleichwohl, „Halal Banking in the City" erweist sich über diese pragmatischen Gründe der Ansiedlung in London hinaus durchaus als alternatives, respektiertes und funktionierendes System. Auch in Deutschland (Mannheim) öffnete Anfang 2010 die erste Islamische Bank ihre Tore. Und das zu jener Zeit, als eine der nobelsten Privatbanken Deutschlands infolge spekulativer Renditegier, Risikoignoranz und fragwürdiger Geschäftsstrategie ihrer haftenden Gesellschafter aufgeben musste und teilweise von Deutschlands größter börsennotierter Geschäftsbank geschluckt wurde. Ja unter ethischen Aspekten gewinnt die „Halal"-Finanzierung nach den Regeln der Scharia in Zeiten der *ethischen Verwahrlosung"* der deutschen Bankenlandschaft (Reinhard Löffler, CDU-Abgeordneter im baden-württembergischen Landtag, SZ vom 22.12.2009, S. 1) Anhänger in konservativen Kreisen, aus denen gelegentlich Islam-kritische Töne zu hören sind. Getoppt wird das noch durch die Meldung, dass selbst der Vatikan *„Bankgeschäfte im Namen Allahs gepriesen"* habe (SZ, ebd.). Vielleicht liegt der religiöse Kern der Islamischen Finanzphilosophie darin, dass das Geld nicht als Teil der göttlichen Schöpfung – wie z. B. ein Kamel oder selbst eine Ölquelle – angesehen wird, sondern lediglich als der aus dem Reich der Finsternis in die Welt herauf reichende irreale Schatten realer Werte.

In letzter Konsequenz führen uns die Betrachtungen über die Rolle des Geldes in der Real- und Finanzwirtschaft, über die systemischen und psychologischen Ursachen der Finanzmarktkrise, über die Auswüchse bei der Bewertung von Basiswerten und bei der Erfindung von Rendite-Instrumenten schließlich zu der schlichten, gleichwohl vielfach missachteten Erkenntnis: **Geld ist nicht grenzenlos vermehrbar.** Grenzen erfährt es an der Realität von Produktion/Arbeit und Produkten/Dienstleistungen. Der Umgang mit Geld – das Ausgeben bzw. das Investieren von Geld – muss sich (wieder) am Maßstab der realen Wirtschaft orientieren. Reformen im Finanzsystem betreffen in diesem Kontext die postulierten Regulierungen wie z. B. höhere Eigenkapitalanteile bei Risikogeschäften der Banken oder die verbesserte Kontrolle und Transparenz der Ratingagenturen und Regelwerke für Investmentfirmen (Hedgefonds, Private Equity-Gesellschaften) sowie die Einführung einer Art Börsenumsatzsteuer bei Transfergeschäften auf globaler oder zumindest auf europäischer Ebene, oder die Einschränkung von Spekulationsattacken auf Währungen durch Leerverkäufe etc. etc. Na ja, warten wir es ab. Ob schon beschlossene Sache oder erst noch Absicht, da fließt wohl noch viel Wasser den Hudson oder die Themse hinunter. Oder den Main.

Aber für unser eigenes tägliches Leben können wir aus der Finanzmarktkrise eine konkrete und sofort umsetzbare Bewusstseinsreform ableiten: Jeden Euro, den wir als Kredit aufnehmen oder aus der eigenen Tasche ausgeben bzw. investieren, müssen wir real erwirtschaftet haben, sei es durch Produktion, also durch unsere Arbeit, sei es durch den Verkauf einer bereits zuvor in unserem Eigentum besessenen (ehemals erwirtschafteten/produzierten) Ware. So banal diese Binsenweisheit erscheinen mag, so wenig jedoch wird sie beachtet. Wer nämlich glaubt, dadurch zu Vermögen oder gar zu Reichtum zu kommen, indem er/sie realen Geldwert mit virtuellem Geld produziert, beispielsweise mit „Turbo-Optionsscheinen" (= Optionen auf Optionen) oder Zinsderivaten, erliegt der gefährlichen Illusion, dass Reichtum ohne Produktionsarbeit und Wertschöpfung in der Realwirtschaft erreichbar sei. Perioden, in denen dies nahezu grenzenlos möglich erschien, endeten in der Regel mit dem Zusammenbruch solcher Spekulationsvermögen („Fast-Food-Assets"). Wenn wir selbst damit anfangen, das Renditekarussell zu verlassen – es könnte vielen schwer fallen, da seine Rasanz verführerisch zum Einsteigen einlädt –, dann wird sich im Laufe der Zeit auch das Renditekarussell selbst nicht mehr so rasant drehen und weniger Passagiere hinausschleudern als bisher.

Damit wir uns nicht missverstehen: Das ist hier kein „ersatzkommunistisches Manifest" für das Ende des Kapitalismus, sondern die Besinnung auf einen Kapitalismus mit Realitätsbezug und Verantwortungsbewusstsein. Dass dieser Realitätsbezug auch bei uns „normalen" Menschen schnell verloren gehen kann, zeigt sich im Alltag schon darin, dass z. B. das üblich gewordene Konsumieren mit Kreditkarte – das ist ja nichts anderes als Schuldenmachen für die Finanzierung von meist kurzlebigen Waren und Dienstleistungen – das betreffende Konsumgut infolge der zu zahlenden Zinsen verteuert, ja seinen Preis nicht selten verdoppelt! Kreditkartenorganisationen und Banken sehen das aus Gründen der Beitragsgenerierung zu ihrem Geschäftsergebnis nicht ungern, bewerben und kreieren deshalb munter neue verbraucherfreundliche (!?) Konzepte, u. a. für eine mit permanenter Kreditmunition nachladbare (im Fachjargon: „revolving"!) Inanspruchnahme. Auch hier sind die USA führend. „Buy now, pay later!", lautet die fröhlich-optimistische Devise... Bleibt abzuwarten, ob bzw. wann uns noch das Platzen einer Kreditkarten-Blase ins Haus steht. Mit den Aspekten des richtigen Umgangs mit Krediten wollen wir uns noch im Kapitel Das „Leih-Haus" eingehender beschäftigen.

Nur eines sei in diesem Zusammenhang zum Schluss schon mal angesprochen, da es das Thema „Geld als Baumaterial" außergewöhnlich stark betrifft: Nämlich die Inflationsgefahr, die durch die gegenwärtige Geldmengenausweitung und Staatsverschuldung zur Ankurbelung der Konjunktur besteht. Offenbar glaubt man sogar beim Internationalen Währungs-Fonds (IWF) in einer globalen Inflationstoleranz von bis zu 4 Prozent p. a. eine Option zur Reduzierung der immensen Schulden aus der Finanzmarktkrise zu besitzen. Mit anderen Worten: Schuldentilgung durch Geldentwertung als legitimes Mittel. Dazu sei an dieser Stelle der Kommentar von Gunnar Heinsohn (Professor für Soziologie und Ökonomie an der Universität Bremen) aus der Aprilausgabe (2009) der Zeitschrift „CICERO" (S. 11: *„Vorsicht, der Schuldenberg explodiert"*) wiedergegeben:

„Die nun gegen den Nullzins-Schuldenberg verabreichte Gegenmedizin in Gestalt eines Hyperschuldenberges längst überschuldeter Staatsbürger wird ihre Giftigkeit alsbald zeigen, weil ja auch sie ohne Berührung mit dem Leistungskomplex (= Realwirtschaft) bleibt. Denn in ihrer Gestalt als Steuerbürger produzieren die Menschen nichts. Als Privatmann ist der Bürger tagsüber ohnehin schon mit seiner ganz persönlichen Schuldendeckung beschäftigt. Er kann nicht über Nacht als Heinzelmännchen noch einmal für die Erzeugung von Waren antreten, aus deren Verkauf dann Geld für die Schuldentilgung (des Staates) verdient wird. Die heiße Luft, die man aus den Schulden der Geschäftsbanken nicht herauslassen, sondern durch Bürgerschulden ersetzen will, muss deshalb eines Tages aus den nicht minder luftigen Schulden eben dieser Steuerzahler herausgelassen werden. Dann knacken die Eigentumsbeine der Geschäftsbanken, die mit dieser Luft jetzt bestens geschient schienen, noch einmal um. Und dann gibt es keine rettende letzte Luftpumpe mehr." – Soweit dieser „Mahner in der Wüste".

Und noch eine Warnung in die gleiche Richtung: Das sogenannte „Wachstumsbeschleunigungsgesetz" aus dem Jahr 2009 zur Ankurbelung der Wirtschaft und dadurch zur Befähigung, den Schuldenberg der öffentlichen Hand aus gestiegenen (Umsatz-)Steuereinnahmen später (bis 2015) wieder abzutragen, könnte sich als Rohrkrepierer für die Wirtschaft, das Sozialsystem und schlimmstenfalls auch für unsere demokratische Ordnung erweisen, wenn es noch einmal zu wirtschaftlichen Verwerfungen kommt (Stichworte: Kreditkarten-Blase in den USA, politische Störungen im Nahen oder auch Fernen Osten, Terrorismus, Staatsschuldenmoratorien etc.). Sofern jedoch die Kalkulation der Regierung aufgeht, wird sie sich an dem Versprechen bzw. an der gesetzlich verankerten Zusage messen lassen müssen, inwieweit die eingetretenen Steuermehreinnahmen zur Tilgung der Schulden in Richtung „ausgeglichener Haushalt" auch wirklich und ggf. schmerzvoll für die Wählerschaft eingesetzt werden. Der Staat als verantwortungsbewusster Unternehmer – das wird von marktwirtschaftlich orientierter Politikerseite häufig zurückgewiesen: der Staat sei *nicht* der bessere Unternehmer. Leider wahr! Noch präziser sollte es heißen: Politiker sind nicht aufgrund ihrer Funktion allein schon verantwortungsbewusste Unternehmer, und schon gar nicht Banker. Es würde freilich nicht schaden – vorsichtig ausgedrückt – wenn der Staat, bzw. seine politischen Verantwortungsträger, sich verstärkt einer unternehmeradäquaten Verantwortung bewusst würden: nämlich mit den Steuereinnahmen, man kann auch sagen: mit den Steuer-Investitionen der Bürger-Investoren effizient und nachhaltig umzugehen. Schon allein deshalb, damit für das „Unternehmen Deutschland" aus dem vergleichsweise sehr guten Rating der Agenturen gemäß „Basel II" nicht unversehens eine platzende „Blase 2" wird.

Doch *„Experten warnen vor dem großen Crash am Rentenmarkt"* (DIE WELT vom 08.01.2009, S. 15). Ihre Sorgen gelten dem jüngst aufgeblähten Volumen an Staatsanleihen bzw. der Bonität vieler emittierender Staaten infolge der enorm gestiegenen Staatsverschuldung durch die Unterstützungsmaßnahmen für den Finanzsektor und anschließend für die Konjunktur. Ein Schuldenmoratorium, oder auch nur die nachhaltige Zurückstufung einer wichtigen Staatsbonität, könnte zunächst im Euro-Wahrungsraum durch mögliche Austritte aus der Währungsgemeinschaft, sodann weltweit eine neue Finanzmarkt-„Kernschmelze", diesmal am Staatsanleihenmarkt, auslösen, die den Crash an den Aktienmärkten noch in den Schatten stellen würde. Bisher ging noch alles gut, die EZB scheint die Zügel fest im Griff zu haben, auch wenn bereits Portugal, Italien/Irland, Griechenland und Spanien (= „PIGS"!) von Rating-Zurückstufungen stark gebeutelt wurden und sich nun unter wesentlich schlechteren Bedingungen Geld am Kapitalmarkt beschaffen können (vgl. dazu Kapitel „Das Wertpapier-Haus"); vor allem deshalb, weil teilweise deren undiszipliniertes Wirtschafts- und Haushaltsgebaren bereits vor Ausbruch der Krise zur Staatsinsolvenzgefährdung geführt hatten und sich in der Krise wie platzende Eiterbeulen offenbaren. Doch man sollte, trotz aller gebotenen Vorsicht und verständlichen Skepsis gegenüber der nachträglichen Durchsetzbarkeit der Maastrichter Stabilitätskriterien, im Falle Portugals oder Griechenlands (wie ja schon bei dessen Beitritt zur Währungsgemeinschaft selbst!) die stabilitätsrelevante Bedeutung ihrer Volkswirtschaften im Euro-Raum nicht zu sehr überbewerten. Und während Irland sich bemüht, sich vom ehemals verlorenen Sohn nun zum Haushalts-Musterknaben zu wandeln, und Italien voraussichtlich die Haushaltslöcher aus eigener Kraft und „Phantasie" zu stopfen vermag, ist zwar die Ansteckungsgefahr des „griechischen Patienten" und anderer südeuropäischer Volkswirtschaften für das Euro-Währungsgebiet nicht zu übersehen und noch lange nicht auskuriert, aber voraussichtlich behandelbar.

Wie übernervös und also irrational die Märkte oft reagieren, zeigt beispielsweise das in fernöstlichen Medien kolportierte Gerücht über den bevorstehenden Rücktritt der deutschen Bundeskanzlerin am Vorabend eines vermeintlichen „Krisentreffens" im Kanzleramt (18.01.2010), was immerhin, wenn auch nur kurz, zu einem deutlichen Einbruch des Euros geführt hatte.

Allen Euro-Skeptikern – und das sind nicht wenige! – sei an dieser Stelle ins Gedächtnis geschrieben: Stellen Sie sich vor, wir hätten in dieser Krise den Euro *nicht*: Das hieße, dass die „Weichwährungen" ins Bodenlose versinken – „Ciao Lira", „Hasta la vista Peso", „Adeus Escudo", „Antio Drachme" – zur Freude der dortigen Exporteure und zum Ärger der deutschen, deren wieder erstandene DM entsprechend höher und exporthinderlich bewertet würde. Die etwas realistischere Version einer starken Euro-Kernwährung mit einem Satelliten-System von Weichwährungen wäre unter Umständen noch hinnehmbar.

Was sich jedoch eines Tages als noch gravierender als die (vermeintliche?) „Eurosklerose" und jedenfalls als wesentlich weniger amüsant als die Kurzepisode um die „Merkel-Währung" entpuppen könnte, das ist auf Dauer die Qualität und die Stabilität der Welt-Leitwährung: des US-Dollars. Wer auch nur ein oberflächliches Geschichtsbewusstsein wahrt, der muss es schon als Ironie der Geschichte bezeichnen, wenn ausgerechnet der ehemals (?) erzkommunistische Staat Mao Tse Tungs heute, 35 Jahre nach seinem Tod, als Retter der Weltkonjunktur und der US-Währung auftritt. Der Klang der ökonomischen Weltharmonie verändert sich und die Einsätze neuer Währungsdirigenten könnten eine fremdartige Devisenorchestrierung hervorbringen, dass einem Hören und Sehen vergeht. Um einer solchen Entwicklung mit unbekanntem Ausgang einen regulativen Riegel vorzuschieben, hat – bezeichnenderweise(!) – Frankreichs Staatspräsident Nikolas Sarkozy auf dem Weltwirtschaftsforum in Davos 2010 den radikal-dirigistischen Vorschlag eines neuen Weltwährungssystems ohne freie Wechselkurse gemacht: „Bretton Woods reloaded"! Doch die USA winken ebenso ab wie ihr neuer Konkurrent China.

> Der Verschuldungsgrad und die Verschuldungsqualität einer Volkswirtschaft sind auf Dauer die bestimmenden Faktoren für die Kraft und die Glaubwürdigkeit ihrer Währung. Wo der Verschuldungsgrad die Fähigkeit zur Tilgung nachhaltig übersteigt, weil die Verschuldungsqualität sich mehr am gegenwärtigen Konsum als an Zukunftsinvestitionen orientiert, da schwindet das Vertrauen in die Währung.

Die Gläubiger von US-Staatsanleihen, und das sind China „und der Rest der Welt", müssen ein Interesse an einer zumindest berechenbar stabilen US-Währung haben. Doch das können und wollen sie auch nur so lange, als sie Vertrauen in die zins- und wirtschaftspolitischen Maßnahmen der FED, in die Entschuldung des Staatshaushalts, Abbau des Exportdefizits und nicht zuletzt in das ökonomische Verantwortungsbewusstsein der Finanzberater und ihrer vielen Millionen Kunden in den USA besitzen. Deren Privatkonsum gilt mit einem Anteil von rund 40 Prozent am Brutto-Inlandsprodukt (BIP) ja als stärkste Lokomotive der Konjunktur. Wenn diese allerdings weiterhin nur mit geliehener „Kohle" in Fahrt kommt, dann wird sich bald wiederholen, was wir in 2008 erlebt haben. Doch *„Amerika werde seine* [gute] *Bonitätsnote nie verlieren, meint US-Finanzminister Timothy Geithner."* Frägt sich nur: welche Note? Die offiziell gehandelte der

Ratingagenturen oder die nicht offizielle aber dafür reale? Wie sich diese nämlich zusammensetzt, das beschreibt auf ironisch-bissige Weise ein Kommentator in der Financial Times Deutschland vom 09.02.2010 unter der Headline *„Immer dollar"* (S. 15). Für ihn *„mutet die Flucht der Anleger in den sicheren Hafen des Dollar putzig an. Zumal dann, wenn als Grund der Schlamassel in Griechenland genannt wird, das nicht mal für drei Prozent des BIPs im Euro-Raum steht. Griechenland ist überschuldet, lebt über seine Verhältnisse, hat seine Wettbewerbsfähigkeit eingebüßt und fälscht seine Statistiken, heißt es. Dasselbe könnte man als exakte Beschreibung der USA anführen, mit dem Unterschied, dass in Amerika anders als in Griechenland auch der Privatsektor übel in der Kreide steht."* Und nicht nur das, sondern eine negative Ersparnisquote von über 2 Prozent aufweist. Hier schließt sich der Kreis dieses Kapitels über die Rolle des Geldes bzw. über die Einstellung zu ihm.

Die Lehren aus der Finanzmarktkrise werden (hoffentlich) auf drei verschiedenen Ebenen der politischen Entscheidungsträger wie der verantwortlichen Finanzmarktakteure beschlossen und umgesetzt: 1. Rettung des Finanzmarktes, 2. Stützung der Konjunktur und 3. Regulierung des Finanzsektors. Ein neues Verantwortungsbewusstsein kann zu einer erneut ausgewogenen Rolle des Geldes in der Real- und Finanzwirtschaft führen. Aber auch wir „Otto Normalverbraucher" können und sollten Konsequenzen für unseren Umgang mit Geld daraus ziehen: Im Unterschied zum Kredit für die spekulative Renditehebelung virtueller Geldwerte, aber auch im Unterschied zur Kreditaufnahme für die Erweiterung unserer Konsumfreiheit ist die mit Augenmaß kalkulierte und mit Planungsbewusstsein betriebene *investive* Kreditaufnahme, beispielsweise zur Anschaffung langlebiger Güter, und ganz besonders zum Vermögensaufbau, zur Sicherung des Lebensstandards in der Gegenwart und erst recht im Alter, zur Finanzierung einer privat genutzten Immobilie oder auch einer betrieblichen Investition, vernünftig, produktiv und verantwortlich. Und auch im Bereich der Kapitalanlagen verstärkt sich ein alternativer Trend gegenüber den hochspekulativen Instrumenten: Es sind die sogenannten „nachhaltigen Investments" („Sustainable Securities", „Ethic Funds"). In ihnen finden sich Aktien und Anleihen von Firmen mit ausgeprägtem sozialen und ökologischen Verantwortungsbewusstsein sowie einem ausgewogenen Verhältnis von Unternehmensbestands- und Renditeplanung.

Und insgesamt geht der Trend sowohl im Anlage- als auch im Kreditge-
schäft weg von hochkomplexen und strukturierten Hybrid-Produkten und
wieder hin zu einfachen und verständlichen Finanzangeboten (vgl. Die
„Renaissance einfacher Produkte", Wirtschafts-Kurier April 2009, S 14). Hier
ist das eingesetzte Geld keine virtuelle Anti-Materie mehr, die sich zur
platzenden Blase bzw. zum „schwarzen Loch" des Finanzuniversums
ausdehnen kann. Sondern dieses Geld ist erdverbundenes, handfestes
Baumaterial.

[1]   Vgl. „Der Fall Detroits" von Niall Ferguson, in: Cicero – Magazin für politische
      Kultur, Ausgabe April 2009. (Auszug aus „Der Aufstieg des Geldes", Econ-
      Verlag 2009).

3 Das Haus „Ohne Sorgen"

Wohlstand im Alter

Wie wir bereits bemerkt haben, liegt für die meisten von uns die Phase nach dem aktiven Berufsleben, vom „Alter" ganz zu schweigen, in einem Zukunftsnebel. Auch darüber, wie irrational wir uns gegenüber dem Unbekannten verhalten, haben wir uns schon Gedanken gemacht. Und darüber, wie verkehrt es ist, zu resignieren oder alles dem Glücks(Zu)fall zu überlassen – in jedem Fall also nichts zu tun. Wie sinnvoll und verantwortungs*bewusst* es dagegen ist, unsere Lebensform im Ruhestand rechtzeitig zu organisieren und die Sicherung unseres Wohlstands im Alter finanziell zu planen, damit wollen wir uns in diesem Kapitel beschäftigen. Wenn wir uns umsehen und ältere Menschen beobachten, wie die meisten von ihnen dank einer (bisher noch) funktionierenden gesetzlichen Rente, aber auch infolge ihrer persönlichen und ggf. betrieblichen Altersvorsorge ihren Wohlstand im Alter aktiv gestalten und genießen, dann mag bei dem einen oder anderen von uns die Frage aufkommen: Wie wird das sein, wenn ich selbst einmal in Rente gehe: *Reich* in Rente? Oder: *Reicht* die Rente?

Doch die wenigsten unter uns wissen eine Antwort. Es ist geradezu erschreckend, wie wenig laut einer Umfrage des Bundesverbandes der deutschen Volksbanken und Raiffeisenbanken (BVR) die Deutschen über ihre Altersvorsorge wissen. Oder sollte man sagen: wie wenig sie sich dafür interessieren? In der Skalierung ihres Bewusstseins steht bei vielen Menschen das Konsumieren höher als das Vorsorgen. *„Fast zwei Drittel würden zusätzliche 100 Euro im Monat ausgeben, statt für das Alter zurückzulegen, ergab eine repräsentative Umfrage der Dresdner Bank unter mehr als 800 Bürgern im Erwerbsalter."* (Financial Times Deutschland vom 02.10.2009, S. 23). Unerwartet interessant bei diesem Ergebnis war allerdings, dass bei den *jüngeren* Befragten die Sparneigung deutlich ausgeprägter war als bei den älteren. Es ist noch zu früh, hier von einem nachhaltigen Stimmungs- oder gar Bewusstseinstrend zu sprechen. Aber unterstützen und anschieben sollte man ihn schon.

Dass die gesetzliche Rente im Umlageverfahren infolge der längeren Lebenserwartung und der veränderten Alterszusammensetzung in unserer Gesellschaft (demografiebedingter Faktor) sowie infolge der unkontinuierlicheren und zahlenmäßig vermehrt geringeren Arbeitseinkommen (arbeitsbedingter Faktor) nicht mehr in der gleichen Weise für die finanzielle Sicherung des Lebensstandards der Rentnerinnen und Rentner ausreicht, pfeifen inzwischen schon alle Spatzen von den Dächern. Und dass wir uns der Brisanz dieses Sachverhaltes und der Konsequenzen im Hinblick auf unsere Eigenverantwortung grundsätzlich (das heißt: unverbindlich!) auch bewusst sind, bestätigen in entsprechenden Umfragen nahezu alle von uns, wie gesagt auch die meisten unter uns jüngeren. Gleichwohl verhalten sich viele von uns entgegen besserer Einsicht im Hinblick auf eine private Altersvorsorge geradezu bewusstseinsgestört und handlungsresistent. Sei es aus Resignation oder Misstrauen angesichts gemachter Erfahrungen von Wertverlusten bei Aktien/-Fonds und anderen Geldanlagen oder infolge von Fehlberatungen, sei es aus einer diffusen Furcht vor der Zukunft im Allgemeinen oder vor dem Verfall der Geldwerte im Speziellen, sei es mit einer geradezu masochistischen „Null-Bock-Haltung", wie sie in manchen großstädtischen Jugendmilieus anzutreffen ist; oder mit der verbreiteten Begründung, angesichts der Größe der Versorgungslücke sowieso keinerlei bzw. nicht ausreichende finanzielle Mittel einsetzen zu können. Doch dass letzteres meistens kein belastbares Argument ist, so wie die anderen Ausreden, wenn (berufliches) Einkommen grundsätzlich zur Verfügung steht, das haben wir schon im Kapitel „Die Komponenten der Architektur" anhand des „Liquiditätsplans" erörtert.

Wir müssen uns noch mehr bewusst werden, dass zur Aufrechterhaltung unseres (gegenwärtigen) Lebensstandards im Alter – bei veränderten Strukturen der Lebenshaltungskosten (steigende Krankheits- und Pflege-, sinkende Kinder-, entfallende Immobilienfinanzierungskosten etc.) – eine finanzielle Vorsorgeleistung von rund 10 bis 15 Prozent unseres gegenwärtigen Bruttoeinkommens erforderlich ist. Das ist die unbequeme, aber realistische Botschaft. Doch Vorsorge ist möglich. Und zwar nicht zuletzt auch wegen der in den letzten Jahren gesetzlich veranlassten Steuerentlastungen: Das „Alterseinkünftegesetz" (AltEinkG) von 2004/05 befreit die Vorsorgeaufwendungen von der steuerlichen Belastung und besteuert statt dessen in befristet gestaffelter Folge die Alterseinkünfte in der Rentenbezugszeit; ihr liegen in der Regel deutlich niedrigere Einkommensteuersätze zugrunde als der beruflich aktiven Einkommensbezugsphase. Zum anderen verstärkt das sogenannte „Bürgerentlastungsgesetz" (BEG) von 2009/10 diesen Effekt durch die höhere Absetzbarkeit von Kranken- und Pflegeversicherungsbeiträgen (neben anderen Unterhalts- und Vorsorgeaufwendungen). Und nicht zuletzt sind es die zusätzlichen Einsparungen bei Einkommensteuer und Sozialversicherung für entsprechend versicherungspflichtige Arbeitnehmer, die im Falle der Entgeltsumwandlung in eine betriebliche Altersvorsorge (bAV) zu Buche schlagen. Die Nutzung der staatlichen Maßnahmen zur Förderung der privaten Altersvorsorge ist während der Vorsorgephase also geschenktes Geld. Die Ausrede „ich hab kein Geld zur Lebensvorsorge" trifft somit in den aller-aller-meisten Fällen nicht zu.

In dem bemerkenswerten Aufsatz mit dem Titel *„Neuer Hebeleffekt: Mehr Altersvorsorge und bAV durch das Bürgerentlastungsgesetz 2010"* (Praxisratgeber Betriebliche Altersversorgung, Dezember 2009) bestätigt dies der auf dem Gebiet der betrieblichen Altersvorsorge (bAV) spezialisierte und darüber hinaus renommierte Steuerberater und Hochschulprofessor Dr. Thomas Dommermuth (FH Amberg-Weiden). Auch bei ihm geht es zunächst um den bereits oben erwähnten vor 2010 bestehenden Steuerersparnis-Effekt aus der Absetzbarkeit der Pflichtbeiträge zur Schicht 1 als Vorsorgeaufwendungen. Dommermuth rechnet vor: *„Schon bei einem Bruttoeinkommen von 30.000 Euro p. a. bewirkt dieser Effekt bei einem heute 30jährigen ledigen Arbeitnehmer im Schnitt der Jahre bis Rentenbeginn eine Steigerung des monatlichen Nettoeinkommens von fast 100 EUR. Dieses Geschenk wird jedem automatisch zuteil. Investiert er das Präsent in die Entgeltumwandlung in bAV, kommen zu dem Grundgeschenk von circa 100 Euro monatlich noch die Steuer und ggf. Sozialabgabenersparnisse aus der bAV selbst hinzu. Daraus resultiert ein Monatsbeitrag für die bAV von circa 175 EUR, der komplett aus Ersparnissen finanziert wird, den Arbeitnehmer somit nicht selbst belastet."* Aber damit nicht genug: *„Ab 2010 erfährt der Steuerersparnis-Effekt eine deutliche Ausweitung durch das Bürgerentlastungsgesetz. Aufgrund der deutlich gesteigerten Absetzbarkeit von Krankenversicherungsbeiträgen als sonstige Vorsorgeaufwendungen kommen bei einem durchschnittlich verdienenden Arbeitnehmer rund 40 Euro monatlich (KV-Effekt) hinzu. Damit sind insgesamt circa 250 Euro ..... an*

Entgeltumwandlung in der bAV finanzierbar, ohne dass der Arbeitnehmer im Schnitt der Anwartschaftszeit eigenes Geld einsetzt. Dabei ist das Besondere am *'KV-Effekt', dass er – im Gegensatz zum 'Steuerersparnis-Effekt' – nicht erst im Laufe der Zeit anwächst, sondern mit dem genannten Niveau bereits beginnt und sich im Laufe der Jahre sogar noch ein wenig steigert."* Der Professor zieht daraus den Schluss: *„Steuerersparnis-Effekt und KV-Effekt sind zwei Steilvorlagen für die Beratung in Sachen Altersvorsorge, die unbedingt genutzt werden sollten, damit die dringend benötigte zusätzliche Altersvorsorge nicht am Argument `habe kein Geld` scheitert."* Somit sind sie auch „Steilvorlagen" für unser Verhalten als Kunden: *Bewusst – wie!*

Zur Stärkung des Vertrauens in das gesetzliche Rentensystem hat die Bundesregierung im Mai 2009 u. a. auf Drängen der Sozialverbände einen sogenannten „Schutzschirm für Rentner" aufgespannt. *„Was angesichts der Finanzkrise bei Banken möglich ist, muss auch für die gesetzliche Rentenversicherung möglich sein",* meinte VdK-Präsidentin Ulrike Mascher (Münchner Merkur vom 28.04.2009, S. 4). Demnach sind Renten*kürzungen* in Zukunft gesetzlich nicht mehr zugelassen. Von „Null-Runden" war freilich dabei nicht die Rede; die werden sich in Zukunft angesichts der leeren Staatskassen wohl nicht vermeiden lassen. Ob aber auch *Kürzungen* der gesetzlichen Rente angesichts der immensen Staatsverschuldung und der daraus folgenden finanziellen Belastung künftiger Generationen tatsächlich tabu bleiben, darf bezweifelt werden. Davon abgesehen dürften sich die Renten auch nicht wirklich nach oben bewegen, weil auch ihre Bemessungsgrundlage, das allgemeine Arbeitseinkommensniveau, sich infolge der zunehmenden Kurzarbeit und Teilzeit und des sich ausweitenden Niedriglohnsektors absenkt. Und selbst wenn es faktisch zu keiner absoluten Rentenkürzung mehr kommen sollte, so bleibt doch der Zweifel erlaubt, ob die Anstiegsraten der gesetzlichen Altersrenten mit den Teuerungsraten der Lebenshaltungskosten mithalten können. Übrigens: Dieses vielfach unterschätzte, aber immense Geldwertverfallsrisiko (Inflation) ist bei einer privaten Altersvorsorge durch eine eingebaute Inflationsausgleichsdynamik weitgehend vermeidbar. Die wähler-politisch motivierte staatliche „Rentengarantie" (auf niedrigem Niveau!) kann und darf nicht zur Folge haben, – wieder mal – nichts zu tun und sich ausschließlich auf die Fürsorgepflichten des Staates zu verlassen. Auch wenn mancher Rentenexperte proklamiert: *„Das [staatliche] Rentensystem ist besser als sein Ruf",* und dann noch vollmundig draufsattelt: *„Die Alternative – eine kapitalgedeckte Privat-*

rente – würde diese Krise bei weitem nicht so gut überstehen" (MM, ebd.), so bleibt dennoch Eigenverantwortung unverändert das Gebot der Stunde. Die beste Zeit, mit einer zusätzlichen, privaten Altersvorsorge zu beginnen, ist immer: HEUTE!

Hier ein paar konkrete Hinweise, was man dabei beachten sollte:

1. Individuelle und lebensphasenbestimmte Erstellung eines Finanzplanes (Liquiditätsplan/„Haushaltsbuch"!) für ein Vorsorgekonzept mit allen Alterssicherungsinstrumenten.

2. Sicherung des Einkommens durch Berufs-/Erwerbsunfähigkeitsversicherung.

3. Kritisch geprüfte Ausschöpfung der staatlichen Förderungen: „Riester" für sozialversicherungspflichtige Einkommensbezieher; „Rürup" für Selbstständige, aber auch für sozialversicherungspflichtige Arbeitnehmer.

4. Vergleichbare Ausgewogenheit von Ertrag (Rendite) und Sicherheit (Garantien) bei den Vorsorgeprodukten und Strukturanpassung der Anlagemedien an die Restlaufzeit.

5. Ausgewogene Streuung von Geld- und Sachwerten (Diversifizierung).

6. Dynamische Anpassung der Beitragssätze an die Inflationsraten.

7. Berücksichtigung genügender Flexibilität der Vorsorgeprodukte hinsichtlich veränderter Lebensumstände (Familienzuwachs, Vererbbarkeit).

8. Beachtung kostenfreier Flexibilität der Vorsorge-Beitragszahlungen (z. B. Aussetzungen, Reduzierungen etc.).

9. Überprüfung/Neujustierung des bestehenden Altersvorsorgekonzepts alle zwei Jahre.

Für eine rentable Altersvorsorge – ob nun staatlich oder privat – spielt natürlich die Realverzinsung eine ganz entscheidende Rolle. Werden die Zinsen wegen beispielsweise der Finanzmarktkrise und der öffentlichen Schuldenberge durch die Zentralbanken niedrig gehalten, so sinken in der Folge auch die Renditen der Versicherungen wie die der sonstigen Vorsorgeanlagen mit Schwerpunkt Anleihen. Das führt dann häufig zu der weiteren Konsequenz, dass sich die Anleger von ihrem guten Vorsorgevorsatz abwenden und die niedrige Verzinsung als (nicht unwillkommene) Ausrede benutzen, wieder mal nichts zu tun: „Es lohnt sich ja eh nicht, verleben wir lieber unser Einkommen!" Oder andere, „mutige Anleger" nehmen größere Kapitalmarktrisiken in Kauf, weil sie die Gewinnchancen an den Aktienmärkten in Zeiten niedriger Realverzinsung erkennen (so in 2009!). So stellte Simone Boehringer in der Süddeutschen Zeitung vom 19.03.2009 (S. 17) anlässlich der niedrigen Realverzinsung in Deutschland fest: *„Die Altersvorsorge über den Kapitalmarkt wird somit dauerhaft riskanter werden, und das gefährdet den Wohlstand von Millionen."* Diese Schlussfolgerung ist freilich nicht zwingend und zumindest ergebnisoffen, und sie zeugt von wenig Kapitalmarktaffinität.

Denn solange die Kapitalmärkte und ihre Instrumente, wie z. B. Aktien, nicht nur die Risiken, sondern auch die Gewinnchancen der Wirtschaft in den unterschiedlichen Unternehmen, Branchen und Regionen der Welt widerspiegeln bzw. in Kurswerte transformieren, so lange haben auch kapitalgedeckte Vorsorgeformen mit Aktien ihre Berechtigung.

Am 22. April 2009 berichtete DIE WELT (S. 19) von einer neuen MAP-Studie: *„Wer eine private Rentenpolice abgeschlossen hat, muss wegen der Niedrigzinsen am Kapitalmarkt und der immer höheren Lebenserwartung mit zum Teil deutlich sinkenden monatlichen Rentenzahlungen rechnen."* Das ist zwar richtig, aber es gibt lediglich die Momentansituation 2009 und die auf ihr beruhende Zukunftsperspektive wider. Doch die Kapitalmärkte stehen nie still, sondern sind permanent in Bewegung; und genau darin liegen für vorsorgebewusste und kapitalmarktinteressierte Menschen die Chancen. Indirekt bringt das auch die erwähnte MAP-Studie zum Ausdruck, wenn wir in der WELT weiter lesen: *„Das Vorsorgedilemma wird für die Verbraucher nicht so leicht zu lösen sein. Denn die meisten Vorsorgeprodukte sind für die*

Gesetzmäßigkeiten der alten Finanz-Ära konzipiert, als Aktien im langjährigen Schnitt zwischen acht und zehn Prozent jährlich abwarfen und mit Anleihen zwischen vier und fünf Prozent zu machen waren.

Doch erstens: wer sagt uns eigentlich, dass die *gegenwärtige „Finanz-Ära"* mit ihrem niedrigen Renditeniveau von Dauer sein wird. Und zweitens: „Zwischen acht und zehn Prozent *jährlich"* an den Aktienmärkten: das sind die Durchschnittswerte bestimmter Zeitperioden, für deren Renditemessung die Periodenanfangs- und -endpunkte von entscheidender Bedeutung sind. Und schließlich drittens: Wenn es für Vorsorgewillige wirklich so erheblich schwerer sein wird, in Zukunft an den Kapitalmärkten, insbesondere an den Aktienbörsen, Gewinne zu generieren, dann gilt das in der Voraussetzung dazu ebenso für die Unternehmen selbst, ja für die Wirtschaft insgesamt. Und wenn dieser Zustand tatsächlich dauerhaft eintritt, dann allerdings haben die Pessimisten, die Aussteiger und die Utopisten recht, freilich mehr als ihnen lieb sein kann: Denn dann geht überhaupt nichts mehr; auch beim konventionellen Sparen und beim Tagesgeld nicht; denn dann sind auch die Banken und das ganze Wirtschaftssystem am Ende. Dann beginnen wir vielleicht wieder mit der Tauschwirtschaft in Realwerten und Diensten. Gar nicht so abwegig: „Bartergeschäfte" sind ja durchaus weit verbreitet. Man müsste nur noch die Geschäftsform erfinden, dass heutige Dienste an der jüngeren Generation (z. B. Ausbildung) mit deren Diensten an den älteren Menschen (z. B. Pflege) zu kompensieren wären.

Das andere Angstszenario: Inflation. Steigende Zinssätze sind in der Regel auf Inflationserwartungen oder -eintritte zurückzuführen. Und das untergräbt dann den Glauben an den Sinn des Vorsorgesparens bei vielen Menschen erst recht und häufig noch willkommener; denn gerade die Inflationsangst scheint wohl in der „Bewusstseinsgenetik" der Deutschen (seit 1923) angelegt zu sein. Gern flüchten wir uns dann in die „Fluchtwährung" Gold(-schmuck!) oder in handfeste Sachwerte, in der Regel in Immobilien. Grundsätzlich ist dagegen ja auch nichts einzuwenden und es entspricht einerseits unserer Sachwertmentalität in Deutschland; andererseits handeln wir aber dann doch nicht konsequent genug. Denn die Quote an privatem Immobilieneigentum ist hierzulande deutlich niedriger als in manchen anderen europäischen Staaten. Gleichwohl ist das uns Deutschen so vertraute Misstrauen gegen den „Mammon" und seine Funktionsfähigkeit oft

nicht besonders rational. Und von irrationalen Äußerungen („es ist alles
nichts mehr wert, erst der Euro, jetzt die Krise!") bis zu bösartigen Schuld-
zuweisungen („und wer ist wieder schuld daran?!...") ist der Weg dann
auch nicht mehr weit. Aufpassen, Landsleute!

Ein zwar nicht gefährliches, aber doch ziemlich absurdes Argumentations-
theater gegen das finanzielle Vorsorgesparen „mit Riester" veranstalteten
die Medien im Jahr 2007 mit ihrer Entdeckung, dass für Niedrigst-
Einkommensbezieher der Abschluss eines Riester-Rentenvertrags sinnlos
sei, wenn solche Personen infolge geringer Sozialversicherungsbeiträge
während eines schlecht bezahlten und nicht kontinuierlich verlaufenen
Berufslebens später im Rentenalter in die Sozialversorgung abrutschen.
Denn dann, so die Kritiker, würden die Riester-Rentenauszahlungen auf
die Sozialrente angerechnet und die geleisteten Beiträge wären im wahrsten Sinn des Wortes „à fonds perdu". Nun, der Sachverhalt der Anrechnung von Riester-Rentenauszahlungen auf das Sozialrenteneinkommen ist
zwar richtig beschrieben – und man kann das bedauern und kritisieren.
Was jedoch an der Sache vollkommen vorbei geht, ist die Konsequenz,
welche die Kritiker daraus zogen und quasi als Empfehlung ableiteten;
sinngemäß: „Leute, wenn ihr jetzt sowieso schon zu den Geringverdienern
gehört und voraussichtlich in der Rentenzeit auf die Sozialhilfe angewiesen
sein werdet, dann lasst es lieber gleich ganz bleiben, eure private Riester-
Zusatzrente während eures Berufslebens aufzubauen, da der Staat sie euch
später wieder wegnimmt!" Das Ergebnis dieses kassandrahaften Bühnen-
auftritts war eine große Verunsicherung in Teilen der Bevölkerung und ein
scholastisch anmutender Streit unter den Rentenexperten. Schließlich, als
der Theaterdonner verklungen war und der mediale Rauch sich wieder
verzogen hatte, konnte man in Klarheit erkennen, was auch hier unsere
Aussage ist:

Für sozialversicherungspflichtige Beschäftigte ist der Abschluss einer
„Riester-Rente" – ob im Mantel einer „klassischen" Rentenversicherung,
eines Fondssparplans oder eines konventionellen Banksparplans – empfeh-
lenswert! Allerdings nur wegen der staatlichen Förderungen für die Ver-
tragsabschließenden selbst sowie ggf. wegen der Zulagen für ihre Kinder.
Diese Beitragssubvention wirkt sich in der Regel auf die Rendite der angelegten eigenen Beitragsleistungen positiv aus. Und das sollte sie auch:
Denn zu beachten ist, dass das jeweils angebotene Riester-Rentenprodukt

in seiner Vertriebs- und Risiko-Kostenstruktur so transparent und in seiner Anwendung so anpassungsfähig an die Lebenssituationen der Kunden ist, dass man die Auswirkungen der staatlichen Förderung auf die Renditen auch tatsächlich erkennen bzw. nachrechnen kann. Hier können sich nämlich böse Rendite-Fallen verbergen, die sich bei intensiver Überprüfung und Vergleichsarbeit vermeiden lassen. Zu diesem Ergebnis kommt auch Professor Andreas Oehler, Lehrstuhlinhaber für Finanzwirtschaft an der Universität Bamberg. Nach seinen Recherchen sind die (Kosten-) Strukturen etlicher „Riester"-Angebote so intransparent, dass die Verbraucher sie beim besten Willen nicht durchschauen und darauf ihre Entscheidung bauen können. Es empfiehlt sich daher, die fachlichen Gutachten und Qualitätszertifikate unabhängiger und kompetenter Institute bei den Vorsorgevermittlern nachzufragen – übrigens auch in deren Interesse. Denn Vorsorgeprodukte mit neutralen „Gütesiegeln" lassen sich überzeugender verkaufen.

Und was nun die erwähnten speziellen Fälle der Geringverdiener mit nicht kontinuierlichen Arbeitseinkommen betrifft, so sei darauf hingewiesen, dass ihr beruflicher Werdegang – zumindest bis etwa zum 50. Lebensjahr – in der Regel nicht von vornherein so festgelegt ist, dass das Abrutschen in die Sozialhilfe im Rentenalter bereits unabänderlich ist. Denn falls sie infolge unvorhergesehener neuer Verdienstmöglichkeiten letztlich nicht auf das Sozial-Rentenniveau herab sinken, dann werden sie sich gewaltig ärgern, wenn ihre geringe gesetzliche Rente nicht durch eine private und staatlich geförderte (Riester-)Zusatzversorgung ergänzt wird, bloß weil sie den Propheten vertraut haben, die das Menetekel der Sozialhilfe und der vermeintlich vergeudeten Rentenvorsorge an die Nebelwand einer unbekannten Zukunft gezeichnet hatten.

Im Zusammenhang mit dem Stichwort „beruflicher Werdegang" sei noch auf eine weitere und nicht hoch genug einzuschätzende Vorsorgeform mit gesetzlicher Förderung hingewiesen: die betriebliche Altersvorsorge (bAV). Sie war bereits im Zusammenhang mit dem Steuerersparnis-Effekt und dem Bürgerentlastungsgesetz angesprochen worden. Infolge der direkt-möglichen Beteiligung des Arbeitgebers einerseits, aber auch aufgrund der steuerlichen Entlastung durch gesparte Sozialversicherungsbeiträge für Arbeitgeber und Arbeitnehmer andererseits, erzielt diese auf fünf verschiedenen Wegen begehbare Altersvorsorge einen vielfach unschlagbaren Renditevorsprung gegenüber den anderen Vorsorgeformen. Dazu sollte man wissen, dass man als sozialversicherungspflichtiger Arbeitnehmer einen gesetzlichen Anspruch darauf hat, dass Teile des eigenen Gehalts bis zu einer Höhe von 4 Prozent der Beitragsbemessungsgrenze zur gesetzlichen Rentenversicherung, (zuzüglich des erweiterten Dotierungsrahmens von pauschal 1.800 Euro p.a.) in Altersvorsorgebeiträge „umgewandelt" werden („Anspruch auf Entgeltumwandlung"). Die Wahl des besten Wegs zur bAV – Stichworte: Sicherheit, Rendite, Flexibilität – ist ein komplizierter und daher beratungsintensiver Prozess, der nur von gut ausgebildeten Spezialisten begleitet werden kann und sollte.

Und weil dem so ist, wird oft von Arbeitnehmern wie von Arbeitgebern gleichermaßen ein weiter Bogen um dieses Thema geschlagen. Sobald sich etwas kompliziert anhört, schaltet man ab. Frage: Warum gibt man sich keine Mühe? Warum verwendet man gern viel Zeit beim Vergleichen von Autos, Handys oder Computern, aber nicht bei Finanz- oder Vorsorgeprodukten? Antwort: Weil uns Deutschen das nicht so liegt!? – Blödsinn! Sich auf die vermeintlich geldaverse Mentalität von *uns Deutschen* zu berufen, ist nur eine faule Ausrede, denn *die* Mentalität gibt es nicht! Im Gegenteil: Im „Land der Dichter und Denker" – man muss ergänzen: „der Tüftler, Forscher und Erfinder" – da kann es gar nicht sein, dass komplexere Finanz- und Versicherungsprodukte nicht durchschaut und deshalb links liegen gelassen werden. So wie wir gegenwärtig verschiedene Bildungsinitiativen bei Technik, Naturwissenschaften und Mathematik erleben, ebenso könn(t)e das auch bei unserem Finanz- und Vorsorgeverständnis geschehen! Doch vor dem „*Ge*wusst – wie?" steht das „*Be*wusst – wie." Und wie!

Hier begegnen wir wieder mal dem Stichwort „Verantwortung". Und zwar sowohl gegenüber sich selbst (Eigen-Verantwortung) als auch gegenüber der Gesellschaft mit ihrer sozialen Leistungsfähigkeit (Solidar-Verantwortung). Denn wer sich unter Berufung auf die „Alles-ist-vergeblich-Apostel" oder infolge mangelnden Vorsorge-Interesses oder „weil es zu kompliziert ist", von vornherein auf die finanzielle Unterstützung der Solidargemeinschaft *ver*lässt und jegliche Eigeninitiative *unter*lässt, der handelt unverantwortlich und fahrlässig.

So plädieren wir in diesem Zusammenhang wiederum für den
Bewusstseinswandel auf beiden Seiten: Bei uns Kunden und bei uns
Finanzberatern. Es geht darum, dass auch in dieser Hinsicht durch
unsere Gesellschaft und durch jeden einzelnen von uns der berühmte
„Ruck" geht, den Bundespräsident Roman Herzog in seiner viel zitierten
„Berliner Rede" eingefordert hat (26.04.1997).

Nun beobachten wir bei zahlreichen Bürgerinnen und Bürgern statt des
geforderten Rucks im Bewusstsein lediglich ein Zucken der Schultern,
wenn sie auf ihre Altersvorsorge angesprochen werden. Und dies gilt sowohl generell für die Vorsorgeverweigerer in Teilen der Bevölkerung als
auch sogar bei einigen Vorsorgewilligen: *„Ratlos in Rente"* lautete die Überschrift eines diesbezüglichen Artikels in der Süddeutschen Zeitung vom
29.04.2009 (S. 32). Darin wird dargelegt, dass *„die Rechnung für den Ruhestand bei vielen Menschen nicht mehr aufgeht, weil ein Großteil des Ersparten an
den Börsen verloren ging"*. Bei etlichen führt das dann zu Resignation und
Verbitterung, mit der Folge, dass sie sich von dem Thema Vorsorge und
Finanzplanung völlig abwenden. Doch das hätten sie lieber nicht getan.
Denn beispielsweise hatten die Börsen zu aller Überraschung bereits im
Jahr 2009 die Krise offensichtlich so gut verdaut, dass man sich beinahe
fragen konnte: „Krise? – Welche Krise?!"

Ein wirkliches Patentrezept zur Vermeidung von überraschenden Vermö-
gensverlusten, insbesondere kurz vor dem Rentenbeginn, mag sich nicht
leicht finden lassen. Sogenannte „Garantieprodukte" liegen daher immer
mehr im Trend. Seit neuestem z. B. die aus Großbritannien bzw. Irland zu
uns gekommenen „Variable Annuities" (VA). Bei ihnen werden die erreichten Gewinne laufend festgezurrt und die Anlagestrategien den Lebensaltern
(-situationen) der Versicherungsnehmer individuell angepasst. Es handelt
sich dabei um das sogenannte iCPPI-Modell („individual Constant Proportion Portfolio Insurance"): Bei ihm werden zur Absicherung der Beitrags-
summe zum Laufzeitende für jeden Kunden je nach Lebensphase bzw. Vor-
sorgelaufzeit die Fondsanlagen permanent umgeschichtet: Jüngere Sparer
können bei fallenden Aktienkursen aufgrund längerer Restlaufzeiten län-
ger/höher in Aktien investiert bleiben; bei steigenden Kursen wird die Aktienquote wieder relativ schnell auf optimale Ertragschancen ausgeweitet.
Bei (älteren) Sparern mit kürzeren Vorsorge-Restlaufzeiten wird die Aktien-

quote bei fallenden Kursen schneller zurückgeführt; bei steigenden Kursen steigt die Aktienquote langsamer als bei jüngeren Sparern; so segelt das Fonds-Schiff stets relativ nahe am sicheren Hafen der Anleihen. Diese individuelle Anpassung der Vermögenswerte an die Lebenssituationen ihrer Inhaber ist freilich sehr häufig mit entsprechend hohen Kosten verbunden. Wie man überhaupt sagen muss: Je individueller (also nicht standardisiert) ein Vermögensanlageprodukt ist, desto höher sind in der Regel auch seine Kosten. Oft, aber nicht immer, kann sich das dennoch bezahlt machen.

Bei den ebenfalls meist kostenintensiven Garantieprodukten zur Altersvorsorge handelt es sich in der Regel um Rentenversicherungen auf Fondsbasis mit speziellen Garantien. Sie greifen in der Phase zu Beginn der Rentenauszahlung und nicht schon in der Ansparphase, wie dies dagegen bei etlichen anderen fondsgebundenen Rentenversicherungen aus der Produktion „Made in Germany" der Fall ist: Bei ihnen wird nämlich täglich das Portfolio anhand der Risiko-Parameter und der Lebensphase des Kunden einerseits und anhand der Aktien-/Anleihenentwicklungen andererseits (pro-zyklisch) gemanagt. Der Vorteil der „Variable Annuities" (VA) gegenüber den Garantie-Renten wiederum liegt in ihrer höheren Flexibilität sowohl bei der Prämienzahlung als auch bei der späteren Leistungszahlung und nicht zuletzt hinsichtlich der Möglichkeit von Kapitalentnahmen während der Ansparphase. Problematisch hingegen ist der Sicherheitsbzw. Transparenzfaktor: „VAs" verfügen über nicht immer ausreichend transparente Garantiemodelle und sind nicht wie ihre inländischen Schwesterprodukte zusätzlich von Seiten der Fondsgesellschaft abgesichert.

Solche Altersvorsorgeprodukte sind nicht schnell und einfach zu verstehen, es bedarf bei ihnen einer ausführlichen Beratung; aber auch von Seiten der Kunden einer besseren Bereitschaft, sich ausführlich beraten zu lassen. Dies ist nicht immer der Fall. Deshalb mahnt auch der genannte Artikel in der SZ: *„Gerade viele ältere Kunden müssen lernen, bei ihren Bankberatern kritisch nachzufragen".*

Hier haben wir Finanzberater eine wahrlich staatsbürgerliche oder besser gesagt: eine gesellschaftspolitische Verantwortung: Es geht darum, dass wir mit persönlicher Glaubwürdigkeit anstatt mit unverbindlichen Gewinnversprechungen, mit Beratungs-Zuwendung und Zeit-Investment anstatt mit ungeduldiger Umsatzgier dafür sorgen, dass sich unsere Kunden und Noch-nicht-Kunden frühzeitig über ihre Situation heute, morgen und übermorgen Gedanken machen und ihre Entscheidungen mit Besonnenheit, mit Realitäts-Bewusstsein treffen.

Eine der wichtigsten – und dennoch so oft missachteten – Grundregeln ist und bleibt die Liquiditätsplanung auch hier. Diesmal jedoch nicht nur im Hinblick auf das Verhältnis von gegenwärtigen Ausgaben und Einkommen und die daraus resultierende Fähigkeit zur finanziellen Vorsorge, sondern auch im Hinblick auf die noch zur Verfügung stehende Zeit bis zur Rente. Denn diese Zeitspanne entscheidet oft darüber, welche Instrumente für die Altersvorsorge geeignet sind oder nicht. So sollten beispielsweise Aktien/-fonds, selbst in der Form von Ratensparplänen, unterhalb einer Laufzeit von 7 bis 8 Jahren vor dem Datum des Rentenbeginns nicht mehr zur Altersvorsorge herangezogen werden. Denn das Schwankungsrisiko kann ausgerechnet zum Ende der Laufzeit dermaßen zuschlagen, dass die zuvor erwirtschafteten Erträge zunichte gemacht werden, wie beispielsweise in 2000 mit dem Platzen der „Dot-com-Blase" und aktuell wieder in 2008, sofern man nicht schon vor 20 und mehr Jahren mit dem Altersvorsorge-Sparen begonnen hatte. Und selbst bei solchen Marathon-Sparplänen kann die Gewinn-Schmelze erheblich sein, wenn man unaufmerksam aussteigt.

In dem Zusammenhang sei die Faustformel zitiert, wonach der Anteil von Aktien/-Fonds mit zunehmendem Alter abnehmen sollte: 100 minus aktuelle Zahl der Lebensjahre ergibt den Prozentsatz an Aktienanteilen in einem Depot (vgl. nachfolgendes Kapitel: Das „Wertpapier-Haus"). Freilich, solche Formeln sind lediglich grobe Richtwerte und nicht auf jeden einzelnen Anleger übertragbar. Denn die gesamten Vermögens- und Einkommensverhältnisse, die familiären oder sonstigen finanziellen Verpflichtungen, die Kapitalmarktkenntnisse und vieles mehr beeinflussen die Anlagestrategie stärker als die bestgemeinten pauschalen Orientierungsformeln. Deshalb kommt es darauf an, dass wir Finanzberater und wir Kunden wesentlich eingehender und offener miteinander kommunizieren als das bislang in den meisten Fällen geschehen ist. Einer der Gründe für diesen Mangel liegt natürlich in dem höheren Zeitaufwand, den eine individuelle Beratung gegenüber einem standardisierten Produktverkauf erfordert. Und da bekanntlich Zeit gleich Geld ist, meinen manche Finanzberater, besonders effizient zu arbeiten, wenn sie pro Verkaufseinheit so wenig Zeit wie möglich investieren. Doch diese „Investitionsrechnung" greift zu kurz. Denn umgekehrt wird derjenige Kunde, der merkt, dass man ihm Aufmerksamkeit und Zeit widmet, sich in aller Regel dafür bedanken, indem er nicht nur das erwartete Geschäft abschließt, sondern darüber hinaus den Kontakt zum Berater weiterhin aufrecht hält und Nachfolgegeschäfte bringt. Wenn es schon eine Formel sein soll, die Erfolg verspricht, dann diese: Geschäftliche Wertschöpfung durch persönliche Wertschätzung!

Ältere Menschen sind erfahrungsgemäß dafür empfänglicher als junge. Deshalb tun sich viele von uns Finanzberatern auch so schwer, gerade den jungen Kunden die Bedeutung der langfristigen Finanzplanung und frühzeitigen Altersvorsorge ins Bewusstsein zu rücken. Vielfach versuchen es Finanz- und Vorsorginstitute dadurch, dass sie mit smarten Lockangeboten junge Menschen als Kunden gewinnen wollen. Doch das ruft in der Regel noch nicht den richtigen Bewusstseinswandel hervor, sondern (ganz im Gegenteil) es unterstützt das „Schnäppchen-Verhalten": Bei der nächsten Gelegenheit, die noch günstiger erscheint, ist der gewonnene Kunde schon wieder verloren. In der Folge „kannibalisieren" sich die Anbieter, und das nicht unbedingt zum Vorteil der Kunden, wenn es um Beratungsqualität und Leistungszuverlässigkeit geht.

Zum Schluss sei noch eine etwas ketzerische These erlaubt: Mit der staatlichen Riester-Förderung der privaten Altersvorsorge hat die Politik zweifellos ein wichtiges Signal gesetzt: „Tut was für eure Altersvorsorge – und der Staat unterstützt euch dabei!" – Klammer auf: „denn in Zukunft wird sich die staatliche Rentenversorgung drastisch verschlechtern", Klammer zu. Und die Vorsorge- und Finanzindustrie schaufelt behende Werbekohle in den Kessel der fahrenden Vertriebslokomotive.

Im Ergebnis kann sich diese staatliche Initiative durchaus blicken lassen: Rund 13 Millionen Riesterverträge bis Ende 2009! Wir sollten uns aber darüber im Klaren sein, dass dieser Erfolg nur darauf zurückzuführen ist, dass die Riester-Rentenrendite infolge der staatlichen Zulagen so attraktiv ist und über vergleichbaren Alternativanlagen liegt und nicht etwa infolge der günstigen Konditionen an den Kapitalmärkten oder gar infolge eines vorsorgefördernden Entgegenkommens der Produktanbieter. Es handelt sich also ganz klar um eine Rendite-Subvention durch den Staat!

In anderer Weise gilt das auch für die zweite staatliche Fördermaßnahme zur privaten Altersvorsorge, nämlich in der Form steuerlicher Vorteile für Freiberufler und Selbstständige (aber auch für ältere Personen mit hoher Steuerprogression): Die Basis-Rente („Rürup-Rente"). Ihre Vorteile sind beachtlich: Bis zu 20.000 Euro Vorsorgeaufwendungen pro Person (Ehepaare: 40.000 Euro) sind seit 2005 bis zum Jahr 2020 in einer Staffel von 60 bis 100 Prozent pro Jahr von der Einkommensteuer absetzbar. Die Verlagerung der Steuerlast – weg von der Besteuerung der Vorsorgeaufwendungen während der i. d. R. höher veranlagten Berufseinkommensphase, hin zur späteren, ebenfalls in Jahresstaffeln ansteigenden Besteuerung der Alterseinkünfte während der Nachberufsphase (zu 100 Prozent im Jahr 2040), mit i. d. R. niedrigerer Steuerbemessung – entfaltet ihren Zinseszinseffekt schon jetzt und noch mehr in den kommenden Jahren. Leider wird das noch immer zu wenig erkannt und genutzt.

Doch nun die „Ketzerei": Subventionen sind grundsätzlich nur kurz- oder bestenfalls mittelfristig sinnvoll und wirksam. Und sie vernebeln häufig das ökonomische Bewusstsein, indem sie zu sehr auf Anreize setzen, aber vom Kern des Problems ablenken. Und der ist und bleibt bei der finanziellen Vorsorge nun einmal das Bewusstsein zur *eigenen Anstrengung*, die *Eigenverantwortung* – auch ohne staatliche Unterstützung. Mit anderen Worten: Wir müssten eigentlich die gleichen Stückzahlen an Altersvorsorgeverträgen erreichen, auch wenn kein Riester oder Rürup seinen Subventionssegen dazu gäbe. Für die Vorsorge- und Finanzindustrie wären die Vertriebsanstrengungen vermutlich größer, weil kein Namenspatron aus dem Werbeplakat herauslächelt, aber letztlich dennoch zielführend.

Und tatsächlich gibt es sogar einige wenige Bürgerinnen und Bürger, die ihre *Eigen*verantwortung so wörtlich in die Tat umsetzen, dass sie auf die staatlichen Zulagen nicht etwa fahrlässig, sondern ganz *bewusst* verzichten und ihre private Altersvorsorge z. B. nur mit Hilfe von subventionsfreien (Fonds-)Sparplänen oder vermieteten Immobilien durchführen. In dieser nicht unbedingt leicht nachvollziehbaren „Autonomie" verbirgt sich sowohl ein rational-instinktiver Wille zu Unabhängigkeit („freie" Sparpläne" sind bei ihrer Endfälligkeit, aber teilweise auch schon „unterwegs", wesentlich variabler nutzbar als die staatlich subventionierten Vorsorgemaßnahmen), als auch ein gerüttelt Maß an Misstrauen gegenüber den Hilfsangeboten des Staates. Vielleicht ist dies auf erfahrene Enttäuschungen zurückzuführen, die wir nicht kennen. Jedenfalls zeigen diese eigenwilligen Altersvorsorger, dass sie sich nicht auf die wohltätige Hand des „Vaters Staat" und auch nicht auf eine vielleicht unzuverlässige Solidargemeinschaft verlassen möchten. Sie sondern sich lieber ab. Doch dabei überschreiten manche von ihnen auch Grenzen, wenn es darum geht, ihre Unabhängigkeit auszuleben und die eigene Verpflichtung zur Solidarität gegenüber dem Gemeinwesen in Form von Steuerzahlungen unter Beweis zu stellen. Nicht erst heutzutage, sondern schon immer gilt die einfache Erkenntnis: Ganz ohne Solidargemeinschaft, ganz ohne Staat geht es eben nicht. Auch nicht für „Steuer-Allergiker". Die Rolle des Staates war ja lange Jahre (seit Ronald Reagan und Margaret Thatcher) vielleicht zu sehr in den Hintergrund getreten; das freie Spiel der Marktkräfte und die finanzielle Eigenverantwortung der Bürgerinnen und Bürger galt als das zukunftsfähigere System. Heute hingegen, wo dieses System seine bisher schwerste Krise durchmacht und in dieser Form wohl nicht ohne politisch durchgesetzte Reformen weiter existieren wird, ist der Ruf nach „Vater Staat" wieder lauter geworden. Doch Vorsicht! Weder ist dieser „Vater" ein handelndes Subjekt der Wirtschaft (abgesehen von seiner Verantwortung, mit den Steuermitteln seiner „Kinder" effizient umzugehen), noch sind die Bürgerinnen und Bürger von ihrer Verantwortung entbunden, weil sie kollektiv mit ihren Steuern das Finanzsystem stützen und somit der Wirtschaft Wachstumsimpulse geben.

Gerade in Zeiten von Finanz- und Wirtschaftskrise, die vermutlich noch nicht überall ausgestanden sind, bleibt der Einzelne mehr denn je gefordert, für sich und ggf. für seine Familienangehörigen selbst vorzusorgen und damit seinen Beitrag an den Staat, die Solidargemeinschaft, zu leisten. Dabei sollte sich niemand von Schwarzmalern verunsichern lassen, die die Effizienz des Kapitalmarktes und seines Instrumentenkastens zur privaten Altersvorsorge bezweifeln; sie wollen ihn womöglich durch staatsmonopolkapitalistische („Stamokap"!) Strangulierung abschaffen anstatt durch sozialmarktwirtschaftliche Regulierung vitalisieren. Was der Staat tun kann – und damit ist die Politik vollauf ausgelastet –, ist lediglich das Setzen von Rahmenbedingungen. Diese sollten zum einen das Finanzsystem hinsichtlich der Produkt- und der Beratungsqualität so regulieren, dass sich eine Krise dieses Ausmaßes und dieses Ursprungs (so schnell) nicht wiederholt; zum anderen können sie Impulse setzen für Wirtschaftswachstum und damit für den Arbeitsmarkt und damit für die Einkommenssicherung und damit letztlich auch für unsere Fähigkeit zur eigenen Lebensvorsorge.

Dies ist das realistische Szenario, in dem wir – Finanzberater und Kunden – uns an die Arbeit machen müssen: Private Lebensvorsorge – ob mit, ob ohne Riester- und Rürup-Förderung – ist Staatsbürgerpflicht! Wer das nicht begriffen hat, der handelt unsolidarisch und begibt sich in die Gefahr, im Alter auf der Straße zu landen; jedenfalls nicht in seiner „Maison Sans Souci", im **Haus ohne Sorgen!**

4　Das „Wertpapier-Haus"

Struktur und Baumaßnahmen.

Sicher haben sich viele von uns schon mal gefragt, was sie mit dem Geld anfangen würden, wenn sie im Lotto einen Sechser oder gar den „Jackpot" gewinnen würden. Rasch entwickelt sich unsere Phantasie und wir würden vermutlich das bestätigen, was die Werbung verheißt (denn sonst würde sie es nicht tun): Haus/Villa, Weltreise/Yacht, Luxusauto etc. Und alles in allem: ein genussreiches Leben.

Dieser Selbstbefragungs-Test führt uns eines deutlich vor Augen: Mit der Beschreibung von Ideen über die *Verwendung von Vermögen* haben wir in der Regel wenig Probleme. Ganz anders dagegen sieht es offenbar mit der Beschreibung von Ideen über die *Entstehung und den Aufbau von Vermögen* aus. Da nun, wie wir alle wissen, die Chancen auf den Lotto-Sechser etwa 1 zu x-Millionen stehen, wollen wir uns etwas bescheidener geben und uns jenen Ideen zuwenden, mit denen ein Geldvermögen – wenn auch nicht in Jackpot-Dimensionen – systematisch geplant und aufgebaut werden kann. Wir nennen es das „Wertpapier-Haus". Und wenn wir glauben, dass die Baumaßnahmen dafür mühsamer sind und vor allem viel länger dauern als mit dem Lotto-Sechser, dann haben wir vermutlich vergessen, seit wie vielen Jahren wir schon Lottoscheine besorgt, ausgefüllt, bezahlt, vor dem Fernsehapparat kontrolliert – und enttäuscht in den Papierkorb geworfen haben!

Bedenken wir bitte auch, dass es erfahrungsgemäß noch mehr Freude bereitet, wenn wir ein Vermögen nutzen können, das wir uns durch eigene Arbeitsleistung aufgebaut haben als durch Glück im Spiel: *„Es ist ein schönes Gefühl, wenn aus Leistung Erfolg wird!"*, lautete ein treffender Werbeslogan einer Bank. Er besagt zudem, dass es Freude machen kann, zu erleben, wie ein Vermögen aus kleinen Anfängen heraus und konsequent mit intelligenten Aufbaumaßnahmen wächst und wächst. Schließlich sollten wir uns auch die Tatsache vor Augen führen, die wir oft übersehen, dass viele Lotto-Gewinner häufig schon nach wenigen Jahren ihr gewonnenes Geld bravourös durchgebracht haben und am Ende vielleicht schlechter dastehen als zuvor. Die Gründe dafür liegen meist in diesem unerwarteten Paradigmenwechsel der Lebensführung: „Lotto-Könige" (der Name sagt es schon!) konsumieren plötzlich auf höchstem Niveau, zeigen sich von der spendabelsten Seite oder investieren in überdimensionierte Immobilien und andere Projekte usw. Mit der Illusion „reich werden ohne Arbeit" haben sie den Bezug zur Realität im Umgang mit Geld verloren – falls sie ihn zuvor überhaupt hatten (s. Kapitel „Das Baumaterial").

Deshalb wollen wir nun untersuchen, ob und wenn ja, wie wir es schaffen, realitätsbezogen, mit Augenmaß und planungsbewusst so viel Geld anzulegen, dass wir zusätzlich davon leben bzw. Wünsche und Ziele realisieren können. „Zusätzlich" soll hier bedeuten, dass wir zuvor bereits die existenziellen Lebensbedürfnisse ausreichend befriedigt, die Familie abgesichert, unserem Nachwuchs gute Zukunftsperspektiven ermöglicht und für unseren Lebensstandard im Ruhestand vorgesorgt haben. Diesen materiellen Zustand wollen wir nicht „Reichtum", sondern „Vermögen" nennen. Vermögen im doppelten Wortsinn: Quantitativ als eine relative finanzielle Größe und qualitativ als die individuelle Ermöglichung von Entscheidungen zur materiellen Gestaltung unseres Alltags. In diesem Kapitel widmen wir uns dem Finanzvermögen, der Geldanlage in Wertpapieren (im darauf folgenden Kapitel geht es um das Immobilien-Vermögen).

Zum Aufbau des Wertpapier-Hauses greifen wir zunächst einmal mehr auf das zurück, was wir schon im Kapitel „Die Haus-Architektur" kennen gelernt haben: Planung und System. Wir konkretisieren es in dreifacher Art:

1. Gegenwartsanalyse: Welche finanziellen Möglichkeiten stehen uns zur Verfügung?

2. Zielanalyse: Wofür setzen wir unsere finanziellen Möglichkeiten ein?

3. Vorgehensanalyse: Welche Instrumente eignen sich dafür am besten?

Ad 1 – Gegenwartsanalyse: Aus unserem bereits im vorhergehenden Kapitel kennen gelernten Liquiditätsplan ersehen wir, wie viel Geld uns gegenwärtig frei zur Verfügung steht. Wie gesagt, wir werden in der Regel feststellen: Es *steht* etwas zur Verfügung, wenn wir alle Posten auf der Ausgabenseite einer kritischen Beurteilung unterziehen, insbesondere im Bereich Konsum und „lieb gewonnene" Gewohnheiten. Oder wir stellen fest, dass wir nicht diejenigen Möglichkeiten genutzt und ausgeschöpft haben, die uns von Seiten der sozialstaatlichen Förderungen angeboten sind. Um sie zu erkennen, lohnt es sich häufig, mit Steuer- und Finanzberatern oder mit Arbeitgebern diesbezüglich ein Gespräch zu führen.

Ad 2 – Zielanalyse: Dieser Punkt ist von entscheidender Bedeutung. Natürlich könnten wir schlicht und ergreifend sagen: Unser pauschales Ziel ist es, reich zu sein und das berühmte „sorgenfreie Leben" zu führen. Aber unter diesem Oberbegriff stecken doch konkretere Ziele: Seien es kurzfristige oder mittelfristige Anschaffungen für den Haushalt und die alltägliche Lebensqualität, sei es längerfristig der Eigenkapitalanteil zur Finanzierung einer eigenen Immobilie (s. dazu das folgende Kapitel „Das Wohn-Haus"), oder die Verbesserung und Sicherung des Lebensstandards für die Familie bzw. für uns selber. Die Definition unserer Ziele ist in jedem Falle mit bestimmten Zeitvorstellungen verbunden: Kurzfristig (0-3 Jahre), mittelfristig (3-7 Jahre) und langfristig (8 Jahre und mehr). Diese Fristen dürfen wir nicht aus dem Auge verlieren. Und zum anderen sollten unsere Ziele mit bestimmten Wertvorstellungen verbunden sein.

Am wichtigsten ist unsere Existenzsicherung, die materielle Lebensgrundlage.

Ad 3 – Vorgehensanalyse: Für jedes Ziel und jede Frist – wir bezeichnen es hier als „Stockwerke" des Wertpapier-Hauses – eignen sich unterschiedliche Anlageinstrumente.

■ **Das Erdgeschoss:** Für kurzfristige Ziele (0–3 Jahre) eignen sich solche Geldanlagen, die möglichst sicher, unkompliziert und rasch verfügbar sind: Anlagen im Tages-/Festgeld, auf kurzfristig bzw. jederzeit verfügbaren Sparguthaben, in einfach strukturierten Geldmarktfonds oder in Anleihen bester Bonität und kurzer (1–2 Jahre) Restlaufzeit (darüber später mehr). Diese „eiserne Reserve" sollte in etwa den Betrag von zwei bis drei Monatsnettoeinnahmen ausmachen.

■ **Das erste Stockwerk:** Mittelfristige Ziele (3–7 Jahre), wie etwa das neue Auto, eine neue Möbelgeneration oder sonstige vergleichbare Investitionsgüter erreichen wir mit Sparplänen und -briefen, Bundesschatzpapieren, einwandfreien Staats- und Unternehmensanleihen oder entsprechenden Anleihefonds. Dieses Stockwerk in unserem Wertpapier-Haus hat ungefähr die Höhe eines ganzen Jahreseinkommens.

■ **Das zweite Stockwerk:** Langfristige Ziele (8 Jahre und mehr), wie z. B. der Eigenkapitalanteil an der Finanzierung einer Immobilie (vgl. dazu das folgende Kapitel Das „Wohn-Haus"), oder die Finanzierung einer späteren Ausbildung jetzt noch minderjähriger Kinder, oder andere langfristig geplanten Investitionen. (Die finanzielle Sicherung unseres Lebensstandards für die Zeit nach dem Berufseinkommen hat hier nicht den ihr gebührenden Platz, da sie in ihrer existenziellen Bedeutung vor dem Bau des Wertpapier-Hauses rangiert und von seiner Struktur losgelöst ist). Wir erreichen diese Ziele mit kontinuierlichen Sparbeiträgen: Neben den Produkten der klassischen Renten- und Lebensversicherungen sind dies Sparbeiträge in Aktien-Investmentfonds, auf die wir noch zu sprechen kommen. Die Höhe dieses Stockwerks in unserem Wertpapier-Haus hängt – abgesehen von unserer Befähigung zur Sparleistung – natürlich auch von der quantitativen Definition unseres Sparziels ab, also von der Vorstellung, welche finanziellen Dimensionen dieses zweite Stockwerk haben soll.

■ **Das dritte Stockwerk (oder Dachboden):** In ihm bringen wir das Geld unter, welches wir ggf. auch als Verlust abschreiben können, wenn wir uns beispielsweise bei der Wertpapierauswahl (einzelne Aktien oder risikoreiche Fonds etc.) verspekuliert haben. Daher sollte dieses Stockwerk das niedrigste sein, bzw. auch ganz verzichtbar bleiben.

Was allerdings die existenzielle materielle Sicherung unseres Lebensstandards im Alter betrifft, so gibt es da relativ klare und belastbare Parameter für unsere jährliche Vorsorgeleistung: Gut und gerne 10 bis 15 Prozent unseres Einkommens! Und da ist noch nicht mal der Inflationsfaktor berücksichtigt. Ja, wir müssen uns daran gewöhnen, dass wir für die Aufrechterhaltung unseres Lebensstandards im sogenannten „Ruhestand" in dieser Größenordnung vorzusorgen haben. Wie gesagt, wir wollen die Struktur unseres Wertpapier-Hauses von der Aufgabe der Altersvorsorge loslösen und uns lediglich den anlagespezifischen *Baumaßnahmen* und der *Strukturierung einer Wertpapieranlage* widmen.

Struktur:

Beginnen wir aus didaktischen Gründen zunächst mit Letzterem, mit der *Strukturierung*. Dabei setzen wir voraus, dass wir es mit unseren mehrjährigen Aufbaumaßnahmen schon geschafft haben (auf die wir später eingehen) oder dass wir auf dem Erb- oder Schenkungsweg zu einem Geldvermögen gekommen sind. Uns steht nun ein Betrag von – sagen wir der Einfachheit halber – 100.000 Euro für die Vermögensanlage zur freien Verfügung. Zu seiner strukturierten Aufteilung („Asset Allocation") beherzigen wir eine „Goldene Regel". Sie besagt: **Lege nicht alle Eier in einen Korb!** Der Korb besteht in diesem Fall aus einem Wertpapierdepot bei einer Bank (oder mehreren); die Eier sind die Wertpapiere. Über diesen Korb voller Eier hat sich der Wirtschaftsnobelpreisträger *Harry Markowitz* schon vor etlichen Jahren seine Gedanken gemacht. Das Resultat findet sich in seiner berühmten **„Korrelationstheorie"**. Sie besagt, dass sich die Kurse/Preise von Wertpapieren (= Eier), wie z. B. von Anleihen und Aktien und von anderen Anlagegattungen, die miteinander gattungsverwandt sind, infolge bestimmter Einflussfaktoren, wie z. B. ungewöhnliche ökonomische Ereignisse oder Nachrichten über Firmen, Branchen und regionale Märkte, in der Regel relativ parallel in die gleiche Richtung bewegen: Ihre Wertentwicklungen „korrelieren". Das ist natürlich dann besonders unangenehm, wenn diese Wertentwicklungen alle gemeinsam „nach unten" zeigen. Um also eine Verlust-Korrelation zu vermeiden, ist es erforderlich, dass das Vermögen – wir bleiben in unserer Betrachtung bei der Geldanlage in Wertpapieren – möglichst in solch unterschiedliche Anlagegattungen aufgeteilt wird, dass just diese Unterschiedlichkeit eine gleichgerichtete „Massenbewegung" der Wertentwicklungen nach unten verhindert oder zumindest verringert („negative Korrelation").

Eine solchermaßen strukturierte Aufteilung der Geldanlage in verschiedene und unterschiedlich reagierende Anlagegattungen bezeichnen wir als **„Diversifikation"** (schon wieder aus dem Lateinischen: diversus = unterschiedlich/verschieden). Eine diversifizierte und damit auf breiter Front weniger gemeinsam verlustanfällige Geldanlage besteht somit aus Wertpapiergattungen und anderen Geldanlagen, die miteinander gar nicht oder nur „um ein paar Ecken verwandt" sind. Beispielsweise Sparbriefe und Staatsanleihen; oder Aktien und Festgelder; oder Aktien aus der Pharmabranche und Aktien aus der Automobilbranche; oder Investments in unterschiedlichen Regionen usw. Zusätzlich verringern auch noch Investments unmittelbar in Rohstoffe wie Edel-Metalle und -Steine oder mittelbar in Rohstoff-Aktien und -Zertifikate die Korrelationsanfälligkeit. Und nicht zu vergessen, aber hier nicht weiter zu behandeln: die Immobilie (s. nächstes Kapitel). Bleiben wir hier also bei den Wertpapieren. Wie eine optimale Diversifizierung in unserem Wertpapier-Haus erreicht werden kann, hängt in erster Linie vom sogenannten Anlegerprofil eines jeden Einzelnen von uns ab. Dieses Anlegerprofil wird bestimmt zum einen von unserer mentalen Bereitschaft und finanziellen Fähigkeit, nie völlig auszuschließende Verlustrisiken zu ertragen, zum anderen von unserem Verlangen nach einer möglichst hohen Ertrags-„Performance" (Rendite). Risiko und Rendite stehen sich in der Regel diametral gegenüber: **Je höher der Ertrag desto höher das Risiko – und umgekehrt.**

Auch bei Zinspapieren gilt die Goldene Regel: Hohe Ertragschance – hohes Risiko. Ein Beispiel: Sparbriefe solider Banken oder Anleihen stabiler Staaten bieten in der Regel eine geringere Rendite als Anleihen von Firmen „aus der zweiten Reihe" oder von wirtschaftlich und politisch instabilen Staaten. Da solche gegebenenfalls ihre Anleihen bei Endfälligkeit nicht zurückzahlen können, stehen sie auf einer niedrigeren Schuldnerqualitätsstufe („Bonität") als erstere, und müssen deshalb eine höhere Rendite anbieten, damit überhaupt ein Anleger bereit ist, das Risiko einer eventuellen Firmenpleite oder eines Staatsbankrotts auf sich zu nehmen. Man nennt diese Risikogruppe im Fachjargon daher auch „Non Investment Grade" – frei übersetzt: nicht empfehlenswerte Investments. Dass ein Kursverfall von Staatsanleihen nicht auszuschließen ist, zeigten uns nicht nur in der Vergangenheit Brasilien- oder Argentinien-Anleihen, sondern belegen auch in der Gegenwart die Staatsanleihen beispielsweise von Portugal, Italien, Griechenland und Spanien („PIGS"!); zu ergänzen wäre noch das besonders pikante Beispiel eines US-Staates mit weit zurückliegender märchenhafter Goldgräber- und jüngster sagenhafter High-Tech-Vergangenheit: Kalifornien!

Die aufgrund gesunkener Bonität vom Markt erzwungene höhere Rendite ist die „Risikoprämie". Ihre Ursache ist nicht so sehr in der „bösen" Finanzkrise mit Sitz an der fernen Wallstreet zu suchen, sondern meist in der schludrigen Haushalts- und Steuerpolitik sowie in mancher Korruptionsanfälligkeit hinter der eigenen Haustür staatlicher Ministerien zu finden.

Das mit der „Risikoprämie" für schlechte Schuldner ist nicht schwer zu verstehen, denn uns „normalen" Schuldnern – sei es als Privatpersonen, sei es als Unternehmern – kann es doch genau so gehen: Wenn wir keine hohe „Bonität" bei der Bank genießen, weil unser Einkommen schwächelt oder weil wir schon ein paar Mal ohne Sicherheiten in die Überziehung gerutscht sind, dann reagiert die Bank mit der Berechnung höherer Kreditzinssätze als sie das bei Kunden tut, die über alle Maßen kreditwürdig, also „bonitätsmäßig einwandfrei" sind. („Basel II" lässt grüßen! War aber auch schon vorher so.).

Auch bei Aktien gilt ein Bonitätsprinzip. Nun sind Aktien zwar keine Anleihen, sondern Eigentumsanteile am Stammkapital eines Unternehmens, und somit ist die Aktiengesellschaft auch nicht die Schuldnerin ihrer Aktionäre. Gleichwohl bemisst sich der Wert einer Aktie sowohl nach der Qualität der Bilanz sowie Gewinn- und Verlustrechnung des Unternehmens als auch – und das in ganz besonderem, oft übertriebenem Maße – nach den geschäftlichen Zukunftsperspektiven, sprich: Gewinnerwartungen. Dies äußert sich, neben der Kursentwicklung der Aktie, in der Fähigkeit der Aktiengesellschaft (bzw. des Managements), den Aktionären einen angemessenen Anteil am Gewinn (Dividende – aus dem Lateinischen: dividere = teilen/trennen) auszuschütten. Bei Aktien bergen in der Regel solche Unternehmen (Aktiengesellschaften) ein höheres Risiko in sich, die überwiegend auf Wachstum („Growth") ausgerichtet sind, also hohe Gewinnchancen in Aussicht stellen, oft aber über wenig Vermögenssubstanz verfügen; solche Unternehmen waren und sind insbesondere in den relativ jungen „High-Tech"-Sektoren (Nano-, Informations- und Biotechnologie etc.) zu finden. Hingegen gelten die „schweren Werte" oder „Blue Chips" mit hoher Vermögenssubstanz („Value") und großer Marktkapitalisierung (Stückzahl der Aktien mal Wert der Aktie), aber mit unspektakulären soliden Gewinnperspektiven und kontinuierlichen Dividendenzahlungen als weniger schwankungsanfällig (volatil) und verlustgefährdet als die zuvor genannten.

Um beurteilen zu können, ob der *Kurs* einer Aktie zu ihrem gegenwärtigen bzw. erwarteten *Gewinn* in einem solch günstigen *Verhältnis* steht, dass ein Kauf oder ein Verkauf angeraten ist, teilen wir den Kurswert (Beispiel: 100 Euro) durch den Gewinn pro Aktie (Beispiel: 12 Euro) und kommen damit auf das sogenannte *Kurs-Gewinn-Verhältnis (KGV)* (Beispiel: 8,3); wir vergleichen sodann dieses KGV mit den KGVs anderer (vergleichbarer!) Aktiengesellschaften bzw. mit dem Durchschnitts-KGV in der Branche, im Markt oder in einem Universal-Aktienindex; und wenn wir sehen, dass das KGV der von uns in Betracht gezogenen Aktie unter diesen Vergleichswerten liegt (z. B. Branchen-Durchschnitts-KGV: 16,6), können wir davon ausgehen, dass sie kaufenswert ist: ihr Kurs ist unterbewertet, weil ihr gegenwärtiger bzw. erwarteter Gewinn (12 Euro) weniger oft (8,3 mal) in den Kurs (100 Euro) hineinpasst als wenn der Kurswert höher läge (z. B. Kurs 200 Euro: Gewinn 12 Euro = KGV 16,6). Natürlich muss vor einer Kaufentscheidung geklärt sein, dass diese Unterbewertung nicht auf eine faktische Schwäche des Unternehmens selbst zurückzuführen ist. Und liegt eine solche Begründung vor, muss auch sie untersucht werden: Ist die Schwäche des Unternehmens von längerer Dauer oder gar existenziell oder von kurzer Dauer und behebbar? Höher bewertete Kurse besitzen in der Regel ein geringeres Anstiegspotenzial als unterbewertete; „ihr Zug ist schon abgefahren". Das KGV als Entscheidungshilfe für Aktienkäufe oder Verkäufe ist nicht die einzige Messgröße, aber immerhin gibt es eine Orientierung und sollte zu weiteren Recherchen über die betreffende Aktie veranlassen.

Ein anderer Parameter für eine „faire" Aktienbewertung ist das Kurs(wert)-Buch(wert)-Verhältnis (KBV). Das gibt darüber Auskunft, ob der „innere Wert" des Unternehmens, auf den wir gleich noch zu sprechen kommen, also der Realwert (!) z. B. der Unternehmensgebäude und -anlagen (Maschinen usw.), über oder nahe an dem Wert des aktuell gehandelten Wertes der betreffenden Unternehmensaktien (Marktkapitalisierung) liegt oder gar darunter. Befindet sich der reale Wert der AG über ihrem Kurswert, dann steht die Ampel in der Regel auf Grün: Kaufen! Diese Aktien sind nicht überbewertet. Natürlich entbindet diese Kennzahl noch nicht von der Investorenpflicht, sich über das Geschäftsmodell des Unternehmens zu informieren!

Neben der KGV- lässt sich auch die KBV-Methode von einzelnen Aktien analog auf Aktienindizes ganz unterschiedlicher Art anwenden, in Bezug auf Branchen ebenso wie auf Regionen. Im Hinblick auf letztere kann man beispielsweise gerade in den sogenannten „Emerging Markets" (Schwellenländer) etliche Unternehmen im KGV- oder KBV-Vergleich zu alteingesessenen europäischen oder US-amerikanischen Konzernen als unterbewertet ansehen; ihre Kurse sind zwar teilweise schon ganz gut gelaufen in den letzten Jahren; in wirtschaftlich schwierigen Zeiten allerdings trifft es manche dieser „Emerging Companies" besonders hart, da sie bzw. die Volkswirtschaften, in denen sie zuhause sind, strukturell noch zu wenig gegen die Konkurrenz aus den etablierten Volkswirtschaften gerüstet sind; daher sind ihre Kurse einerseits zwar schwankungsanfälliger als die „Schwergewichte" in Europa, Japan und USA, aber andererseits haben sie gerade deshalb auch mehr Potenzial „nach oben". Und auf diesem Weg befinden sie sich in der Tat: So macht z. B. China, das die Schwelle zu den industrialisierten Volkswirtschaften derzeit überschreitet, nicht gerade den Eindruck, dass es unter der Finanz- und Wirtschaftskrise als erstes zusammenbricht. Im Gegenteil: Der (vermeintlich?) rettende St. Georgs-Ritter der Weltwirtschaft reitet heute nicht auf einem edlen Hengst westlicher Ökonomenzucht daher, sondern auf einem schnaubenden chinesischen Drachen; und wer weiß, wann er die Lanze seiner Exportdynamik in die Flanke der keuchenden Mähre westlicher Volkswirtschaften stoßen wird.

So finden sich also für wachsame Investoren eigentlich zu allen Zeiten Firmen, Branchen und Regionen in der Welt, die eine Unternehmensbeteiligung in Form von Aktien anbieten. Gleichwohl scheinen nicht nur im gegenwärtigen wirtschaftlichen Umfeld Aktien für viele Menschen hochgefährliche Investments zu sein, sondern auch zu allen Zeiten eher etwas für Zocker und Hasardeure, aber nichts für „seriöse" Anleger, die für die Errichtung eines soliden Wertpapier-Hauses ihre Ersparnisse zurücklegen. Zeigt uns denn nicht die Finanzmarktkrise, wie schnell an den Börsen Milliardenwerte ihre Richtungen ändern können?! In der Tat, wenn man sich die jüngsten Schwankungen der Aktienkurse weltweit anschaut, wohl gemerkt: in beide Richtungen!, dann könnte man kaum erwarten, dass man sich für diese nervenaufreibende Anlageformen noch erwärmen kann. Der Einwand gegen die Aktie ist also verständlich. Aber ist er auch berechtigt?

Halten wir uns nochmals vor Augen: Was sind Aktien? Es sind Wertpapiere, die ihrem Inhaber das Eigentumsrecht (mit weiteren Rechten und Pflichten) an einer Firma in der Rechtsform einer Aktiengesellschaft (AG) garantieren. Verfügt nun diese Firma über Eigenkapital/Stammkapital, welches durch solide materielle Werte („Value") wie Grundstücke, Gebäude, Maschinen etc., aber auch durch reelle immaterielle Werte wie z. B. Markennamen, Patentrechte und andere geldwerte Rechte sowie Forderungen gedeckt ist (= zusammen der „innere Wert der Aktie"), dann hält der Aktionär im Verhältnis seiner Aktienanteile zum Stammkapital der Gesellschaft einen *sachwerthaltigen* Anteil. Seine Aktie macht ihn also zum Mitinhaber eines Unternehmens mit Substanzwert. Etwas anderes ist es freilich – wenn auch nicht im systemisch-rechtlichen Sinn –, wenn das Stammkapital einer AG lediglich durch ein paar zwar reale Büromöbel, ansonsten aber nur durch phantasievolle Wachstumsphantasien („Growth") gedeckt ist, die trotz schwachen Substanzwertes den Kurs der Aktie mit viel Hoffnung und Euphorie in die Höhe blasen – bis er platzt. Wir erinnern uns an die „New Economy" und das Kommen und Gehen der vielen „Dot Com's" in den 90er Jahren.

Wir sehen also: Strukturell ist Aktie nicht gleich Aktie, ganz abgesehen davon, wie erfolgreich das Management der AG arbeitet, d. h. mit dem Eigenkapital (der Aktionäre) umgeht, und wie das Marktumfeld und die sonstigen Rahmenbedingungen zum Firmengeschäft passen. Diese und etliche weitere Aspekte könnten uns vielleicht veranlassen, von Aktien die Hände zu lassen. Denn nur die allerwenigsten von uns finden sich zurecht in dem komplexen Gestrüpp von Zahlen, Fakten, Meinungen und Meldungen, die sich um Aktien bilden und ihren Kurs nicht immer nachvollziehbar bestimmen. Wenn wir allerdings dennoch die durchaus gut begründbare Meinung vertreten, dass auch in Zukunft Aktien als Formen der sachwerten Geldanlage Bestand haben und die Aktienbörsen ihre Funktion zur Beschaffung von Eigenkapital für Aktiengesellschaften behalten werden, dann sollten wir uns nicht vorschnell davon verabschieden.

Denn solange überhaupt auf der Welt Unternehmen erfolgreich arbeiten und diese ihre Arbeit auf der Eigenkapitalbasis in Form von breit gestreuten Aktien beruht, sind Investments in diese Anlagegattung weiterhin interessant und vor allem langfristig ertragreich!

Und wie ein Blick in die Geschichte zeigt, sind Aktien als Sachwertanlagen infolge von Angebot und Nachfrage zwar viel schwankungsanfälliger, in der Regel aber inflationsresistenter als geldwerthaltige Anlagen wie Anleihen von Unternehmen oder staatlichen bzw. kommunalen Emittenten oder auch als die als „absolut sicher" geltenden Spareinlagen. Sofern nicht gesellschafts- bzw. eigentumsrechtliche Vorschriften einen Strich durch die Rechnung machten, konnten sich in Deutschland viele Aktionäre der Vorkriegszeit in den Jahren nach 1945 über solide und im Wert langsam steigende Aktien freuen. Auch wenn die meisten Firmen 1945 buchstäblich „am Boden zerstört" waren, so erholten sie sich im „Wirtschaftswunder" gleichwohl und mit ihnen ihre eigentumsrechtlichen Werte, ihre Aktien. Die Währungsreform veränderte zwar mit der Einführung der Deutschen Mark 1949 den Geldwert gegenüber der ehemaligen Reichsmark, Sachwerte aber grundsätzlich nicht.

Gleichwohl bleibt zu bedenken, dass auch die inflationsresistenten Aktien risikobehaftet sind. Denn auch die Märkte der Realwirtschaft sind ständig in Bewegung, genauso wie die der Finanzwirtschaft. Beides kommt in den Kurschwankungen der Aktien tagtäglich zum Ausdruck. Solche Wertschwankungen auszuhalten – im Kopf und im Portemonnaie – kostet manchen Schlaf oder gute Nerven. Letzteres scheinen wir in Deutschland weniger zu besitzen als unsere angelsächsischen, holländischen oder auch Schweizer Nachbarn. Denn trotz gestiegener Kurse in 2009 ist das Interesse vieler Anleger in Deutschland an Aktien gesunken. Das Engagement in Unternehmensanteilen erscheint vielen als zu riskant. Wir in Deutschland haben uns seit dem Platzen der „Dot-com-Blase" im Frühjahr 2000 von Aktien abgewandt. Hatten damals nach einer Statistik des Deutschen Aktien-Instituts (DAI) noch rund 6,2 Millionen Anleger direkt Aktien gehalten, so waren es im ersten Halbjahr 2009 nur noch 3,4 Millionen. Und auch die Zahl der Aktienfondsbesitzer liegt weit unter dem letzten Spitzenwert aus dem Jahr 2001.

Ein Grund für diese Abwendung liegt laut Franz-Josef Leven, Direktor dieses Instituts, in dem von zu großen Schwankungen geprägten Image der Aktien als Anlageinstrument. Er meint: *„Wir bräuchten ein paar ruhigere Jahre, um die Akzeptanz der Aktienanlage zu erhöhen."* Nun, das ist die eine Sicht der Dinge. Sie erinnert an die alte Börsenweisheit von André Kostolany: *„Kaufen Sie Aktien und dann eine Schlaftablette; wenn Sie lange genug* [er meinte Jahre!] *geschlafen haben, werden Sie sehen, dass Sie reich geworden sind!"* Diese Strategie sollte man heute nicht allzu wörtlich nehmen und in der schnell sich wandelnden Unternehmenswelt vor allem nicht auf jede Aktie anwenden; aber ganz falsch ist sie auch wieder nicht; denn sonst wäre Warren Buffett mit seiner „Buy and Hold Strategy" im Hinblick auf

Aktien von Unternehmen, deren Geschäftsmodell und Produkte er (und übrigens auch seine inzwischen verstorbene Frau!) auch verstanden hat, nicht so erfolgreich.

Natürlich liegt sein Erfolg nicht allein in der Ausdauer im Halten von Aktien, sondern auch und ganz besonders im richtigen „Timing" beim Kauf und Verkauf. Da es die „idealen" Zeitpunkte dafür nicht gibt, oder besser gesagt: da sie kaum jemand systematisch erwischt, sollte man sich auch nicht von nervösen Marktstimmungen oder von „heißen" Empfehlungen wie „kaufen Sie jetzt, ehe der Zug abgefahren ist!" leiten und ver-leiten lassen. *Viele, die zum Kaufen die Signale blasen, erzeugen doch nur wieder neue Blasen!* (und weil sich das reimt, stimmt es auch! ☺).

Für die passenden Kaufgelegenheiten sprechen

a. markt- und unternehmensanalytische Gründe, also die sogenannte „Fundamentalanalyse" und die Beantwortung der Unter- oder Überbewertungsfrage des Unternehmens (KGV/KBV);

b. – für „Kurstechniker" – die Kennzahlen der „Chartanalyse", d. h. die Interpretation bestimmter Kursverläufe und -fomationen aufgrund sich wiederholender Erfahrungswerte.

In der Tat scheint sich derzeit der Trend zu kurzfristigen Engagements in einzelnen Aktien zu etablieren. So vertritt unter anderem die Deutsche Bank die (provisionsfördernde) Meinung, dass die objektiv zugenommene Volatilität der heutigen Aktienmärkte eine langfristige Haltestrategie à la Kostolany kaum noch sinnvoll erscheinen lässt; sie hält wenig davon, Aktien lange im Depot zu halten („Buy and Hold") und plädiert statt dessen dafür, dass sich das Investitionsverhalten der Anleger entsprechend reaktionsschneller entwickeln muss: *„Kostolany hat ausgedient!"* (SZ vom 23.02.2010, S. 24). Im Hinblick auf die heftigen Kursrückschläge der Aktienmärkte in den vergangenen Jahren ist die Frage durchaus berechtigt, was aus der viel beschworenen und als „unschlagbar" hoch gejubelten Langfristrendite von Aktien geworden ist.

Und dennoch: Langfristige Planung – nennen wir es *Strategie* – macht sich bei Aktieninvestments auch langfristig bezahlt. Denken wir daran: Aktien sind Beteiligungen an Unternehmen der Wirtschaft, und am besten an einer sich dynamisch entwickelnden Wirtschaft (siehe oben). Die *Taktik,* die einen Teil der Strategieumsetzung darstellt, ist dabei darauf ausgerichtet, sich mit gründlich studierten Informationen solchen börsennotierten Unternehmen zuzuwenden, deren Kurswerte deutlich unter ihren Buchwerten liegen (KBV), bzw. deren Gewinnaussichten sich noch nicht in ihren Kurswerten niedergeschlagen haben (KGV). Natürlich ist das mit den „gründlich studierten Informationen" nicht immer so einfach; und selbstverständlich sind individuelle Entscheidungen über Kauf oder Verkauf von Aktien keine Spielerei (für manche Zeitgenossen allerdings schon!). Deshalb besteht ja die Möglichkeit, diese Entscheidungen sozusagen zu „ent-individualisieren" und in die Hände von Fondsmanagern oder (bei größeren Vermögensanlagen) von Vermögensverwaltern zu legen. Allerdings aufgepasst: Auch und gerade (!) hier gibt es viel „Spreu" und wenig „Weizen". Die Kompetenz von Fondsmanagern und Vermögensverwaltern sollte man schrittweise, und das heißt mit kleineren Teilen des gesamten Anlagevermögens, erst einmal testen, bevor man sich zur Gänze in fremde Arme wirft – wenn überhaupt!

Dem Grundsatz des längerfristigen Beteiligungsinvestments an Unternehmen der Wirtschaft diametral entgegen und somit trendkonform steht das Investmentprinzip der sogenannten „Trader". Sie „handeln" (wie der Name schon besagt, der kommt natürlich ebenfalls aus dem Lateinischen: tradere = übergeben/hingeben; aber auch: verraten!!), d. h. kaufen und verkaufen Aktien und andere Wertpapiere sehr kurzfristig, manchmal am gleichen Tag („Day-Trading"), und nutzen jede sich bietende Gelegenheit, Gewinne sofort zu realisieren. Man kann sagen: Die Kontinuität dieser Investmentstrategie liegt in eben dieser permanenten „Drehung" von Werten, die in der Regel nicht auf schnell reagierenden Kopfentscheidungen der Trader beruht, sondern auf kompliziert ausgetüftelten und automatisch reagierenden Computerprogrammen. Mit einem Beteiligungsinvestment hat das freilich nichts zu tun. Und nicht selten haben sich diese Programmierungen zum Nachteil der Nutzer in golemhafter Manier verselbständigt. Andererseits muss man aber auch neidvoll zugestehen, dass etliche Kauf- und Verkaufprogrammierungen (z. B. Trendfolgesystem, Stopp & Loss Strategy) oft besser abschneiden als manche Fondsmanager.

Ein weiteres Beispiel für die Zweischneidigkeit mancher Taktiken zur Generierung von Gewinnen an der Börse sind die gegenwärtig als Krisenbeschleuniger in Verruf geratenen und in Deutschland versuchsweise verbotenen sogenannten (ungedeckten) „Leerverkäufe". Es ist durchaus rational (im Sinne der Gewinnorientierung), aber eben auch wesensuntypisch für eine Geldanlage in Aktien im Sinne einer Unternehmensbeteiligung, wenn Investmentprofis solche „Leerverkäufe" vornehmen: Das heißt, sie verkaufen *jetzt* Aktien aus ihrem Depot, obwohl sie diese Aktien (noch) gar nicht besitzen; das Depot ist (noch) leer. Die Aktien, die sie verkaufen, müssen sie freilich zu einem vereinbarten *späteren* Termin in ihr Depot hineinkaufen. Die Taktik bei diesem Geschäft zielt auf die „Wette" ab, dass die Kurse dieser Aktien zum (später) vereinbarten Kauftermin niedriger sind als zum jetzigen Datum des Verkaufs. Die Differenz ist der Gewinn. Mit dieser Methode gelingt es Hedgefonds und anderen Investoren, die Aktienkurse tatsächlich noch weiter nach unten zu drücken, obwohl der „reale" Verkaufsdruck im Markt vielleicht gar nicht so stark wäre. Solche „Wettscheine" wurden vor und in der Finanzkrise in Form von Zertifikaten und anderen sogenannten „strukturierten Papieren" im Markt herumgereicht, was die Abwärtsspirale noch weiter beschleunigte. Auf der anderen Seite können diese Taktiken aber auch eine heilsame, weil gewissermaßen „wahrheitsfindende" Wirkung haben, indem sie deutlich machen, wie widerstandsfähig oder wie anfällig bestimmte Wertpapiere, Marktsegmente oder Währungen gegenüber Spekulationen reagieren.

Gleichwohl: Diese komplexen, wenn auch logisch durchkonstruierten Taktiken und ihre Finanzinstrumente erinnern uns doch zu sehr an die virtuelle Zauberform(el) des Geldes, ja an die mephistophelischen Untiefen Faust'scher Magie, als dass wir diesem Anlagegebaren viel Seriöses abgewinnen wollen. Was wir als seriöse Anleger wirklich benötigen, sind kompetente Fachleute, die sich auf dem Gebiet der Aktien und Anleihen gut auskennen und Firmen wie Märkte und Regionen zutreffend analysieren. Doch auch hier können wir uns nicht selten im Stich gelassen fühlen. Sahen wir doch zu oft, wie sich die Analysten und „Börsengurus" geirrt und die falschen Signale an die Marktteilnehmer gefunkt haben; zum Teil sogar mit Absicht, um bestimmte Marktreaktionen für sich selbst auszunutzen. Londons „City Boy" hat es gesehen und in der Financial Times über Monate hinweg anonym beschrieben! Frage: Was also ist zu tun? Antwort: Selbst informieren und lernen, lernen! Bevor wir nun auf eine spezielle „Baumaßnahme" für die Errichtung unseres Wertpapier-Hauses zu sprechen kommen, hier ein paar Lernsätze zum direkten (eigenen) Kauf von Aktien und Anleihen:

Wir kaufen Aktien von einem börsennotierten Unternehmen am besten dann, wenn ..

1. ... wir über diese AG, ihr Management und ihr Markt-/Branchenumfeld gute Kenntnisse und aussagekräftige Kennzahlen besitzen;

2. ... wir genau verstehen, womit (mit welchen Produkten oder Dienstleistungen) das Unternehmen Umsatz und Gewinn macht; ja, wenn wir deren Produkte oder Dienstleistungen selbst gern kaufen oder in Anspruch nehmen (würden) (Prinzip „Warren Buffett"!);

3. ... das Aktienkapital hoch genug ist (Aktienkapitalisierung) und sich in möglichst großem Streubesitz befindet (also eine diversifizierte Aktionärsstruktur aufweist) und nicht von einem oder wenigen Großaktionären dominiert und in der Kursentwicklung zu sehr beeinflusst wird;

4. ... wenn diese Aktien in einem liquiden Markt handelbar („fungibel": lat. fungi = sich beschäftigen, be-/handeln) sind, d. h. wenn sie an den Börsen kein „Schattendasein fristen", sondern umsatzstark ge- und verkauft werden;

5. ... wir dem Börsenplatz als solchem trauen können: gesetzliche Grundlagen, Finanzmarktaufsicht, Umsatzvolumina und weitere Kriterien; (wir lassen uns nicht blenden von steilen Kursbewegungen an kleinen, illiquiden Exoten-Börsenplätzen, wie es z. B. im Katastrophenjahr 2008 an der „Aktienbörse" in Ghana geschah: 28 Prozent plus! Mit gerade mal einer Hand voll Titeln!);

6. .. wir (ganz wichtig!) genügend finanziellen Spielraum (bitte ohne Kredite!) haben, damit wir

    a) einerseits eine ausreichend hohe Stückzahl an Aktien erwerben können, so dass sich die Kauf*spesen* in einem ausgewogenen Verhältnis zum gesamten Kauf*preis* bewegen,

b) andererseits bei einem zwischenzeitlichen Kursverfall der Aktie keinen existenzbedrohenden Vermögensverlust erleiden;

7. .... wir genügend Geduld und einen langen Atem haben, um kurzfristige Schwankungen aussitzen und die langfristige Wertsteigerung abwarten zu können;

8. ... wir uns weder von der allgemeinen Stimmung (Medien!) noch (allzu sehr) von den Empfehlungen (selbst ernannter) Experten zu Käufen (seltener Verkäufen) verleiten lassen (meist sind es Kaufempfehlungen im Interesse der Finanzlobby), sondern uns an die Fakten halten: siehe Punkte 1–4.

Ähnlich verhält es sich mit der Auswahl und dem Erwerb von Anleihen:

1. Wir lassen uns von der nominellen Höhe der Zinskupons nicht blenden, sondern erinnern uns, dass hohen Renditen entsprechend hohe Risiken gegenüber stehen; deshalb achten wir auf die Schuldnerqualität (Bonität) der Herausgeber (Emittenten) solcher Anleihen und auf ihre Rendite anstatt auf die Nominalzinsen. Wir wägen also ab, wie viel Risiko wir ertragen wollen und können, bzw. wie viel Risiko uns der Ertrag wert ist.

2. Wir achten darauf, an welchem Datum die Anleihe zur Rückzahlung fällig ist (Endfälligkeit) und überprüfen das mit unserem eigenen Zeitplan hinsichtlich der gewünschten Verfügbarkeit des eingesetzten Geldes; dabei bedenken wir, dass bei einer vorzeitigen Verfügung durch die Rückgabe unseres Anleiheanteils auf dem Anleihemarkt (über die jeweilige Bank) der Wert (Preis/Kurs) dieser Anleihe nicht ihrem Nominalwert entsprechen muss und dies auch sehr selten tut. Das kommt daher, dass bei einem während der Laufzeit unserer Anleihe sich üblicherweise verändernden Umfeld der marktgängigen Verzinsung sich der Kurs /Preis unserer Anleihe entsprechend konträr verändert, woraus sich die „Umlaufrendite" als Benchmark ergibt. „Auf deutsch": Steigt der Zins im Lande an, fällt der Kurs der bereits im Besitz befindlichen Anleihe ab – und umgekehrt. Bei Anleihen, die ihren Zinssatz dem jeweiligen Zins-

umfeld periodisch regelmäßig anpassen (sogenannte „Floater";
diesmal aus dem englischen „floaten" = fließen; dahinter natürlich
wieder Latein: fluere = fließen), ist das etwas anderes: deren Kurse
„fließen" in der Regel jeweils zeitnah auf dem allgemeinen, aktuellen und vergleichbaren (laufzeitkongruenten) Zinsniveau und sind
in aller Regel vom kurzfristigen Geldmarktzinsniveau abhängig (an
Stelle des langfristigen Kapitalmarktzinsniveaus).

Um ein Wertpapier-Haus, das im Wesentlichen aus diesen beiden Anlagegattungen, Aktien und Anleihen, besteht, stabil zu strukturieren, sollte es
ausgewogen sein. Ausgewogen muss nicht heißen 50 Prozent Aktien : 50
Prozent Anleihen. Vielmehr sollte die Struktur des Wertpapier-Hauses
sowohl unsere mentale und finanzielle Risikofähigkeit als auch unseren
Ertragswunsch individuell und konsequent widerspiegeln (Anlegerprofil).
Wenn wir beispielsweise bei den Wertschwankungen von Aktien schnell
nervös werden, sollten wir den zweiten und dritten Stock unseres Wertpapier-Hauses überwiegend mit Anleihen bester Bonität stabilisieren – wenn
auch nicht ausschließlich. Denn ein gewisser Anteil von Aktien sorgt langfristig in der Regel für mehr Wertsteigerung als die „ruhigen" Anleihen
oder die Guthaben „nebenan" auf dem Sparkonto. Außerdem können ja
auch Anleihen Risiken enthalten, je nachdem welcher Bonitätsstufe sie
zugeordnet sind. Darüber hinaus kann sich die Finanzmarktkrise sogar
auch bei Anleihen bislang hoher Bonität „vergiftend" bemerkbar machen:
Nämlich dann, wenn die Anleiheinhaber, also wir Kunden, „an den Ret-
tungsaktionen für marode Kreditinstitute" und andere Firmen oder für
schwache öffentliche Hände (Staaten, Kommunen) beteiligt würden. Mit
anderen Worten: Der Wert der Anleihen könnte bei ihrer Rückzahlungsfäl-
ligkeit nicht mehr, wie üblich bei 100 Prozent des Nominalwerts („zu pa-
ri") liegen, sondern darunter. Allerdings wären die Folgen für den gesamten Finanzmarkt verheerend. Doch dies ist Spekulation, wenn auch eine
sehr ernst zu nehmende (vgl. dazu „Das Baumaterial").

Bleiben wir jedoch vorläufig in der „Normalität": Da übergewichten wir in
unserem Wertpapier-Haus den Aktienanteil, wenn wir auf langfristige
Wertsteigerung Wert legen und uns kurzfristige Kursschwankungen nicht
verunsichern. Dieser zeitliche Aspekt findet sich in der schon kennen ge-

lernten Formel wieder: 100 minus aktuelle Zahl der Lebensjahre = Aktien-anteil in Prozent. D. h.: wer jung ist und aller Voraussicht nach noch viele Jahre vor sich hat, um ein Wertpapierdepot aufzubauen oder zu nutzen, der kann und sollte den Aktienanteil entsprechend hoch fahren: z. B. 100 minus 30 (aktuelle Zahl der Lebensjahre) ergibt einen Aktienanteil von 70 Prozent im Depot. Und umgekehrt, wer bereits den Lebenshöhepunkt vermutlich überschritten hat, der wird sich den Schwankungen bei Aktien nicht mehr gerne aussetzen; seine Formel lautet beispielsweise: 100 minus 65 (aktuelle Zahl der Lebensjahre) ergibt einen Aktienanteil von 35 Pro-zent. Wer jünger ist als 55 Jahre, „Nerven wie Drahtseile" besitzt und das entsprechende finanzielle Polster auf dem Konto, der/die wird sich in be-grenztem Umfang auch nach Wertpapieren mit mehr „Spice" umsehen: seien es Aktien von kleineren, aber aufstrebenden Firmen, seien es hoch-verzinsliche Anleihen von Firmen, Ländern oder sonstigen Emittenten minderer Bonität, und damit das dritte Stockwerk bzw. das Dachgeschoss seines Wertpapier-Hauses bestücken. Doch aufgepasst: Die meisten Haus-brände beginnen im Dachboden!

Wir lassen uns dabei nicht von falschen Leitbildern verführen, die uns mit dem Aufruf „Beat the Market" glauben machen wollen, dass sie klüger sind als die Mehrheit der Marktteilnehmer und es mit höheren Gewinnen möglich ist, risikofrei „reich" zu werden. Natürlich ist eine antizyklische Investmentstrategie oft die richtige. Das heißt – wie schon der legendäre Baron Rothschild vor der Schlacht bei Waterloo (1815) verriet: *„Kaufen, wenn die Kanonen donnern!"* Er machte damals in der Tat ein Vermögen dadurch, dass sein Informationssystem (über Napoleons Niederlage) etwas schneller funktionierte als das anderer Medien und Konkurrenten. Mit anderen Worten: Wenn die Mehrzahl der Anleger einer Empfehlung folgt, sollte man das Gegenteil dazu tun. Man nennt das ein „antizyklisches Investmentverhalten".

Unabhängig davon gilt grundsätzlich für die Strukturierung des Wertpapier-Hauses das Prinzipien-Trio: Qualität, Diversifikation, Risikobewusstsein!

Gerade letzteres wird und wurde sowohl den Anlegern zum Verhängnis, wenn sie es ausblendeten und sich auf die Aussagen mancher Finanzberater blindlings verließen, als auch den Finanzinstituten selbst, wenn sie sich Renditeziele verordneten, die mit dem „gewöhnlichen" Bankgeschäft nicht zu erreichen waren. Viele Anleger, die ihre Anlagerisiken begrenzen oder ganz ausschließen wollen, setzen auf sogenannte Garantieprodukte; in der Regel offene Investmentfonds bzw. Zertifikate, deren Managements sich unterschiedlicher Absicherungsstrategien gegen Verluste bedienen, beispielsweise der Methode „CPPI" (Constant Proportion Portfolio Insurance). Dabei handelt es sich um eine sogenannte „dynamische Wertsicherung", d. h. die Absicherung von erreichten Kurszielen oder Renditen erfolgt nicht statisch, beispielsweise einmal im Jahr, sondern laufend. Gegebenenfalls berücksichtigt diese Form der Werterhaltung auch die persönlich-individuelle Lebenssituation des Anlegers, z. B. in Bezug auf sein zugenommenes Alter durch Umschichtung der volatilen Aktienanteile in stabilere Anleihen. Während der gesamten Laufzeit ist der Anleger gegenüber den Risiken aus Kursschwankungen nach unten abgesichert, nach oben steht ihm der Weg bei der Beteiligung an Kursgewinnen in begrenztem Umfang frei – allerdings nicht kosten-frei (dazu siehe auch Kapitel „Das Haus ohne Sorgen"). Denn Risikoimmunität bzw. Gewinngarantie ist nicht zum Nulltarif zu haben; die Absicherung kostet – wie bei jeder normalen Versicherung auch – Geld (Prämie), hier zu Lasten der Rendite. Für Anlagen mit einem relativ kurzen Anlagehorizont (etwa bis zu 7 Jahren) mag diese Strategie sinnvoll sein; für längerfristige Laufzeiten aber nicht unbedingt, denn die Kosten schlagen jedes Jahr zu Buche; die Erfahrung zeigt uns, dass gerade Aktien auf (sehr) lange Sicht (> 15 Jahre) gesehen in ihrer Performance den meisten Alternativanlagen in der Regel überlegen sind. Wie gesagt, wenn zumindest in einigen wirtschaftlich relevanten Teilen der Erde die Realwirtschaft mitmacht, wovon man jedoch ausgehen kann.

Zugegeben, das hört sich alles kompliziert an. Ist es auch. Aber nur für den oder die unter uns, der oder die für solche Maßnahmen zum Bau des Wertpapier-Hauses kein Interesse zeigt. Sollte er oder sie aber, denn diese Maßnahmen sind lernbar. Und dann sind sie nützlich.

Zu allen Zeiten, wenn Finanzkrisen die Anleger das Fürchten lehren, erwacht die fast schon magische Sehnsucht nach physischem Gold wieder zum Leben. Über Jahre hinweg, als es uns an den Kapitalmärkten gut ging, wurde diese unverzinste, „ultra-konservative" Anlageform von vielen spöttisch belächelt. Andere haben auch gelächelt – und sich mit gängigen Goldmünzen (z. B. „Krueger Rand", „Maple Leaf", „Vreneli" etc.) eingedeckt. Wieder andere versuchten den Spagat zwischen Sicherheit und Rendite und kauften Goldminen-Aktien oder Zertifikate auf Goldaktien- bzw. Edelmetallindizes. Letztere konnten über Jahre hinweg gut performen; doch im Fall von wirtschaftlichen Krisenzeiten, bei sinkender Edelmetallnachfrage, bleiben zumindest teilweise auch diese Papiere nicht von der allgemeinen Verkaufsstimmung verschont. Die Besitzer von physischem Gold hingegen können weiter lächeln: Hier hat die Realwirtschaft (das Gold) über die Finanzwirtschaft (Aktienkurse und Indizes) einen Sieg errungen. Deshalb gehört in jedes Depot auch ein kleiner Goldschatz. Am besten „im Keller" des Wertpapier-Hauses!

Baumaßnahme:

So, und nun kommen wir endlich zu der oben angekündigten speziellen Baumaßnahme für die langfristige Errichtung eines Wertpapier-Hauses. Statt Lotto-Spielen handelt es sich hierbei um *Ratensparen mit Aktienfonds (Fondssparplan)*

Warum *Aktien*? Weil sie im Langfristvergleich im Allgemeinen eine höhere Wertsteigerung zeigen, als es die Renditen von Anleihen tun. Und warum *Fonds*? Zum einen, weil ihnen das Prinzip des strukturierten Geldanlage, die Diversifikation, zugrunde liegt; zum anderen, weil wir Kunden angesichts der Komplexität der Wertpapiermärkte auf die Professionalität von Spezialisten angewiesen sind. Da nur wenige „ganz Reiche" in der Lage sind, ihr Geld zur Reduzierung einzelner Risiken in viele verschiedene Anlagegattungen („Eier") direkt zu investieren, wenden wir uns mit unseren bescheideneren Mitteln den Investmentgesellschaften für Publikumsfonds zu. Diese sammeln von zahlreichen weniger vermögenden Anlegern laufend kleine Geldbeträge – oft schon ab 50 Euro pro Monat – ein, die sich insgesamt freilich doch zu etlichen Millionen- oder Milliardenbeträgen summieren. Das Fondsmanagement investiert diese vielen Einzelbeträge in der Rechtsform des „Sondervermögens" und entsprechend den Investitionsrichtlinien der jeweiligen Fonds in die unterschiedlichen Anlagegattungen wie Aktien, Anleihen, auch Immobilien etc. – nach Arten gesondert oder in Mischformen. Die erforderliche Diversifizierung ist damit also in variabler Abstufung erreicht. Der Begriff „Sondervermögen" besagt, dass die Fondsanteile sich nicht im Eigentum der lediglich verwaltenden Fondsgesellschaft oder gar des agierenden Fondsmanagements, aber auch nicht im Besitz der Depot führenden Stelle (Depotbank) befinden, sondern ausschließlich in unserem Eigentum als Fondsanteilsinhaber. Diese Vermögensform ist juristisch wichtig, weil im Konkursfall eines der Beteiligten (Fondsgesellschaft, Fondsmanagement, Depotbank) für das Fondsvermögen eine Aussonderungspflicht besteht, die den Fondsanteilsinhaber vor Verlusten schützt.

Natürlich ist damit die Frage noch keineswegs beantwortet, ob denn die Diversifizierung in Form von Investmentfonds auch klug, d. h. auf die richtigen Einzeltitel, verteilt ist und damit auch vor Kursverlusten schützt. Das wiederum hängt von der Erfahrung, Kompetenz und Anlagestrategie des Fondsmanagements ab. Es stellt sich somit die neue Frage: Woher wissen wir, welche Fonds, welche Fondsmanagements, welche Fondgesellschaften die richtigen, die erfolgreichsten sind? Nun, auf diese Fragen gibt es in den Spezialmedien und Börsenbriefen viele – zu viele! – Antworten: in Form von „Rankings", mit Kurz- (1 Jahr), Mittel-(3 Jahre) und Langfristvergleichen (5 u. mehr Jahre), mit Jahres-Bestnoten usw. und natürlich mit zahlreichen „heißen Empfehlungen"! Kein Wunder, erlebte die Fondsindustrie in den vergangenen Jahrzehnten doch eine wahre Explosion an unterschiedlichsten neuen Produkten und entsprechender Nachfrage. Manchmal erscheint uns das Fondsangebot vergleichbar mit einem Parfümeriegeschäft: Für jede Kundin und jeden Kunden eine eigene, „ganz persönliche" (!) und „ganz spezielle" Duftnote – für jedes Anlagebedürfnis eine eigene Fondslösung. Dabei werden natürlich auch etliche „spezielle Bedürfnisse" erfunden, deren Befriedigung für die Verbraucher alles andere als nötig ist, geschweige denn „persönlich" zugeschnitten. Und manche längst bekannte Rezeptur wird in neuer Verpackung als aktuelles Highlight angeboten. Inzwischen erleben wir deshalb und aus Kosten-/Konkurrenzgründen bei einigen Investmentgesellschaften ein „Zurückschrumpfen" der Fondsvielfalt und eine Konzentration auf die wesentlichen Kunden-Nachfragen.

Also noch einmal: Wo bzw. wie finden wir heraus, in welchen Fonds unser Geld optimal angelegt ist? Wir haben 8 Kriterien, mit denen wir zur richtigen Fondsgesellschaft und zu dem passenden Fonds kommen können:

Die 8 Hauptkriterien bei der Auswahl des richtigen Fonds:

1. Wie lange besteht der Fonds am Markt?

2. Wie groß ist sein Wertvolumen (Net Asset Value – NAV)?

3. Wie sieht seine Performance-Historie aus?

4. Wie hoch ist/welche Ursachen hat seine Volatilität (Abweichung vom Durchschnitt)?

5. Welches Investmentkonzept hat das Management (Anlagerichtlinien, „Benchmark-Orientierung" oder „Absolute Return")?

6. Welches Standing hat die Fondsgesellschaft im Markt?

7. Wie groß ist die Transparenz bezüglich der Kosten?

8. Wie viel kostet gegebenenfalls die Garantie?

Ad 1: Je länger ein Fonds am Markt besteht, desto aussagekräftiger wird Frage 3 zu beantworten sein.

Ad 2: Ein kleinvolumiger Fonds (unter 100 Millionen Euro) kann u. U. zwar flexibler im Markt agieren als ein großvolumiger (über 100 Millionen Euro), da seine Investitionen kaum Preisverwerfungen bewirken; er ist aber oft kaum überlebensfähig, wenn ihm nicht genügend Finanzmittel zur Verfügung stehen, und darüber hinaus in der Verwaltung relativ zu teuer.

Ad 3: Die Performance-Historie gibt Auskunft darüber, wie sich der Fonds in der Vergangenheit „geschlagen" hat: wie erfolgreich er in Krisenzeiten abgeschnitten und wie deutlich er in seinem Verlauf über der durchschnittlichen Entwicklung vergleichbarer Konkurrenzfonds gelegen hat. Wichtig ist hierbei, die Anlageergebnisse und damit die Managementqualität nach unterschiedlichen Vergleichsperioden zu bewerten, in der Regel kurzfristig (1 Jahr), mittelfristig (3 Jahre) und langfristig (5 Jahre).

Ad 4: Die Volatilität (Schwankungsabweichung vom Schwankungsdurchschnitt) gibt Auskunft darüber, wie geschickt das Fondsmanagement Trends nach unten zu vermeiden und solche nach oben mitzunehmen versteht.

Ad 5: Das Investmentkonzept macht deutlich, welche Aufteilung (Diversifikation/Asset Allocation) dem Fonds zugrunde liegt und in welchen Märkten, Branchen und Firmen das Fondsmanagement investiert, mit welcher Risikobereitschaft es agiert – alles im Rahmen der allgemeinen Fondsreglements und der spezifischen Fondsstruktur, welchen Vergleichsmaßstab es anlegt („Benchmark") bzw. ob es ohne Benchmark auskommt, indem es nicht ein *relatives*, sondern ein *absolut* positives Anlageergebnis im Visier hat („Absolute Return").

Ad 6: Das Standing im Markt gibt Auskunft über die quantitative und qualitative Marktposition (Marktanteil, Renommee, Haftung /Patronatserklärung einer Muttergesellschaft).

Ad 7: Im Fondsprospekt und Jahresbericht müssen sämtliche Kosten (inkl. Depotbankgebühren) für den Kunden leicht erkennbar aufgeführt sein (die sogenannte „Total Expense Ratio" TER).

Ad 8: Garantiefonds müssen die diesbezüglichen Sonderkosten und Renditevergleiche deutlich machen.

Ausgehend von diesen Kriterien konzentrieren wir unsere Suche auf Fondsgesellschaften mit guter Marktposition (6); (lieber) auf großvolumigere Fonds (2) mit mehrjähriger und positiver Performancehistorie (1 und 3), klarem und nachvollziehbarem Investmentkonzept im Sinne der Diversifizierung (5), deutlicher Kostentransparenz (7 und 8), aber nicht unbedingt niedrigster Volatilität (4) – dazu vgl. unten: „Cost Average-Effekt". Die „Beipackzettel", welche von etlichen Banken bereits, und in Zukunft wohl von allen, über „die Risiken und Nebenwirkungen" der Fonds Auskunft geben (sollen), können als Orientierungshilfen dienen; noch wichtiger aber erscheint uns das persönliche Gespräch zwischen Kunden und Finanzberater – und natürlich dessen unterschriebenes Beratungsprotokoll.

Wer der Meinung ist – und die ist nicht abwegig – dass die Fondsmanager mit ihren aktiv gemanagten Investmentstrategien auch nicht besser, oder sogar schlechter abschneiden als der jeweilige Aktienindex, welcher ihrer Strategie als Vergleichsmaßstab zugrunde liegt, der kann es sich einfacher machen: Er investiert sein Geld nicht in einen aktiv gemanagten Aktienfonds, sondern in sogenannte Indexfonds, die ohne (großes) Management auskommen, da sie lediglich kongruent zum betreffenden Index zusammengesetzt sind. Ihre Wertentwicklung verläuft passiv-parallel zum betreffenden Index, und nicht besser, aber auch nicht schlechter. Einige solcher Indexfonds sind zudem an der Börse direkt handelbar (ETF: Exchange Traded Funds) – gemanagte Fonds hingegen in der Regel nur über die Fondsgesellschaft. Deshalb sind die Gebühren der ETFs wesentlich geringer und mit weniger/keinem Ausgabeaufschlag und Managementbeitrag zu haben als die üblichen Fonds der Fondsgesellschaften. Und last but not least: Weil ETFs laufend an der Börse gehandelt werden, bewegen sich ihre Kurse daher zeitnah analog zu den Marktbewegungen; gemanagte Fonds hingegen werden in ihrer Zusammensetzung nur einmal pro Tag von der Fondsgesellschaft „gepreist".

Wieder mal wird uns bewusst: Ein wenig Grundkenntnisse über Investmentfonds brauchen wir schon. Aber nur Mut: Wir sind ja auf bestem Wege!

Nachdem wir uns mit den Kriterien zur Auswahl des Anlagemediums, des Aktienfonds, beschäftigt haben, wenden wir uns nun der Baumaßnahme zu, mit deren Hilfe wir Aktienfonds so einsetzen, dass wir nach planvoller Bauphase das „Richtfest" unseres Wertpapier-Hauses begehen können. Diese Baumaßnahme eignet sich ebenso zur Altersvorsorge wie zur Erreichung anderer finanzieller Langfrist-Ziele. Drei Komponenten spielen dabei eine Rolle, die wir – falls wir sie noch nicht kennen – jetzt unbedingt kennen lernen, anwenden und konsequent durchhalten sollten:

1. Wiederanlage-Faktor (Zinseszins-Faktor),

2. Cost Average-Effekt (Durchschnittskostenvorteil),

3. Ablaufoptimierung (Gewinnsicherung).

Ad 1: Dass Zinsen neue Zinsen hervorbringen, wenn man sie wieder anlegt, ist klar. Klar ist auch – allerdings in der Realität von vielen Anlegern unterschätzt –, dass mit zunehmender Dauer einer Geldanlage die laufende „Produktion" von neuen Zinsen aus immer wieder angelegten Zinsen zu enormen Ergebnissen führt. Diese auf den **„Zinseszins-Faktor"** zurückzuführende Ertragssteigerung ist das „Erfolgsrezept" schlechthin! Wir dürfen es nicht nur nicht unterschätzen, wenn wir von einer durchschnittlichen Verzinsung von circa 2 bis 7 Prozent pro Jahr (je nach Anlageform und Risikobereitschaft) ausgehen, sondern wir müssen dieses Rezept, wenn es erfolgreich wirken soll, auch konsequent anwenden. Und das heißt: *Frühzeitig anfangen und zäh durchhalten!* Wir wollen freilich bei soviel Zuversicht auch nicht verschweigen, dass dieser als „Erfolgsrezept schlechthin" apostrophierte Wiederanlage-Faktor nur dann funktioniert, wenn auch die Realwirtschaft wächst. Das muss nicht (immer) vor unserer Haustür geschehen, und ist heute vermutlich auch eher in Ländern zu finden, die ihre alte „Schwelle" zu modernen Volkswirtschaften überschritten haben (u. a. Brasilien, Russland, Indien, China: „BRIC"). Das kann uns dazu motivieren, über die entsprechenden Investmentfonds dort zu investieren. Ein Szenario freilich, bei dem die komplette Weltwirtschaft im Strudel einer nachhaltigen Depression versinkt, wie es gelegentlich durchaus auch von ernst zu nehmenden Marktbeobachtern für möglich gehalten wird, macht auch dieses Patentrezept zur Makulatur. Alle anderen allerdings auch!

Ad 2: Wenn es um den Kauf von Konsumgütern des täglichen Bedarfs geht, schauen wir uns um, ob es gute Ware zu besonders günstigen Preisen gibt, und „schlagen zu", indem wir davon gegebenenfalls etwas mehr kaufen als wir kurzfristig benötigen, weil wir uns diese Preischance nicht entgehen lassen möchten. Natürlich dürfen wir nicht aus dem Auge verlieren, dass sich hinter manchen Sonderangeboten und „Schnäppchen" Bedingungen verbergen können, die wir eigentlich nicht gewollt haben. Und auch hinsichtlich der Qualität sollten wir dabei immer die Augen offen halten. Dies vorausgesetzt fragen wir uns: Warum verhalten wir uns bei Geldanlageprodukten doch so anders, ja konträr?! Wie oft beobachten wir, dass Aktien-/Fonds dann gekauft werden, wenn bereits alle Welt die Hände gierig danach ausstreckt und die Nachfrage die Kurse/Preise dementsprechend schon nach oben gehoben hat. Und umgekehrt ebenso: Wenn die Euphorie in Angst umgeschlagen ist, weil bestimmte Marktereignisse oder Meldungen und Ergebnisse nach unten zeigen und die Fondspreise dieser Richtung bereits nachfolgen, dann wird verkauft. Wir nennen das ein „zyklisches Verhalten".

Nun gibt es zwar rationale, computerprogrammierte Investmentprogramme, die auch eine zyklische Strategie (manchmal erfolgreicher als die „gemanagten" Programme) anwenden (Trendfolgesystem), allerdings mit klaren Kauflimits bei steigenden Kurstrends und engen Verkauflimits bei sinkenden, so dass sich die Verluste in Grenzen halten. Private Anleger entscheiden jedoch meist weniger diszipliniert, sondern „aus dem Bauch" heraus. Und das heißt dann, sie lassen sich einerseits bei steigenden Börsenkursen zu Gier, andererseits bei fallenden Werten zu Angst hinreißen. Beides „frisst Hirn" – wie es die Börse satirisch formuliert. Und auch hier sei an das Eingangskapitel erinnert, in dem skizziert wurde, wie das „Dreigespann" von Kopf, Herz und Hand nicht immer harmonisch zusammenwirkt, ja meist Verwirrung stiftet.

Was macht nun der **„Cost Average-Effekt"** anders und besser? Er verhält sich rational *antizyklisch*. D. h. in Zeiten, in denen die Preise für Aktienfonds niedrig sind, kaufen wir mehr Aktienfondsanteile als in Zeiten, in denen die Nachfrage ihren Preis bereits nach oben getrieben hat. Wir können oder wollen freilich nicht jeden Tag entscheiden, ob heute die Aktienfonds preiswert („Buy") oder ob sie teuer („Sell") sind; und auch den besten Profis gelingt das beste „Timing" nicht. Diesen Informations- und Entscheidungsmangel können wir ausgleichen, indem wir unabhängig vom punktgenauen Timing in regelmäßiger Folge Aktienfonds kaufen, beispielsweise monatlich oder vierteljährlich; und indem wir jedes Mal, also regelmäßig, die (möglichst) gleiche Summe dafür einsetzen. Mit dieser Methode erreichen wir den Vorteil eines langfristigen Preis- oder Kosten-Durchschnitts: den Cost Average-Effekt. Er verlangt uns in der Regel weniger Geldeinsatz ab als wir aller Erfahrung nach im Falle eines Investierens in einzelne Aktien zum „besten" Zeitpunkt aufbringen müssten. So können bei vielen Publikums-Aktienfonds solche regelmäßigen Fondssparpläne bereits mit Beträgen ab 50 Euro pro Monat „befeuert" werden.

Wir wollen nicht verschweigen, dass der Cost Average-Effekt teilweise auch mit Skepsis beurteilt wird. Unter der Headline *„Stumpfe Wunderwaffe der Fondssparpläne"* in der Financial Times Deutschland vom 24.03.2009 berichtet Brigitte Watermann über die Kritik des Finanzexperten Niels Neuhauser an der Hervorhebung der Vorzüge des Cost Average-Effekts durch die Deutsche Bank. Seine Begründung: *„Wenn über einen langen Zeitraum Geld in einen Fondssparplan investiert wird, sammelt sich immer mehr Kapital an, das den Schwankungen der Anteilspreise ausgesetzt ist. Das bedeutet, dass der einzelnen Sparrate im Vergleich zum angesammelten Kapital eine immer geringere Bedeutung zukommt. Daher nimmt der Diversifikationseffekt durch die Streuung des Anlagebetrags über die Zeit mit zunehmender Laufzeit eines Sparplans ... immer weiter ab. Das heißt, das angesparte Vermögen verhält sich immer mehr so, als sei das Geld auf einen Schlag investiert worden."* Diesem kontraproduktiven Trend kann man jedoch zumindest zum Teil dadurch begegnen, dass man mit zunehmender Ansparlaufzeit und Ansparvolumen die regelmäßige Sparrate sukzessive erhöht, womit sich das Gewicht der alten „trägen" Sparanteile im Gesamtsparplan verringert und der beabsichtigte Kostendurchschnittseffekt sich wieder mehr durchsetzt. Doch abgesehen von diesen Feinheiten – *„Einen Vorteil weisen die Sparpläne auf jeden Fall auf – nämlich einen psychologischen: Sie disziplinieren dazu, regelmäßig Geld zurückzulegen. Mit der Folge, dass auf Dauer doch mehr Geld auf der hohen Kante liegt, ganz einfach, weil regelmäßig gespart wurde....".* Soweit also diese zum Schluss noch versöhnliche Gegenstimme zum Fondssparen.

Was wir am Ende des „Ad 1" zum Wiederanlage-Faktor (vorsichtshalber) angemerkt haben, das gilt auch für dieses „Ad 2", den Cost Average-Effekt: Denn wenn die Weltwirtschaft bzw. die ausgesuchte Investmentregion sich über die gesamte Laufzeit nur verschlechtert und sich unser Investment parallel dazu bewegt, dann allerdings nutzt uns auch der ausgefeilteste Aktiensparplan nichts. Aber dann gibt es ja sowieso keinen Cost Average-Effekt, sondern ein „Melting down Syndrom".

In einer ganz bestimmten Phase dieses „up and down" der Märkte sollte die Richtung allerdings keinesfalls nach unten weisen, nämlich dann, wenn wir uns aus dem Aktienfonds-Investment verabschieden, also am Ende unserer Sparstrecke. Darüber nun:

Ad 3: Wenn wir die Methodik des Cost Average-Effekts bedenken und uns vorstellen, wann unsere Sparleistung endet, um ihrem Sparzweck zugeführt zu werden, dann kommt es darauf an, dass wir das nicht gerade in einer Phase vornehmen, in der die Aktienfondsanteile „im Keller" sind

(Baisse). Wir wollen ja die Ertrags-Performance infolge des Wiederanlage-Faktors und des Cost Average-Effekts der vorangegangenen Jahre nicht verlieren. Erfahrungsgemäß dauern Phasen, in denen Aktien und ihre Fonds im Wert sinken können, maximal rund drei Jahre. Danach haben sich die Märkte meist wieder erholt und ihre Tendenz weist nach oben. Doch woher können wir vorher wissen, wann die Märkte nach oben oder nach unten drehen? Solange wir die Cost Average-Methode angewendet haben, waren solche Schwankungen vorteilhaft; aber jetzt, wo wir das Geld brauchen – wie können wir uns die langfristig gewonnenen Steigerungen nachhaltig sichern? Die Antwort darauf liegt in der „**Ablaufoptimierung**".

Sie besagt, dass wir etwa vier bis drei Jahre vor Ablauf unserer Sparphase, also vor dem Termin, an dem wir das Sparergebnis voraussichtlich liquidieren, die Erfolgs-Performance unseres Aktienfonds-Sparplans genau ansehen. Wir lassen uns errechnen, welche Wertsteigerung bzw. Rendite bis dato herausgekommen ist. Und je nachdem, wie positiv dieses Ergebnis ist und uns zufrieden stellt, beginnen wir mit dem sukzessiven Verkauf der Aktienfondsanteile und dem gleichzeitigen Kauf von Fondsanteilen mit Anleihen einwandfreier Schuldner (oder von sonstigen schwankungsarmen Geldanlagegattungen). Wir „switchen" (engl. switch = drehen; kein Latein!) also unser Geld (möglichst kostenneutral!) Zug um Zug aus der stürmischen See der Aktienmärkte in den sicheren Hafen der Spareinlagen- und Anleihemärkte. Für dieses Umtauschmanöver, das wir Ablaufoptimierung nennen, weil es den Ablauf unseres Sparplans vor Wertverlusten bewahren – optimieren – kann, benötigen wir also Zeit. Wie gesagt, durchschnittlich etwa 4 bis 3 Jahre oder auch weniger. Diesen Zeitfaktor sollten wir stets bedenken, wenn wir unsere Ziele und Wünsche, also den Zweck unserer Sparanstrengungen, stressfrei finanzieren und realisieren wollen.

Zur Nutzung unseres angesparten Geldvermögens – beispielswiese als zusätzliche Privatrente – können wir beispielsweise in einem **Entnahmeplan** regelmäßig (monatlich) eine begrenzte Stückzahl von Anleihefondsanteilen liquidieren, um damit unseren Lebensstandard mitzufinanzieren; oder wir trennen uns für die Bezahlung größerer Anschaffungen von einer entsprechend größeren Menge oder gar von allen Fondsanteilen. Oder wir legen unser Sparergebnis wiederum in Wertpapieren an und bauen uns oder unseren Kindern etc. ein neues Wertpapier-Haus.

Wir haben uns bei der Behandlung der Strukturierung und der Baumaßnahmen für das Wertpapier-Haus hier ganz bewusst lediglich auf die beiden Bausteine: *Aktien* und *Anleihen* bzw. ihre Einbettung in Investmentfonds, konzentriert. Der Grund dafür liegt in der Tatsache, dass diese beiden die wichtigsten, die Basis-Bausteine, sind – neben den Sparguthaben,
deren Erklärungsbedarf freilich gering ist. Ein zusätzliches Eingehen auf
andere Anlagegattungen oder auf die nur von diesen beiden Anlagegattungen abgeleiteten Produkte (Derivate), geschweige denn auf das gesamte
breite Angebot von Instrumenten am Kapital- und Finanzmarkt, würde
nicht nur den geplanten Umfang dieses Buches sprengen, sondern vor
allem auch seine Absicht verfehlen. Denn wie eingangs geschrieben: Es
will weder ein „Nachschlagewerk" noch ein „Tippgeber" sein, sondern das
Anlagebewusstsein bei Finanzberatern und Kunden wecken und stärken
und beide zu gemeinsamer Verantwortung zusammenzuführen.

„Die Kunden wollen eine bessere Beratung", titelt die Süddeutsche Zeitung vom
14.04.2009 (S. 21) und lässt in dem darunter stehenden Artikel den für das
Privatkundengeschäft zuständigen Vorstand der Commerzbank (Achim
Kassow) ausführen, *„man habe zu oft Renditeberatung statt Anlageberatung
geleistet"*. Um das zum Teil verloren gegangene Vertrauen vieler Kunden in
die Beratungsqualität des Finanzsektors wieder herzustellen und zu stärken,
habe seine Bank damit begonnen, zusammen mit einem „Kundenbeirat"
Qualitätsstandards für die Beratung zu entwickeln. *„Wir wissen aus Umfragen, dass rund 30 Prozent der Bankkunden nach einem Beratungsgespräch mit dem
Gefühl die Bank verlassen, dass sie nicht alles verstanden haben. Aber die Hälfte von
ihnen würde nicht nachfragen."* Vielleicht wird diese „schüchterne" Zurückhaltung auch dadurch verstärkt, dass zwischen Kunden und Finanzberatern
kein belastbares Vertrauensverhältnis besteht. Doch der Wunsch dafür ist
vorhanden. So haben Gespräche mit dem Kundenbeirat gezeigt, *„dass die
Kunden vor allem mehr Kontinuität in der Beziehung zwischen Kunde und Berater
wollen."* Genau das ist der Punkt, um den das ganze hier vorliegende Buch
mit seiner Metapher vom „Gemeinsamen Haus" kreist: Dieses von vielen
Kunden (wie übrigens auch von vielen Finanzberatern!) gewünschte Vertrauensverhältnis kann nur dann entstehen, wenn

1. die Kunden bereit sind, ihre Kenntnisse über die Materie ihrer Beratung,
    also den Finanzmarkt und seine Instrumente, so zu verbessern, dass sie
    als Gesprächspartner von den Finanzberatern respektiert werden,

2. die Finanzberater die Beratungsbedürfnisse ihrer Kunden erkennen,
    deren Interessen weitgehend zu den ihren machen, mit den Kunden
    respektvoll und verständlich kommunizieren und schließlich anleger-
    und anlagegerecht beraten.

Was diesen Wunsch nach Verbesserung des Vertrauensverhältnisses durch
mehr Beziehungskontinuität und einer gemeinsamen „Sprache" betrifft, so
sei hier noch angemerkt, dass sich die Finanzinstitute schon seit geraumer
Zeit bemühen, ihre Kunden durch Informationsveranstaltungen und spezielle Events stärker an sich zu binden. Im Grundsatz ist das der richtige
Weg. Wir bezeichnen das als „Kommunikationsmarketing". Allerdings
müssen wir bei solchen Veranstaltungen häufig die Beobachtung machen,
dass dabei nicht wirklich „kommuniziert" wird: Die Bank-Mitarbeiter
stehen beim Empfang oder nach dem informativen Veranstaltungsteil in
vielen Fällen in Gruppen für sich und überlassen die Kunden den wenigen
„mutigen" oder „routinierten" Kollegen im gesellschaftlichen oder fachlichen Gespräch. Wie soll man sich da näher kommen?! Ohne ein gewisses
Maß an „Lust auf Gespräche" und Kontaktfreudigkeit ist die professio-
nellste Kompetenz wenig wert, weil sie nicht ankommt! Aber das gilt nicht
allein für die Seite der Berater. Auch wir Kunden tun gut daran, wenn wir
die Angebote an Informationsveranstaltungen der Finanz- und Versiche-
rungsbranche auch annehmen und nicht gleich von vornherein als lästige
Reklame-Events zurückweisen. Denn da bieten sich häufig die besten Gelegenheiten, mit den Beratern in einen persönlicheren Kontakt zu kommen
und jenes Vertrauensverhältnis selbst mit aufzubauen, das es uns ermöglicht, bei Unklarheiten ohne Scheu nachzufragen, statt mit halbem Wissen
und schlechtem Gewissen das Beratungsgespräch zu verlassen. Und außerdem: Wie oft müssen Finanzberater im mobilen Einsatz die deprimie-
rende Erfahrung machen, dass wir Kunden bereits bei dem Wort „Finanz...." die „Schotten dicht machen" und das Gespräch abwürgen, ohne
abzuwarten, ob es nicht vielleicht doch ganz nützlich wäre (abgesehen von
der Höflichkeit). Vorurteile und Interesselosigkeit von unserer Kundensei-
te sind die Voraussetzungen dafür, dass wir nicht erfolgreich zusammenarbeiten und auch die besten Baumaßnahmen nur zu einer „Wertpapier-
Ruine" führen. – Soweit unsere Meinung zum Thema „Vertrauensbildende
Maßnahmen".

Zu Beginn dieses Kapitels machten wir uns klar, dass unser Wertpapier-Haus lediglich ein Teil des Ganzen ist, welches wir unter dem Begriff „Vermögen" subsumieren. Für die meisten unter uns ist das reale Haus, die Immobile, der wesentliche und existenzielle Vermögensbestandteil, womit wir uns im nächsten Kapitel beschäftigen. Zur Finanzierung eines Immobilien-Erwerbs bzw. -Baus, ist neben Immobilienkrediten auch eine bestimmte Quote an Eigenkapital erforderlich. Dieses können wir zur Verfügung stellen, indem wir beispielsweise jenes Haus in die Finanzierung einbringen, das wir in diesem Kapitel begutachtet haben, das **Wertpapier-Haus.**

5   Das „Wohn-Haus"

Geldanlage in der Realwirtschaft.

Ganz oben auf der Skala unserer Wünsche und Ziele steht das eigene Heim! Wirklich? Warum ist dann die Eigenheimquote in Deutschland mit 43 Prozent der Bevölkerung im Vergleich zum europäischen Durchschnitt (65 Prozent) so bescheiden (England und Spanien sogar über 80 Prozent!). Einer der Gründe dafür ist gewiss in den relativ hohen Baukosten (weil hohen Bau-Qualitätsstandards) zu suchen, die auch mit der früheren Eigenheimzulage und der jetzigen Wohn-Riester-Förderung nicht so ohne weiteres finanzierbar zu sein scheinen. Nichts desto trotz, die meisten Menschen wünschen sich ein Leben in den eigenen vier Wänden und sie verbinden damit die Vorstellung von Unabhängigkeit und existenzieller Sicherheit, insbesondere im Alter. Wir erleben im Eigenheim unsere individuelle Lebensqualität und Behaglichkeit. „My Home is my Castle" bringt diese Vorstellungen recht treffend zum Ausdruck.

Doch manche verstehen das mit dem „Castle" zu wörtlich und träumen von einem überdimensionierten Wohn-Haus, das sie auf Dauer nicht nur schwer oder überhaupt nicht finanzieren können, sondern meist auch gar nicht brauchen. Insbesondere dann, wenn die Familiengröße nach dem Flüggewerden der Kinder auf das Elternpaar oder im Alter sogar nur auf einen Elternteil zurück schrumpft. Das Zusammenwohnen mehrerer Generationen unter einem Dach, wie es früher besonders auf dem Land üblich war (und selten auch noch ist), hat in unserer Gesellschaftsstruktur zugunsten von Singlehaushalten (insbesondere in den Städten) stark abgenommen. Es könnte allerdings gegebenenfalls wieder in Mode kommen und zunehmen, wenn unsere finanziellen Verhältnisse infolge von Wirtschaftskrise und zunehmender Arbeitslosigkeit uns zum Zusammenrücken zu familiären „Wirtschaftsgemeinschaften" veranlassen sollten.

Ob der Markt für *neu gebaute* Eigenheime nach Jahren der Stagnation in Kürze wieder wachsen wird, ist angesichts der rückläufigen Bevölkerungsentwicklung in Deutschland fraglich. Fraglos hingegen ist der Trend zu Immobilienrenovierungen, insbesondere hinsichtlich des Energieverbrauchs bzw. Energiesparpotenzials. Auch regional bestehen Unterschiede, wenn wir die bevorzugten und teuren Zuzugsregionen in Süddeutschland mit manchen alles andere als „blühenden Landschaften" in Nord- und Ostdeutschland vergleichen, wo das Preisniveau für Immobilien infolge hoher Abwanderungsraten stagniert oder sinkt, die Leerstandsrate hingegen steigt. Die Nachfrage nach Wohn- (wie auch Gewerbe-) immobilien zeigt also beachtenswerte Differenzen. Darüber hinaus wird es infolge des auf mehr Mobilität ausgerichteten Arbeitsmarktes für junge Menschen immer schwieriger werden, ihre berufliche Entwicklung mit einer stabilen Wohnortplanung in Einklang zu bringen (s. Kapitel „Generationensolidarität").

Und dennoch: Die persönliche und privat genutzte Immobilie macht Sinn, nicht nur wegen des Lebensgefühls, sondern weil sie eine werthaltige Investition in der Realwirtschaft darstellt und in vielen Fällen auch als Altersvorsorge ihren Stellenwert hat. Allerdings gilt diese Aussage nur unter Beachtung von ganz entscheidenden Kriterien: Die „Goldene Regel" für die Auswahl der richtigen Immobilie sowohl in regionaler wie in lokaler Hinsicht lautet gleichermaßen: „Lage, Lage, Lage"!

Konkret heißt das: Wir achten bei der selbst genutzten Wohnimmobilie darauf,

- dass sich die Lage in einem Umfeld befindet, das unseren Lebensvorstellungen entspricht: Citylage, Ortsrandlage, ländliche Lage usw. Jedenfalls nicht nahe an gewerblichen Immobilien und Anlagen, die unsere Wohn- und Lebensqualität (Luft, Lärm usw.) beeinträchtigen;

- dass die Immobilie gegebenenfalls mindestens ohne Wertverlust wieder verkauft werden kann, weil sie sich in einer nachgefragten Wohnlage befindet, bzw. dass sie gut vermietbar ist;

- dass sich die Immobilienlage nicht zwangsweise am *gegenwärtigen* Arbeitsplatz befinden muss, da sich die Arbeitsverhältnisse zunehmend mobiler und flexibler entwickeln.

In Zeiten, in denen manche risikobefrachteten Werte aus der Finanzwirtschaft im „Wertpapier-Haus" zusammenschmelzen, findet diese Form der Geldanlage in der Realwirtschaft zu einer neuen Renaissance. Denn Immobilienanlagen korrelieren – sehen wir von der verhängnisvollen Kombination der Immobilien- und Finanzkrise in den USA (2007–2009) einmal ab – in der Regel wenig oder sogar in gegenläufiger Richtung zu etlichen Anlagegattungen aus der Finanzwirtschaft. Private Immobilien gelten als inflationsresistent, was gerade für uns Deutsche aufgrund unserer Inflationshistorie ein besonders vernehmbares Argument ist. Und insgesamt sind wir Deutsche nicht ein so geldaktives und kaufmännisch orientiertes Volk wie beispielsweise die Niederländer oder die Briten infolge ihrer kaufmännisch-maritimen geschichtlichen Prägung als die „Global Player" der Neuzeit. Wir Deutschen geben der Geldanlage mit realwirtschaftlicher Bodenhaftung den Vorzug vor den Formen der Geldanlage in der Finanzwirtschaft, wenn wir mal von den konventionellen Spareinlagen absehen. Ja, wir lieben es handfest: „Sachwert schlägt Geldwert!" – und vergessen bei unserer Fokussierung auf die Immobile freilich, dass auch die Aktie eine Sachwert-Anlage ist; aber das nur nebenbei.

Dieser Slogan hat freilich manches für sich. Denn bei einer Immobilie, sei sie nun selbst bewohnt, oder sei sie vermietet, ist zwar die Rendite in der Regel nicht so hoch wie bei den meisten alternativen Anlagen in der Finanzwirtschaft; doch ist die Wertbeständigkeit gewöhnlich stabiler als die von Finanzanlagen. Allerdings sollten wir nicht vergessen, dass in Zeiten eines wirtschaftlichen Niedergangs auf breiter Front schließlich auch die Immobilienmärkte (nicht so heftig wie Aktien) ins Wanken geraten können, indem zum einen die Preise von Gewerbeobjekten infolge sinkender Auslastung und Nachfrage, zum anderen die Preise von privat genutzten Wohnimmobilien infolge sinkender oder fehlender Arbeitseinkommen in Teilen der Bevölkerung abschmelzen. Die USA lassen grüßen, Spanien und Osteuropa auch! Das Szenario einer solchen nachhaltigen Wirtschaftskrise mit depressiven Folgen auch für den Immobilienmarkt wurde im Frühjahr 2009 von Sachverständigen (insbesondere außerhalb Deutschlands) wie ein Menetekel an die Wände der Prognosen gezeichnet. Wir wollen gleichwohl nüchtern und positiv bleiben. Und das heißt: Immobilien finanzieren mit Augenmaß, Immobiliendarlehen plangemäß zurückführen – ohne Spekulation darauf, dass eine wachsende Inflation uns diese Arbeit indirekt abnimmt, wie dies in den 20er Jahren im vorigen Jahrhundert auf besonders rapide Art und Weise geschah. Und vielleicht bald wieder geschehen könnte.

Die Finanzierung des Erwerbs bzw. Baus einer Immobilie muss kein undurchschaubares Buch mit sieben Siegeln sein, wie es freilich für nicht wenige von uns zu sein scheint. Aber ein einfacher Spaziergang durch den Finanzierungs-SB-Markt ist sie auch nicht. Vielmehr erfordert sie von Seiten des Bau-/Kaufwilligen eine planungsaktive und systematische Vorgehensweise, denn schließlich ist eine Bau-/Kauffinanzierung kein „Nebenbei-Geschäft", weder hinsichtlich ihrer Häufigkeit im Leben, noch im Hinblick auf ihr Volumen. Viele von uns machen den Fehler, dass sie – ganz versunken in der sinnlichen Wahrnehmung ihrer Traumimmobilie – zuerst intensiv mit dem Bauplan beginnen und sich schon ausmalen, wie der Bau wächst und wächst und am Ende bezugsfertig dasteht. Und sie beginnen erst danach – in mühevoller Versenkung in die abstrakte Welt der Zahlen – mit der Erstellung des Bau-Finanzplans. Doch genau anders herum, oder jedenfalls parallel, wäre es richtig! Die erste Frage sollte lauten: Wie stark ist meine Finanzierungskraft? Danach die zweite Frage: Wie viel Immobilie bekomme ich dafür? Von Seiten der Finanzberatung sollte auf alle Fälle zuerst die Analyse des Finanzierungssubjekts – des Kunden – seines Vermögens, Einkommens, seiner Lebensphase und familiären Situation stehen, um seine Finanzierungskraft realistisch beurteilen zu können; sei es um die Selbstbeurteilung des Kunden zu korrigieren, sei es um sie zu bestätigen. Und in einem zweiten Schritt muss das Finanzierungsobjekt – die Immobilie – analysiert werden, hinsichtlich seiner Werthaltigkeit im Vergleich mit ähnlichen Objekten, hinsichtlich der Lage, der Bausubstanz, des Preises, der Nutzungsdauer und -art etc. Wenn beide – Finanzierungssubjekt und Finanzierungsobjekt – miteinander kompatibel sind, das Ganze also Sinn macht, dann erst beginnt der dritte Schritt, die individuelle Finanzierungskonzeption.

Diese besteht in der Regel nicht aus einem einzigen „Stein der Weisen", sondern aus mehreren, unterschiedlichen Finanzierungsbausteinen. Hier seien nur die wichtigsten aufgezählt, ohne Rangfolge bzw. Bewertung. Das Ziel der individuellen Kombination von Bausteinen heißt: *Machbarkeit*. Nichts ist nämlich schlimmer, als wenn eine Immobilienfinanzierung auf halbem Wege stecken bleibt, weil der Finanz-Routenplaner versagt hat.

Der wichtigste Finanzierungsbaustein, bildlich gesprochen der „Schluss-stein", ist das eigene Finanzkapital (Eigenkapital: EK); es sollte rund 20 Prozent der veranschlagten Gesamtfinanzierungssumme ausmachen; schon deshalb, um von den Kreditinstituten eine angemessen konditionierte Fremdfinanzierung zu bekommen, die bei einer höheren Fremdkapital- und damit Risikoquote aus Sicht der Bank entsprechend teurer wäre. Man-cherorts, insbesondere auf dem Lande, bzw. bei Bauherren, die über eigene oder aus dem Verwandtschafts- und Freundeskreis verfügbare handwerk-liche Fertigkeiten oder Sachmittel verfügen, wird gerne das handwerkliche Eigenleistungspotenzial mit finanziellem Eigenkapital gleichgesetzt. Dies ist gefährlich! Denn es führt in nahezu allen Fällen zur Selbst-Über-schätzung und zur Vernachlässigung von Risiken, die mit der eigenen Leistungsfähigkeit verbunden sind (s. dazu Thema Berufs- und Erwerbs-unfähigkeit im Kapitel „Verlierer"). Es ist schön und von Vorteil, wenn man selbst und/oder aus dem Freundes- und Verwandtenkreis handfeste Hilfe beim Bau des Eigenheims bekommt; aber als Finanzierungsbaustein sollte man das nur sehr bedingt, besser überhaupt nicht in Rechnung stel-len. Und wenn man es dennoch tut – und mit Einverständnis der Bank – , dann sollte diese materielle bzw. muskulöse Eigenleistung auch finanziell abgebildet werden. Das heißt als Kapital zuzüglich Verzinsung in die Haushaltsbelastung rechnerisch einfließen.

Fast keine Immobilienfinanzierung kommt ohne Hypothekendarlehen aus. Sie ist sozusagen das Fundament der Finanzierungsbausteine. Ihre Grö-ßenordnung liegt in der Regel zwischen 70 und 80 Prozent des geschätzten Objektwertes, sehr selten auch darüber. Hypothekendarlehen werden im Grundbuch (3. Abt.) zugunsten der finanzierenden Bank in der Regel an erster Rangfolge eingetragen, zuzüglich veranschlagter Verzinsung, die weit über dem Niveau der tatsächlichen Darlehenszinsen liegen – aus kal-kulatorischen Sicherheitsgründen der Bank. Die Eintragung solcher Grundschulden sowie ihre spätere Wieder-Löschung, sofern der Kredit vollständig abbezahlt ist, kostet Geld, und nicht zu knapp. Daher empfiehlt es sich als Alternative, dass der Immobilieneigentümer die erstrangige Grundschuld auf seine eigene Person eintragen lässt (sogenannte Eigentü-mer-Briefgrundschuld) und diese sodann – ohne weitere oder mit deutlich geringeren Kosten – an die Kredit gewährende Bank abtritt. Nach der Til-gung gibt die Bank diese Grundschuld zugunsten des Eigentümers wieder frei, der damit machen kann, was er möchte, aber eine kostenpflichtige

Austragung (Löschung) aus dem Grundbuch nicht notwendigerweise vornehmen muss. Er bleibt somit sein eigener Gläubiger. Dieses Modell wird nur noch relativ selten umgesetzt, einfach weil es zu wenig bekannt ist und von Seiten der Banken aus nachvollziehbarem Eigeninteresse nicht propagiert wird.

Neben bzw. rangrechtlich *nach* diesen Hypothekendarlehen gibt es weitere Darlehensformen, die beispielsweise über Lebensversicherungsauszahlungen oder sonstige geplante Finanzströme abgewickelt werden. Alle Darlehensformen können verschiedene Tilgungsvarianten aufweisen: Annuitätendarlehen werden in einer fixierten Ratensumme zurückgezahlt, in welcher ein Tilgungsanteil und ein Zinsanteil enthalten sind; im Verlauf der Rückzahlung sinkt innerhalb des Fixbetrages der Anteil der Verzinsung, während der Tilgungsanteil steigt. Das „reine" Tilgungsdarlehen hingegen besteht aus einem über die gesamte Tilgungslaufzeit gleich bleibenden Tilgungs- und einem sinkenden Verzinsungsbetrag. Endfälligkeitsdarlehen werden – wie der Name schon erwarten lässt – erst bei Ende der vereinbarten Darlehenslaufzeit in einer Summe komplett getilgt, oder auch nur teilgetilgt, ein anderer Teil wird verlängert („prolongiert"); für solche Tilgungen eignen sich besonders gut Lebens- und ähnliche Versicherungsleistungen, Abfindungen oder Erbschaften. Häufig laufen parallel zu diesen Endfälligkeitsdarlehen zeitkongruente Sparpläne bzw. (fondsgebundene) Lebensversicherungen als Tilgungsaufbau. Diese Kombination wird gerne von Banken und Versicherungen (oft „unter einem Dach") propagiert und erfreut sich großen Zuspruchs, ist allerdings unter Kostenaspekten doch gründlich zu überprüfen.

Was jedoch weniger verbreitet ist, vermutlich infolge der Zurückhaltung von Seiten der Kreditinstitute wegen des damit verbundenen Arbeitsaufwandes und des geringen Zinsnutzens, sind jene Darlehen, die (auch private) Immobilienfinanzierer als staatliche Unterstützung beantragen können (KfW-Darlehen), beispielsweise für energetische Baumaßnahmen. Sich darum erfolgreich zu kümmern, erfordert Zeit, Geduld und Kenntnisse; doch diese Mühe macht sich bezahlt. Denn die Kostenersparnis beim Energieaufwand lässt sich beispielsweise bequem und „unmerklich" in eine staatlich geförderte Altersvorsorge transformieren: Wer Energiekosten spart, hat mehr vom Leben! *„Be*wusst – wie"!

Sowohl die altbekannten, aber nicht immer renditegünstigen Bausparver-
träge, als auch die seit 2008 heftig beworbenen Wohn-Riester-Verträge
werden als zwei ergänzende Finanzierungsbausteine verwendet. Im Mittelpunkt des Finanzierungssystems sollten und können sie aber nicht stehen. Bei bereits bestehenden Bausparverträgen macht ihr Einsatz natürlich
Sinn; die sind nun einmal schon abgeschlossen. Neuverträge sollten jedoch
wohl bedacht werden: zum einen hinsichtlich der prognostizierten Zuver-
lässigkeit bei der Zuteilung, zum anderen bezüglich der Rückzahlungsmodalitäten (oft führen kurze Tilgungslaufzeiten eine hohe Annuitätsbelas-
tung nach sich). Was den „Wohn-Riester" betrifft, so lohnt auch er sich –
wie alle Riesterverträge überhaupt – infolge der staatlichen Förderungen
und Zulagen. Doch stehen den staatlichen Subventionen auch staatliche
Bedingungen (zum Beispiel bzgl. der Besitzdauer der Immobilie nach Beendigung der Wohn-Riester-Finanzierung) entgegen, die diese Finanzierungsform wieder fragwürdig erscheinen lassen können – sofern man
darüber aufgeklärt wurde.

Was bei vielen Finanzierungskunden und Finanzberatern ganz besonders
im Mittelpunkt ihrer Überlegungen und im Vordergrund ihrer Verhandlungen steht, das ist die *Zinshöhe* der Kredite. So verständlich die Bemühungen um niedrige Finanzierungskosten auch sind, so falsch herum wird
das oft angegangen. Hier nur ein wichtiger Hinweis: Erst die von der Bank
bzw. vom Finanzberater bestätigte computer-unterstützte *Verlaufsrechnung*
der Kredittilgungen und Zinszahlungen über die gesamte Laufzeit zeigt
die wahre Belastung, die echten Kosten, von der Kreditaufnahme bis zur
Endtilgung. Dazu zu rechnen sind die Nebenkosten, die nicht von der
Bank eingezogen werden (Notar, Grundbucheintragung, Makler etc.).
Sogenannte Effektivzinsangaben (von Nominal-Niedrigzinsangeboten
ganz zu schweigen) verbergen vielfach weitere mit dem Kreditvertrag
zusammenhängende Kosten (z. B. Provisionen), die das gesamte Finanzie-
rungsvolumen verteuern. Alles in allem gilt bei Immobilienfinanzierungen
(ähnlich wie bei gewerblichen Investitionskrediten) allerdings: „Die Strategie ist wichtiger als der Zins", wie Volker Looman in der Frankfurter Allgemeinen Zeitung vom 21.11.2009 in seinem lesenswerten Artikel erläutert.
Loomans Schlussfolgerung: *„Daher verhandeln Fachleute* [unter den Finan-
zierungskunden] *mit Banken nicht über Nominalzinsen, sondern über Margen."*
Erst aufgrund solcher Verhandlungsergebnisse lassen sich die Zinssätze
bestimmen. Die Banken bieten das von sich aus verständlicherweise nicht

aktiv an, zumal *„die Finanzierung des Eigenheims standardisierte Massenware ist."* Der Artikel schließt mit dem Aufruf an unser Bewusstsein: *„Trotzdem sollten sich die Kunden nach Möglichkeit nicht als 'Standardfall' behandeln lassen. Menschen sind auch bei der Aufnahme von Geld einzigartig."* Sehr richtig, Herr Looman, Sie sprechen uns aus dem Herzen!

Besonders gefährlich wird es deshalb bei Finanzierungsgesprächen, wenn Kunde und Finanzberater in gleicher Weise eine Finanzierung dann als machbar beurteilen, wenn diese lediglich auf niedrigen Zinsen beruht. Darüber werden wir in dem Kapitel „Das Leih-Haus: Vom richtigen Umgang mit Krediten" noch lesen. Damit soll keineswegs die Bedeutung der Zinshöhe und der Verhandlung darüber herunter gespielt werden. Doch ist die Kreditaufnahme für eine Immobilienfinanzierung kein Schnäppchen-Kauf im Discountgeschäft, wo es lediglich um den „geilsten" Preis geht, sondern sie ist ein Systemwerk, bei dem die Laufzeiten, die Fälligkeitsstaffeln und besonders auch die persönlichen Lebensumstände (Familienstand, Berufssituation) des Immobileinfinanzierers wie in einem mechanischen Uhrwerk ineinander greifen: Das Drehen an einem Rädchen hat neue Drehungen an den anderen Rädchen zur Folge. Ein Beispiel für die Komplexität dieses Räderwerkes ist der Umstand, dass in den meisten Fällen die Wohnkosten für die gegenwärtig bewohnte alte Immobilie nicht in die Finanzierungsrechnung für die neue Immobilie mit einkalkuliert werden. Um sich in Zeiten niedriger Zinsen, wenn jedoch mit zukünftig steigenden Zinsen gerechnet wird, das gegenwärtig noch niedrige Zinsniveau zu sichern, ist ein sogenanntes „Forward-Darlehen" opportun. Das kostet zwar Prämie, macht aber Sinn, wenn der Immobilienfinanzierer die feste Absicht zur Kreditaufnahme hat, aber den genauen Zeitpunkt der Auszahlung innerhalb einer überschaubaren Zeitspanne noch nicht benennen kann. Des Weiteren halten wir es für nützlich, wenn die Immobilienfinanzierer Wert auf Sondertilgungsvereinbarungen legen. Damit haben sie die Möglichkeit (nicht die Verpflichtung), Kredite teilweise (selten zur Gänze) außerplanmäßig (also vorzeitig) zurückzuführen, ohne dass dafür sogenannte Vorfälligkeitszinsen belastet werden. Besonders entgegenkommend ist natürlich ein komplettes vorzeitiges Sondertilgungsrecht im Falle einer Wiederveräußerung des finanzierten Objektes. Das ist meist nicht leicht durchzusetzen, weil ja auch die Banken ihre Refinanzierung fix kalkulieren; aber gewisse Spielräume (zwischen 5 und 10 Prozent der Restkreditsumme) sind in der Regel möglich. Bei Bauspardarlehen sind solche Sondertilgungen dagegen regulär möglich.

Bevor nun zwischen Kunden und Finanzberatern bzw. Banken die Kreditverträge geschlossen werden, sollten im Falle von Bauvorhaben nicht nur die Grundstücks-und die Erschließungskosten vorliegen, sondern auch die Baukosten, und zwar anhand einer Gewerkeliste (enthält alle Baumaßnahmen, Kostenvoranschläge und Bauzeitzinsen). Und schließlich muss auf den Versicherungsschutz beim Hausbau, aber auch danach, bei der Hausnutzung, aufmerksam gemacht werden. Genannt seien lediglich die Stichworte: Bauleistungsversicherung während der Neu-/Umbaumaßnahmen, Bauherren-Haftpflichtversicherung, Feuerrohbauversicherung, Bauhelfer-Unfallversicherung und natürlich nach Einzug in die eigenen vier Wände: die Wohngebäude- und Glasversicherung, ggf. die Haus- und Grundbesitzer-Haftpflichtversicherung (gilt für Mehrfamilienhäuser und vermietete Einfamilienhäuser), die Hausrat-/Glasversicherung und nicht zu vergessen die Rechtsschutzversicherung.

Für etliche Menschen ist der Bau oder Erwerb und die Finanzierung der eigenen vier Wände zu kompliziert. Andererseits wissen sie den Wert einer „immobilen" Geldanlage in der Realwirtschaft zu schätzen. So suchen sie nach Alternativen. Unter einer Geldanlage in Immobilien stellen wir uns in der Regel auf der einen Seite und naheliegenderweise das Wohnhaus bzw. die Wohnung „zum Anfassen" vor, sei es in Eigennutzung, sei es als vermietete Wohnimmobilie; auf der anderen Seite denken wir auch an die betrieblich genutzte, die Gewerbeimmobilie. Hierbei können wir unser Geld aber auch in Beteiligungen an Immobilien-Besitz und -Verwaltungsgesellschaften investieren, sei es in offenen oder geschlossenen Immobilienfonds, sei es in Immobilienaktien bzw. sogenannte „REITs" (Real Estate Investment Trusts), eine allerdings nur selten anzutreffende aktienähnliche Variante der Immobilienanlage. Bedenken wir dabei, dass wir auf die Verwaltung und Wertsteigerungsstrategie des Managements von Immobilienfonds ebenso wenig Einfluss haben wie dies auch bei Aktien von Immobilienbesitz- und Verwaltungsgesellschaften der Fall ist. Wir können lediglich „aussteigen" und unser Geld aus dieser Mischform von Sachwert- und Finanzanlage abziehen, wenn es nicht gut läuft. Bei Geschlossenen Immobilienfonds kann das Aussteigen freilich mit erheblichen Schwierigkeiten verbunden sein. Denn sie werden nicht an der Börse gehandelt, sondern wir müssen direkt bzw. über spezielle Vermittler einen Käufer finden (Sekundärmarkt). Und das ist nicht leicht. Bleibt bei dieser Immobilien-Anlageform noch, darauf hinzuweisen, dass es vorteilhaft ist, wenn man die Immobilienobjekte, die das Fondsmanagement in das Port-folio aufnimmt, auch aus eigener Anschauung kennt. Zugegeben, bei den meisten im Ausland befindlichen Immobilien dürfte das schwierig sein, aber bei den inländischen ist es möglich.

Gerade bei Geschlossenen Immobilienfonds ist erhöhte Aufmerksamkeit vonnöten, weil dieses Marktsegment noch immer nicht so reguliert ist, dass sich die Käufer auf die Angaben der Verkäufer und der Prospekte in jedem Fall verlassen können. Neben den mehrheitlich einwandfreien Angeboten und Anbietern finden sich doch immer wieder etliche „schwarze Schafe" mit teilweise betrügerischen Absichten oder zumindest mit verschleiern-den Aussagen. Nicht umsonst hat dieses Marktsegment den Ruf als „grau-er Kapitalmarkt". Offene Immobilienfonds, die mehr oder weniger unbe-grenzt Kapital aufnehmen und an den Immobilienmärkten investieren, galten lange Zeit als „langweilig" hinsichtlich ihrer Brutto- (Vor-Steuer-) Rendite und ihres Wertsteigerungspotenzials und daher auch als sicher und „ruhig" im Hinblick auf Wertschwankungen. In vielen Fällen hatten sie die Bestnote im Risikoraster bei der Anlageberatung und galten gar als „mündelsichere" Anlagen. Das hat sich zumindest zeit- und teilweise gründlich geändert. Denn auch diese Fonds, die das Geld der Anleger in der Regel in mehrere betrieblich genutzte Gewerbeobjekte investieren, konnten sich den Schwankungen ihrer Zielmärkte infolge regionaler ge-samtwirtschaftlicher oder branchenspezifischer Schwächephasen nicht entziehen. So konnte es wiederholt dazu kommen, dass die Inhaber offener Immobilienfonds (selbst bester Fondsgesellschaften) massiv ihr Geld da-raus abzogen, als schlechte Nachrichten über solche Schwächephasen und -regionen aufkamen. Dieser massive Liquiditätsentzug brachte die Immobi-lienfondsmanager in arge Bedrängnis, da sie auf sinkenden Immobilien-werten festsaßen und für Investitionen in neue attraktive Alternativen kein operatives „Cash" locker machen konnten. Und dieser Engpass verstärkte dann die Abneigung weiterer Anleger, was zu der ungewöhnlichen Reak-tion mancher Immobilien-Fondsgesellschaft führte, diesen dynamischen Niedergang durch eine vorübergehende Schließung des Fonds zu stoppen: „Rien ne va plus"! Solche außergewöhnlichen Situationen haben hierzu-lande den Gesetzgeber dazu veranlasst, den Fondsgesellschaften eine Min-desthaltedauer von Fondsanteilen in den Händen der Anleger zuzubilli-gen, so dass es zu einer panikartigen Flucht aus dem Fonds nicht mehr kommen sollte.

Inzwischen hat sich die Lage zumindest in Deutschland und Westeuropa (Ausnahme Spanien) entspannt, einmal abgesehen von einigen bösen Ausreißern unter den Fondsgesellschaften. In den USA hingegen – wie wir wissen – aber auch und besonders dramatisch in den osteuropäischen Staaten innerhalb und außerhalb der EU sind Situation und Stimmung auf den Immobilienmärkten nach wie vor „not amusing". Die Party ist erst mal vorbei.

Als eine der ältesten Alternativen, oder sagen wir: Ergänzungen zur Immobilie, wenn nicht die älteste überhaupt, sollte Gold nicht unerwähnt bleiben. Zwar hat Gold mit dem Titelthema „Das Wohn-Haus" nichts zu tun, dafür aber mit dem Untertitel „Geldanlage in der Realwirtschaft". Und in Form von Goldbarren oder Goldmünzen (nicht unbedingt als modeabhängiger Goldschmuck) besitzt der Investor ähnlich wie bei der Immobilie etwas „handfestes", etwas „reales" und wie er meint etwas „wertbeständiges"! Und tatsächlich: Die rapide gestiegene Nachfrage nach dem Edelmetall, insbesondere in der Finanzkrise (allerdings auch schon zuvor infolge der von der Weltkonjunktur getriebenen Rohstoffmärkte), zeigt uns wiederholt: Gold galt und gilt als *die* Reservewährung schlechthin (es war ja auch schon mal die Grundlage der Dollar-Bewertung: Bretton-Woods, 1941). In unserem „Wertpapier-Haus" hatten wir deshalb auch einen kleinen Anteil dieses edlen Metalls eingelagert.

Zusammenfassend bleibt festzuhalten: Die Finanzierung, der Erwerb und die Benutzung von Immobilieneigentum setzt eine intensive Sachwertkonzeptplanung und eine durchdachte Handlungssystematik voraus. Angesichts der Volatilität von Vermögensanlagen in der Finanzwirtschaft ist der Wunsch nach Immobilieneigentum, d. h. Vermögensanlage in der Realwirtschaft, nur zu verständlich und auch richtig. Während gewerbliche Immobilien aufgrund ihrer näheren Anbindung (Korrelation!) an die Schwankungen der Finanzwirtschaft zwar höhere Renditen, aber nicht immer die erwünschte Stabilität boten und bieten, verzichten wir zugunsten von Sicherheit auf steile Renditekurven und machen es uns lieber bequem in unserem selbst genutzten und vor manchen Unbilden des Lebens schützenden **Wohn-Haus.**

6 Das „Leih-Haus"

Vom richtigen Umgang mit Krediten

Um mit Krediten richtig umgehen zu können, ist es erforderlich, schon in jungen Jahren, mit der Erziehung im Elternhaus und in der Schule, ein gesundes Werte-Bewusstsein zu entwickeln. Konkret bedeutet das zunächst – sozusagen präventiv –, dass man sich nicht in Situationen begibt, in denen man gezwungen ist, sich privat, vom Freund, von der Freundin, von Verwandten oder Bekannten Geld zu borgen: „Kannste mir mal hundert Euro borgen? Kriegst sie in vier Wochen zurück – ehrlich!" Denn je spontaner und unkontrollierter das Ausborgen kleiner Geldbeträge vonstatten geht, desto sicherer wächst und wuchert die Verschuldung, wie ein Karzinom. Und wer nicht völlig abgebrüht und gewissenlos ist, dem raubt sie den Schlaf, lähmt Kreativität und Aktivität, ja sie kann bei manchen in der Ausweglosigkeit sogar zum Suizid führen. Deshalb erscheint es angebracht, sich darüber Gedanken zu machen, welche Einstellung, welches Verhältnis wir zum Geldleihen, zum Kredit, eigentlich haben. Erinnern wir uns: Im Kapitel „Das Baumaterial" haben wir aus den Betrachtungen über die Rolle des Geldes in der Finanz- und Realwirtschaft, über die Ursachen und Folgen der Finanzmarktkrise und schließlich über den falschen Einsatz von Fremdkapital hingewiesen.

Nun wollen wir uns in diesem Kapitel mit dem klugen Einsatz von geliehenem Geld, mit dem richtigen Umgang mit Krediten befassen und gleich zu Beginn eines anmerken: Es liegt nicht in unserer Absicht, uns die Lust am Konsum, am Hier und Jetzt, zu verderben, wenn wir uns bewusst machen, dass Konsumkredite gegenüber Finanzierungen von mittel- und langfristigen Investitionen von nachrangiger Bedeutung sein sollten. Tragen doch beide Kreditarten dazu bei, dass unsere Volkswirtschaft prosperiert. Und gerade in der auf die Finanzmarktkrise nachgefolgten Wirtschaftskrise mit ihrem Einbruch unserer Exporte wird neben der Kreditversorgung der Unternehmen für anstehende Investitionen und strukturelle Modernisierungsmaßnahmen auch die Bedeutung des privaten Verbrauchs zur Stimulierung der Binnennachfrage immer wieder betont und staatlicherseits gestützt. So spielt dieser Aspekt ja auch bei den Verhandlungen der Tarifparteien stets eine wesentliche Rolle. Was also für die Kreditversorgung der Unternehmen und der Verbraucher in Bezug auf eine stabile Statik unseres gesamten volkswirtschaftlichen Hauses Deutschland von Bedeutung ist, das gilt im kleineren Maßstab auch für uns selbst.

Der Konsumkredit ist für die kurzfristige Finanzierung von alltäglichen Ausgaben angelegt und ermöglicht uns unter dem Motto: „buy now, pay later", einen momentanen größeren finanziellen Spielraum bei der Gestaltung unseres privaten Lebens. Für Firmen und Freiberufler gilt das analog: Kreditlinien zur vorübergehenden Inanspruchnahme für die Finanzierung betriebsnotwendiger laufender Ausgaben halten den Betrieb am Leben. Die Kreditrückführung erfolgt aus den unternehmerischen Umsätzen, dem „cash flow".

Bleiben wir aber zunächst bei den **privaten Konsumkrediten**. Die Dauer der Inanspruchnahme solcher Konsumkredite ist deshalb als kurzfristig zu bezeichnen – selbst wenn sie permanent, „revolvierend", aus einem Dispositionskredit erfolgt –, weil auch die Rückführung aus unserem regulären, in der Regel monatlichen, Einkommen vorgenommen wird. Konsumkredite stehen also mit unserer Rückzahlungsfähigkeit (Bonität) aus dem laufendem Einkommen in unmittelbarem Zusammenhang. Deutlich zeigt sich das bei den Kreditkarten, deren Salden wir regelmäßig (in der Regel monatlich) gänzlich oder auch nur zu Teilen auszugleichen haben, während die anderen Teile der Inanspruchnahme weiter bestehen. Des Weiteren wissen wir, dass die Kosten für die Kreditinanspruchnahme in Sollzinsen bestehen, die wir auf die Preise des konsumierten Gutes hinzurechnen müssen. Und genau hier beginnt das Dilemma. Denn diese versteckte Verteuerung unserer Ausgaben ist dazu angetan, unsere finanzielle „Potenz" dermaßen zu überstrapazieren, dass uns die Luft ausgehen kann und es in vielen Fällen auch tut. Diese nur zu häufig zu beobachtende Tatsache ist einigen von uns allerdings kaum oder überhaupt nicht bewusst. Oder sie wird aktiv verdrängt.

Und wo wären wir damit also wieder? Richtig, bei unserem Bewusstsein über die Relation von Kosten und Nutzen, bei unserem Werte-Bewusstsein, im wörtlichen wie im übertragenen Sinn! Ob nun kreditfinanziert oder nicht – das Beispiel der für das Jahr 2007 kolportierten 30 Millionen Euro für die Bezahlung nicht nur von Jugendlichen herunterge-

ladener Handyklingeltöne in Deutschland spricht in Bezug auf das Werte-
Bewusstsein für sich. Von anderen Ausgaben in jährlicher Milliarden-Euro-
Größe, beispielsweise für den Konsum von Zigaretten, Alkohol und sonstigen „Genüssen", ganz zu schweigen. Und geradezu pervers erscheint uns
in dem Zusammenhang die Formulierung einer TV-Nachrichtensendung
vom Dezember 2009: *„Die Leute investieren (!) zum Jahresende Millionen in
Feuerwerks- und Knallkörper"*. Schall und Rauch als Investition – das ist mal
was Anderes! Und bezeichnend für das Verständnis über die Geld-
ver(sch)wendung unserer Tage. Na ja, manche Bankmanager haben auch
große Knaller verursacht!

Nun wollen wir, wie schon in der Einführung versprochen, in dieses Buch
kein saures „Moralin" einflößen und es steht uns auch nicht zu, andere
Menschen wegen ihrer Lebensgewohnheiten anzuprangern, so lange diese
nicht Dritte gefährden. Weshalb wir aber dennoch auf das Konsumverhal-
ten zu sprechen kommen, liegt daran, dass wir schon allein zahlenmäßig
erkennen können, was mit einem Bewusstseinswandel in Bezug auf unsere
Lebensgewohnheiten erreicht werden kann: Beispielsweise gegenüber
einem Raucher, der pro Woche 20 Euro für Zigaretten ausgibt, kann sich
der Nichtraucher für den gleichen Betrag in 10 Jahren (inkl. Guthabenver-
zinsung von 3 Prozent p. a.) eine Vorsorgesumme von 11.185 Euro (in 20
Jahren: 26.216 Euro) angespart haben und in seine Altersvorsorge stecken.
„Rente statt Rauch!", lautet die Devise. Noch einmal: Es geht hier nicht
darum, uns die Freuden am Lebensgenuss, angefangen vom guten Essen,
über schöne Kleider bis hin zu Hobbies oder zu exotischen Urlaubsreisen
etc. zu vermiesen. Nein, es geht um die bewusste Relativierung der Werte
und um das Prinzip „Maßhalten" (Ludwig Ehrhard). Vom Trend des
„Downshifting" und des aktiven Konsumverzichts in den modernen
„Gruppen der freiwilligen Einfachheit" wollen wir ja noch gar nicht reden.
Aber mit einem wachen Verbraucherbewusstsein bummeln wir lässiger
durch die Einkaufsstraßen. Als moderne „Smart Consumer" sind wir informiert über das angemessene Verhältnis von Kosten und Nutzen, konsumieren intelligent und freuen uns darüber, was wir nicht alles unbedingt
zu unserem Glück brauchen. Wir stehen über den Dingen. Und deshalb
hören oder sehen wir die Botschaften der Werbung zwar mit Interesse,
aber doch auch kritisch an und entscheiden frei, ohne heute von Gier und
Eitelkeit, und morgen von Rückzahlungsangst und Reue getrieben zu sein.

So vermeiden wir, dass aus unserem momentanen Leben „über den Verhältnissen" später ein andauerndes Leben darunter wird. Was wir in diesem Zusammenhang allerdings auch in Frage stellen, ist ein Sparverhalten, das man schon als krankhaft bezeichnen muss. Zwar ist es richtig, dass wirksames Sparen gerade auch bei den kleinen Dingen des Alltags beginnt; aber das Aufschneiden von Zahnpastatuben, um auch den aller-allerletzten Rest herauszukratzen, oder das minimale Benutzen von Toilettenpapier (kommt auch vor!) – also das sind schon Sparsamkeitsattitüden, die schlicht neurotisch sind und die Lebensqualität nach unten ziehen. Und in Folge die gute Laune. So zeigen „militant" bedürfnislose Leute oft solch sauertöpfische Mienen, dass man bei ihnen nur noch das Bedürfnis nach Frohsinn wecken möchte.

Wenden wir uns nun dem **Investitionskredit** zu und bleiben wir in erster Linie bei uns als Privatpersonen. Investitionskredite laufen in der Regel mittel- und langfristig (3 und mehr Jahre), da ihr Volumen im Allgemeinen die Dimension von kurzfristigen Konsumkrediten weit übersteigt und damit auch unsere Kraft, den Zins- und Tilgungsdienst aus unserem monatlichen Einkommen kurzfristig zu leisten. Wir wählen diese Finanzierungsform des mittel- bis langfristigen Investitionskredits, auch deshalb, weil wir das Ziel unserer Finanzierung, das Investitionsgut, relativ kurzfristig und vorzeitig – also vor der kompletten Kredittilgung – zu nutzen wünschen. Mit der Immobilienfinanzierung haben wir uns bereits in einem eigenen Kapitel („Das Wohn-Haus") beschäftigt, weil ihre komplexe Struktur infolge der Verschiedenartigkeit der Parameter wie Zins- und Tilgung, Rangfolgen von Grundschulden und Hypotheken etc. einer besonders eingehenden Betrachtung bedurfte. Und nicht zuletzt auch deshalb, weil für die meisten von uns diese Finanzierung mehr oder weniger zur Lebensaufgabe werden kann. Weitere, meist weniger komplexe Investitionsfinanzierungen betreffen z. B. den Kauf eines neues Autos – hier spielt das Leasing (jedenfalls bei Freiberuflern und Unternehmen) als Kreditvariante eine Rolle; dabei können wir davon ausgehen, dass diese Finanzierungsform hinsichtlich der *Kosten* keine Vorteile gegenüber konventionellen Kreditaufnahmen mit sich bringt. Die Vorteile liegen in der Regel in der *steuerlichen Gestaltung*, indem die Leasingraten als gewinnmindernde Aufwendungen bilanziert werden können, während das Leasinggut selbst (z. B. Auto) in der Bilanz nicht als Anlagevermögen erscheint.

Was beide Privatkreditformen, den kurzfristigen Konsumkredit und ganz besonders den mittel- bis längerfristigen Investitionskredit, miteinander verbindet, ist die Planung unter der Maxime des „Ehrbaren Kaufmanns": Er verhält sich nicht nur seinen Geschäftspartnern (in unserem Fall den Kreditgebern, also in der Regel den Banken) gegenüber „ehrbar", d. h. offen und berechenbar, sondern mindestens ebenso auch gegenüber sich selbst (als Kreditnehmer). D. h. er überschätzt nicht seine finanziellen Kräfte, sondern er bemüht sich um ihre Stärkung. Doch genau das wird von manchen unter uns nicht beachtet. So strapazieren wir auf der einen Seite unsere Finanzkraft, da unser Blick nur das hohe und ach so erstrebenswerte Finanzierungsziel („Luftschloss") im Zoom hat, aber nicht auf den Weg gerichtet ist, auf dem wir uns dorthin bewegen; und auf der anderen Seite kümmern wir uns nicht immer oder zu wenig um die Sicherung dieser Finanzkraft, d. h. in erster Linie die Fähigkeit zu mehr beruflichem Einkommen. Aber auch die Nutzung staatlicher Kreditförderungen und steuerlicher Vorteile fallen bei vielen Kreditnehmern häufig unter den Tisch.

Und nicht zuletzt nehmen wir die Höhe der Kredit-Nebenkosten und Zinsen als unveränderliche Gegebenheit hin, weil wir uns nicht verhandlungssicher fühlen. (Woher auch, wenn uns das Thema „Geld" nicht interessiert!). Apropos *Zinsen*: Das ist gewiss ein willkommenerer Aspekt bei der Finanzierungsoptimierung. Doch aufgepasst: Der wichtigste ist es nicht! Und vor allem, er ist nicht *das Argument* für die Entscheidung, einen Kredit aufzunehmen. Viele Anbieter sehen das freilich anders: Banken und ähnliche Kredit(-karten-)organisationen locken uns gerne ebenso mit Zins-„Rabatten" wie es üblicherweise Kaufhäuser und Händler mit ihren „geizgeilen" Preisen tun. Abgesehen davon, dass sich dahinter Kosten verstecken, die den angepriesenen Vorteil wieder wettmachen, laufen wir leicht Gefahr, in die Verschuldungsfalle zu tappen. Die Finanzmarktkrise hatte in den USA gerade auch darin eine ihrer Ursachen. Ja vielleicht sind manche eben „doch blöd!"

Das wichtigste Argument für die Entscheidung zur Kreditaufnahme – insbesondere bei Investitionskrediten – besteht in den Ergebnissen folgender Kalkulationen, (wie sie eigentlich auch von Seiten der Banken gemacht werden/sollten, anstatt sich auf die Stellung von Sicherheiten zu konzentrieren, deren Verwertung im schlimmsten Falle meist mit Verlusten einhergeht, übrigens auch beim Image der Banken).

Wir haben uns zu fragen:

1. ob und nach welcher Zeitspanne sich die Investition für uns lohnt bzw. Gewinn abwirft („Return on Investment", ROI);

2. ob die Dimension des Investitionsgutes in einem angemessenen Verhältnis zu unserem Gesamtvermögen steht, damit wir uns nicht daran „verschlucken" (wie es z. B. manche Firmenübernahmen tun);

3. ob und in welcher Zeitspanne der Investitionskredit aus dem „Cash Flow"des Investitionsgutes selbst getilgt sein wird; denn eigentlich macht das Ganze ja nur dann Sinn;

4. ob die Investitionsfinanzierung in einem angemessenen Verhältnis von Eigen- zu Fremdkapital steht, so dass uns neben der „Kredit-dienstbarkeit" noch genügend finanzieller Spielraum für unvorher-gesehene Ausgaben, den regulären Betriebsablauf bzw. den priva-ten Lebensunterhalt bleibt;

5. ob die Kreditkonditionen von Seiten der Bank verlässlich sind und ob ihre Kreditausreichung an uns nicht eines Tages von ihr an einen fremden Kreditinvestor weiter verkauft werden kann, der sich an frühere Zusagen „unserer" Bank nicht mehr gebunden fühlt und den Kredit wie aus heiterem Himmel fällig stellt.

Eine gut funktionierende Methode zur Beurteilung, ob ein Kredit Sinn macht, besteht auch darin, dass wir uns fragen sollten, ob wir unser eige-nes Geld jemandem anderen ausleihen würden, der solche Kalkulationen nicht anstellt, bzw. wenn er's denn tut, negative Resultate daraus zieht. Nur wenn wir die Ergebnisse kaufmännisch vorsichtig und selbstkritisch erarbeitet, zur Überprüfung neutralen Fachleuten (z. B. Steuerberatern) vorgelegt und deren „O.K." erhalten haben, können wir uns daran ma-chen, mit den Kreditinstituten – möglichst nicht nur mit einem – die Kon-ditionen auszuhandeln. Denn dann haben wir auch die besseren Karten, weil wir uns der Finanzierbarkeit sicher sein können. Wenn wir hingegen unsere Kalkulation nicht mit der gebotenen Sorgfalt und unter Beachtung dieser fünf Parameter durchführen, sondern sie lediglich auf „günstige" Konditionen ausrichten, dann wird mit großer Wahrscheinlichkeit die Finanzierung unserer Wünsche in sich zusammenfallen.

Wir hatten dieses Kapitel dezidiert mit der Überschrift: Das „Leih-Haus"
versehen und damit in Anspielung auf unsere Leitmetapher des „Hauses"
hier in erster Linie das „Haus der Kredite" gemeint, und nur sehr indirekt
das darunter gewöhnlich zu verstehende „Pfandleihhaus" in Verbindung
bringen wollen. Doch beide Haustypen haben in unseren Betrachtungen
durchaus etwas gemeinsam: Denn wenn wir den richtigen Umgang mit
Krediten nicht lernen und anwenden, dann kann es uns passieren, dass
wir, wenn keine Bank und auch sonst niemand mehr uns „mal hundert
Euro borgen" möchte, zur kurzfristigen Beschaffung von Geld uns lieb
gewordene Dinge einpacken und dorthin tragen müssen, wo wir sie dann
schweren Herzens und nicht selten „auf nimmer Wiedersehen" verpfän-
den: im wirklichen **Leih-Haus**.

7 Das „Energiespar-Haus"

Finanzoptimierung durch Steuerberatung

In diesem Kapitel geht es darum, dass wir keine finanzielle „Energie" aus unserer Finanzplanung und unserem Vermögen abgeben, indem wir dort Steuern zahlen, wo sie sich vermeiden lassen. Legal, versteht sich! Seit Jahren hält sich das satirische Bonmot, wonach „der Sexualtrieb der Deutschen weniger stark ausgeprägt ist als ihr Verlangen Steuern zu sparen". Nun, dass dabei einige wenige – wohlgemerkt in letzterer Hinsicht! – die Grenze von Recht und Anstand überschreiten, muss bei ihnen nicht unbedingt den Rückschluss auf ein ebenso ausgeprägtes Sexualleben zulassen. Vermutlich.....

Doch in diesem Kapitel wollen wir unser Interesse nicht den großen und kleinen Steuersündern zuwenden, sondern denjenigen, die auf legale Art und Weise versuchen wollen, ihr Finanz-Haus in optimalem Zustand zu halten und keine überflüssigen finanziellen „Energien" an den Fiskus abzuführen. Auch dabei geht es nicht in erster Linie um einzelne Tipps und Tricks, denn dafür ist die Materie zu umfangreich und zu komplex. Sondern es geht – wieder einmal! – um das Leitmotiv unseres Buches, um das Wertebewusstsein: Steuerliche Aspekte spielen bei der Geldanlage, Finanzplanung und Altersvorsorge eine wesentliche Rolle, die – ganz im Gegensatz zu dem oben zitierten Vorurteil – offensichtlich von den meisten unterschätzt, ja bei vielen von uns überhaupt nicht im Bewusstsein angekommen ist.

Erinnern wir uns noch an das Steuermodell von Professor Dr. Paul Kirchhof aus dem Wahlkampfjahr 2005?: Radikale Vereinfachung der Steuertarife, insbesondere bei der Einkommensteuer. Und im März 2009 erneuerte Kirchhof seinen Vorschlag: „25 Prozent auf alles!" (Man glaubt sich schon im Baumarkt und möchte ergänzen: „außer auf Tiernahrung!"). Kirchhof leitet diesen pauschalen Einkommensteuersatz von dem der Abgeltungsteuer für Kapitalerträge im Privatvermögen (seit 2009) ab, begründet das mit dem Gleichheitsgrundsatz und kleidet es in die Frage: Warum sollte das *Einkommen aus Arbeit* differenziert und höher besteuert werden als der

Ertrag aus Kapitalvermögen im Privateigentum? Inwieweit sich Kirchhofs Forderung auf den Schlachtfeldern der Politik verwirklichen lässt, bleibt freilich abzuwarten. Friedrich Merz′ berühmter Bierdeckel, auf dem die (Einkommen-)Steuererklärung Platz haben sollte, ist jedenfalls offensichtlich unter den Biertisch gefallen. Im Zusammenhang mit den hauptsächlichen Bereichen in unserem Buch wollen wir uns lediglich auf die steuerlichen Aspekte bei Geldanlagen, Altersvorsorge und Finanzierungen konzentrieren.

Bei manchen Geldanlageangeboten wird von Seiten der Anbieter häufig auf die steuerlichen Vorteile hingewiesen. Man appelliert hierbei versteckt an die grundsätzliche Skepsis der Anleger gegenüber unserem Steuersystem und gegenüber dem Staat, ja eigentlich an ihren lustvollen Hang, dem Fiskus „eins auszuwischen". Doch bei vielen, um nicht zu sagen, bei den meisten dieser Angebote wird den Anlegern Sand in die Augen gestreut. Das Bedürfnis zur Steuerersparnis macht sie blind für die Risiken der angebotenen Geldanlage. Dies war seit langem gut zu beobachten bei manchen „Bauherren-Modellen" und nach der Wende bei sehr vielen Investitionen in den Immobilienmarkt der neuen Bundesländer. Das konnte teilweise soweit gehen, dass sich die Anleger ihr Immobilieninvestment vor dem Kauf überhaupt nicht mal angesehen hatten, so blind waren sie aus steuerlich getriebener Renditegier. Erst als sie ihr Investment wieder verkaufen wollten und dabei einen steuer-freien oder -ermäßigten Gewinn erwarteten, kam das böse Erwachen: Die Immobilie war wesentlich weniger wert als ihnen beim Kauf vorgegaukelt worden war. Denn der steuerliche Vorteil war in der Regel im Kaufpreis schon eingepreist gewesen, so dass sich der Deal am Schluss bestenfalls als ein Nullsummen-Spiel darstellte. Steuerliche Investitionsbeihilfen für private Investoren zum Aufbau „blühender Landschaften" täuschten – wenn auch unbeabsichtigt – nicht selten darüber hinweg, wie lange und unübersichtlich der Weg zu dieser Blüte verlaufen würde.

Ein anderes Beispiel für vermeintliche Steuervorteile einer Geldanlage sind die sogenannten „Geschlossenen Fonds". Hierbei handelt es sich um unternehmerische Beteiligungen privater Investoren, meist in der Form einer Kommanditgesellschaft. Ob gewerbliche Immobilien, Öltanker und andere Frachtschiffe, ob Flugzeuge oder Windkraftanlagen – von Medienfonds ganz zu schweigen – immer wurde für solche Investments mit attraktiven steuerlichen Abschreibungsmöglichkeiten geworben; sie sollten es den Anlegern mit hohen bzw. höchsten Steuersätzen ermöglichen, ihre Einkommensteuerschuld auf Jahre hinaus abzusenken. In manchen Fällen entsprach und entspricht das der Wirklichkeit, auch wenn inzwischen stark eingeschränkt, und bei den Medienfonds ganz gestrichen – zur ärgerlichen Überraschung der Investoren. So sehr dieser Aspekt der Absenkung der steuerlichen Belastung bei Geschlossenen Fonds (unternehmerische Sachwertbeteiligungen!) bei vielen Investoren im Vordergrund steht, so ist er im Grunde – vielleicht nicht gerade völlig falsch – doch ausgesprochen verkürzt.

Bei jeder Geldanlage sollte vielmehr der Grundsatz gelten: *Die Steuer allein darf dem Investor nicht die Entscheidung diktieren.* Sondern – wie wir schon im „Wertpapier-Haus" gesehen haben: Die Abwägung von Risiko und Rendite. Nun ist unter Rendite eben nicht ein Steuervorteil oder gar eine steuerliche Subvention zu verstehen, sondern der aus dem gewöhnlichen Geschäftsbetrieb erwirtschaftete bzw. erzielbare ordentliche Gewinn. Und unter Risiko verstehen wir die Gefährdung dieser Gewinnerzielung, beispielsweise durch schlechtes Management, ungünstiges Betriebsumfeld oder Branchen- und Marktschwächen. Wenn die Prüfung dieser Parameter positiv ausfällt, dann kann, dann darf der steuerliche Aspekt seine zusätzliche Rolle spielen. Die richtige Renditeanalyse betrachtet also nicht die Rendite-Optimierung durch Steuer(-Subvention), sondern konfrontiert den steuerlichen Aspekt vielmehr mit der Frage, was mit der ganzen Investition und ihrer Rendite eigentlich passiert, wenn – aus welchen Gründen auch immer – die steuerlichen Vorteile zurück genommen werden bzw. erst gar nicht entstehen. Nur wenn sich das Investment für den Investor dann auch noch rechnet, kann dem Angebot näher getreten werden.

Bei „gewöhnlichen" Kapitalanlagen im Privatvermögen, also bei allen Spareinlagen und Wertpapieranlagen, ist das Thema Besteuerung durch die Einführung der Abgeltungsteuer (kurz „ASt") zum 01.01.2009 für die Zukunft geklärt. Hier kommt die pauschale Besteuerung von 25 Prozent auf die Erträge aus Kapitaleinkünften (Zinsen, Dividenden) und Verkaufserlösen von Wertpapieren zum Tragen. Lediglich Kapitalanlagen, die bereits vor diesem Stichdatum angeschafft worden waren, unterliegen dem Bestands- oder „Altanlagen-Schutz" und bleiben somit „AStrein". Nachträgliche Korrekturen sind nicht mehr möglich, und so bedarf es auch hier keiner weiteren Erörterung. Gewisse Differenzierungen bzw. Unklarheiten im Hinblick auf die Besteuerung von Zertifikaten sind inzwischen geglättet bzw. zugunsten der Pauschalbesteuerung ausgeräumt.

Und selbst sogenannte Sachwertanleihen bzw. -zertifikate, z. B. für Gold, sind davon betroffen. Ihre Anbieter hatten lange darauf gesetzt und damit geworben, von der Steuer ausgenommen zu sein, weil diese Titel ja einen Lieferanspruch auf die in Sammeltresoren gelagerten physischen Goldbarren repräsentierten und sich daher – so die Argumentation – nicht unterscheiden würden von einem Direktinvestment in Barren oder Münzen, mithin in „ASt-reinen" Sachwerten. Doch dieser Auffassung hat die Finanzverwaltung inzwischen einen Strich durch die Rechnung gemacht: Wer Goldanleihen oder -zertifikate besitzt, besitzt *direkt* Wertpapiere und nur *indirekt* Sachwerte; daher muss der Besitzer auf die realisierten Kursgewinne von Goldanleihen bzw- -zertifikaten Abgeltungssteuer bezahlen, auch wenn diese einen Lieferanspruch auf physisches Gold verbriefen. Das Gleiche gilt, davon unabhängig aber analog, auch für physisch gedeckte Goldfonds. Lediglich der Verkaufserlös von direkt verfügbarem physischen Gold (Barren, Münzen etc.) bleibt von der Abgeltungsteuer befreit.

Es gibt freilich legale, ja sogar staatlich gewollte und geförderte Möglichkeiten, Wertpapiere auch nach dem 01.01.2009 der Abgeltungsteuer zu entziehen bzw. diese zeitlich nach hinten zu verlagern: Sogenannte **„Mantellösungen"**.

1. Bei den **Dachfonds** findet eine Versteuerung der entstandenen Kursgewinne erst mit endgültiger Veräußerung der Dachfondsanteile statt. Der Besteuerungszeitpunkt lässt sich somit vom Dachfondsinhaber selbst bestimmen, worin eine gewisse steuerliche Gestaltungsmöglichkeit liegt (beispielsweise Verlagerung in die Zeit der Rente). Dachfondsmanager investieren nicht wie „normale" Investmentfondsmanager in Direktanlagen, wie z. B. in Aktien und Anleihen, sondern in verschiedene „Zielfonds" im Aktien-, Anleihen oder auch Immobiliensektor; sei es bei der eigenen Fondsgesellschaft, sei es bei verschiedenen anderen Fondsgesellschaften. Das Management von Dachfonds gleicht in seiner Variabilität einer standardisierten, also nicht individuellen und schon gar nicht von den Dachfondsinhabern beeinflussbaren, Vermögensverwaltung. Die Kursgewinne aus der Veräußerung von

Anteilen an den Zielfonds, an denen der Dachfonds beteiligt ist, bleiben „unter seinem Dach" oder „Schirm" (im englischen: „Umbrella-Funds") steuerfrei. Lediglich thesaurierte laufende Erträge aus den Zielfonds, wie z. B. Zinsen, Dividenden und inländische Immobilien-Mieterträge, gelten weiterhin als zum Ende jedes Fondsgeschäftsjahres zugeflossen und sind somit der Abgeltungssteuer unterworfen.

Ein Nachteil bei Investmentfonds – gleichgültig ob in Form von Direkt-fonds oder von Dachfonds, die als „Publikumsfonds" grundsätzlich al-len Kapitalanlegern zur Verfügung stehen, besteht darin, dass der ein-zelne Investor die individuelle Anlagepolitik nicht beeinflussen und schon gar nicht selbst festlegen kann. Als Alternative, allerdings nur für vermögende Privatinvestoren, kommen „Spezialfonds" in Betracht, die explizit für einen einzelnen Anleger oder eine kleine Anlegergruppe individuell konzipiert werden. Hier können die Anleger die Anlageent-scheidungen selbst bzw. zusammen mit ihrem Management treffen. Es handelt sich somit um eine „echte", d. h. direkte Vermögensverwal-tung. Allerdings ist die Auflegung solcher Spezialfonds erst ab Beträ-gen von circa 3 Mio. Euro wirtschaftlich sinnvoll. Der steuerliche Vor-teil ist jedoch der gleiche wie bei den Dachfonds fürs „breite Publi-kum": Veräußerungsgewinne von Investments des Spezialfonds blei-ben sozusagen „innerhalb seiner Grenzen" steuerfrei; Dividenden, Zin-sen und Mieterträge hingegen sind jährlich steuerpflichtig, egal ob im Spezialfonds thesauriert oder an die Eigentümer „ausgeschüttet". Mit dem Verkauf bzw. mit der Liquidierung des Spezialfonds als solchem wird dann die Besteuerung seiner Wertsteigerung – in diesem Fall also die Abgeltungsteuer – wirksam. Dachfonds können in ihrer Diversifi-zierungsvielfalt mithin für jeden Anlagetyp und jedes Risikoprofil ge-eignet sein.

Allerdings haben nahezu alle Publikums-Dachfonds einen ganz gravie-renden Nachteil: Die Kosten. Oder sagen wir: die Kostenstruktur. Denn darunter verstehen wir nicht allein die absolute Höhe der Manage-ment-„Gebühr", sondern die Transparenz sämtlicher Kosten, die in Dachfonds enthalten und häufig nicht auf den ersten Blick erkennbar sind. Oft werden beispielsweise doppelte Ausgabeaufschläge oder Ma-nagement-Gebühren in Rechnung gestellt: sowohl die für den Dach-fonds als solchen, als auch die für die Zielfonds innerhalb des Dachfonds. Somit sollte man vor einem Kauf von Dachfondsanteilen in jedem Fall die Fondsbedingungen und die Kostenstruktur ganz genau studieren und vergleichen.

2. Als steuerliche Alternative zu einer Kapitalanlage bzw. zu einem Sparplan in Dachfonds bietet sich die Investition in **fondsgebundene Lebens- und Rentenversicherungen** an. Infolge ihres langfristigen Altersvorsorgecharakters sind bei diesen privaten Anlageformen (Schicht 3 der Altersvorsorge) neben den Veräußerungsgewinnen (halber Steuersatz) auch die Ausschüttungen und Dividenden nicht Jahr für Jahr, sondern erst am Ende der Laufzeit und nur ertragsanteilig zu versteuern. Dies gilt jedoch nur für Rentenzahlungen, nicht für einmalige Auszahlungen; außerdem erst bei Vollendung des 60. Lebensjahres.

So ist die Altersvorsorge mit Riester und Rürup „ASt-rein"! Beide Altersvorsorgeformen werden in der Ansparphase gefördert: sei es mit staatlichen Altersvorsorgezulagen (Riester), sei es mit steuerlicher Absetzbarkeit durch den Sonderausgabenabzug bei den Vorsorgebeiträgen (Rürup). In der Auszahlungsphase werden die Leistungen („Alterseinkommen") dann zwar nachgelagert besteuert; auf Grund des meist niedrigeren Einkommensteuersatzes im Alter (Nicht-Erwerbsphase) bzw. infolge der Phasendifferenz in der steuerlichen Belastung ergibt sich in der Regel jedoch ein beträchtlicher, zinseszins-effektiver Liquiditätsvorteil.

Auf die Untersuchung der Zusammenhänge von Altersvorsorge und Besteuerung hat sich das „Institut für Vorsorge und Finanzplanung" in Altenstadt (bei Weiden/Opf.) spezialisiert. Es untersucht und zertifiziert Vorsorgeprodukte, berät Banken und Versicherungen und dient somit letztlich auch dem Schutz der Verbraucher. Das Institut ist zwar keine öffentlich-rechtliche Anstalt im Sinne einer amtlichen Verbraucherschutzorganisation, sondern ein privates Serviceunternehmen für die Finanzbranche. Gleichwohl können sich seine Untersuchungsergebnisse auch von den Endverbrauchern abrufen lassen. Es lohnt sich in den meisten Fällen, denn ein Großteil der führenden Produktangebote wird von diesem Institut untersucht.

Schließlich wollen wir noch den steuerlichen Aspekt bei **Finanzierungen** ansprechen. Für die meisten Privatkunden wird das relevant bei Immobilienfinanzierungen, sofern sie als Mietobjekte der Vermögensanlage dienen. Bei der gewerblichen Immobilienfinanzierung sind die Schuldzinsen aus der Finanzierung als Werbungskosten im jeweiligen Veranlagungszeitraum steuerlich zu berücksichtigen und mindern damit die zu versteuernden Einkünfte aus Vermietung und Verpachtung. Dasselbe gilt auch für die laufenden Ausgaben, die nicht auf den Mieter umgelegt werden können. Hingegen können die Tilgungsraten für die Anschaffungs- und Herstellungskosten nicht sofort als Werbungskosten angesetzt werden. Die Anschaffungs- und Herstellungskosten – hierzu gehören neben dem Kaufpreis z. B. auch die Grunderwerbsteuer und die Notarkosten – müssen über die voraussichtliche Nutzungsdauer des Gebäudes bzw. der Wohnung abgeschrieben werden. Bei der Vermietung zu Wohnzwecken beträgt die Absetzung für Abnutzung – im Volksmund auch „Abschreibung" genannt – derzeit üblicherweise 2 Prozent der Anschaffungs- und Herstellungskosten. Der Gesetzgeber hat jedoch für bestimmte Gebäude erhöhte prozentuale Sätze für die Absetzung für Abnutzung im Einkommensteuerrecht verankert. So können bei Gebäuden in Sanierungsgebieten und städtebaulichen Entwicklungsbereichen im Jahr der Herstellung und in den folgenden sieben Jahren gegenwärtig jeweils bis zu 9 Prozent und in den folgenden vier Jahren jeweils bis zu 7 Prozent der Herstellungskosten für Modernisierungs- und Instandsetzungsmaßnahmen abgesetzt werden. Dieselbe Absetzungsmöglichkeit erlaubt der Gesetzgeber bei Baudenkmalen. Hier bietet sich folglich bei einem geeigneten Objekt für den Investor die Möglichkeit, über eine gesetzlich erlaubte erhöhte Absetzung für Abnutzung eine schnellere steuerliche Auswirkung seiner Anschaffungs- und Herstellungskosten zu erreichen.

Bei der Finanzierung von Investitionen, deren Finanzierungskosten sich Steuer mindernd auswirken, sollte man grundsätzlich immer daran denken, dass dieser Aspekt nicht der allein entscheidende für oder gegen die Investition sein darf, sondern an erster Stelle die Rentabilität des Investitionsobjektes zu stehen hat – auch ohne diesen steuerlichen Effekt. Und ein zweites: Finanzierungskosten, d. h. also im Wesentlichen die Kreditzinsen, sind Liquiditätsabflüsse, die in gleicher Höhe, wenn sie nicht anfallen würden, als Anlagebeträge zur Verfügung stehen können. Mit anderen Worten: Nicht immer ist ein langfristig bindender Finanzierungsplan, und

sei er noch so preiswert und steuerlich vorteilhaft, auch clever, wenn das
gleiche Geld statt in die Kreditbedienung z. B. in die Altersvorsorge oder in
einen Fondssparplan investiert würde. Daher wird stets abzuwägen sein,
ob es beispielsweise bei einer (vorzeitigen) Tilgungsgelegenheit nicht vernünftiger ist, den Kredit (ganz oder teilweise) zu tilgen und auf etwaige
steuerliche Vorteile zu verzichten, statt dessen aber die frei gewordenen
Zinsaufwendungen Zins bringend einzusetzen.

Und wenn es nun einmal ohne steuerlichen „Sex-Appeal" nicht gehen darf,
dann eben mit einem geförderten Altersvorsorgeplan à la Riester oder
Rürup. Zusammenfassend lässt sich festhalten: Ob Geldanlage, Altersvorsorge oder Finanzierung – in den meisten Fällen empfiehlt es sich, den Rat
von Steuerexperten einzuholen. Ja selbst wenn der finanzielle Vorteil durch
steuerliche Optimierung nicht so groß ausfallen sollte wie erhofft, so bringt
das Gespräch mit den Steuerexperten dennoch einen anderen Vorteil: Es
weckt und stärkt das Bewusstsein darüber, dass grundsätzlich nahezu jede
persönliche Entscheidung auf den Gebieten der Geldanlage, Altersvorsorge oder Finanzierung nicht isoliert getroffen wird und ohne Folgen bleibt,
sondern – wie in einem System von ineinander greifenden Zahnrädern –
steuerliche Auswirkungen hat; vielleicht nicht sofort, sondern erst mittel-
oder langfristig spürbar, dann aber kräftig! Hinzu kommt, dass der Staat,
nicht zuletzt infolge der sinkenden Steuereinnahmen durch die Finanz-
markt- und Wirtschaftskrise, aber auch aufgrund der steuerpolitischen
Harmonisierungsbemühungen auf EU-Ebene, und nicht zuletzt motiviert
vom Prinzip der Steuergerechtigkeit daran arbeitet, dass seine Bürger im
Hinblick auf ihr Einkommen und Vermögen nahtlos eingebunden sind in
das fiskalische System. Das dabei entstehende Bild vom Steuerbürger unter
dem fiskalischen „Nacktscanner" mag einem nun gefallen oder nicht; und
es mag die Forderung nach Vereinfachung des deutschen Steuersystems
umgesetzt werden oder (vermutlich!) nicht; wie auch immer: Finanzoptimierung durch Steuerberatung wird notwendig bleiben, so oder so. Die
von Politikern wie auch von Finanzvertrieben proklamierte Forderung
„Mehr Netto" (vom Brutto), die sich in erster Linie auf die Senkung und
Vereinfachung der Einkommensteuer und Sozialabgaben bezieht, lässt sich
auch anwenden auf den hier angesprochenen Gebieten der Geldanlage,
Finanzplanung und Altersvorsorge. Damit sparen wir uns finanzielle
Energieverschwendung und unser Haus der Finanzen wird in diesem
Sinne zum **Energiespar-Haus**!

Dieses Kapitel entstand in wesentlichen Teilen unter der Mitwirkung des Rechtsanwalts und Steuerberaters Jürgen Ranger (Höchstadt/A.), dem an dieser Stelle von den Autoren herzlich gedankt sei.

Abschnitt B

Die „Wohn-Gemeinschaft"

Wie wir unser Bewusstsein stärken

Nach der Betrachtung architektonischer Komponenten, des Baumaterials und einzelner Haustypen wollen wir uns nun den Bewohnern, also uns selbst, zuwenden. Und wie wir bereits eingangs anklingen ließen, haben wir mit Absicht die Haus-Metapher gewählt: Zum einen, weil wir damit (im Abschnitt A) eine Art von systematischem Bauplanungsbewusstsein im Umgang mit Finanzen verdeutlichen können; zum anderen, weil wir jetzt (im Abschnitt B) die schon in der Einleitung zitierte „Kultur der Gemeinsamkeit" als von uns postulierte Kommunikationsebene auf gleicher Augenhöhe und als Interessensgemeinschaft von Finanzberatern und Kunden im Bild der „Wohngemeinschaft" zum Ausdruck bringen. Der Rundgang durch die Räume, der Besuch seiner Bewohner, greift solche Themen auf, die im Alltag von Finanz- und Vorsorgeberatern eine größere Rolle spielen. Dabei handelt es sich freilich nicht um mehr oder weniger unterhaltsame oder lehrreiche Episoden aus dem Berateralltag, wie man das in vielen Beratungs-Ratgeberbüchern lesen kann. Nein, wir wollen die Hausbewohner unter dem Blickwinkel des Buchtitels betrachten: *„Wertebewusstsein"*. Das heißt: Wie wir unser Bewusstsein bei den Themen der Finanzplanung und Lebensvorsorge dahin gehend verändern und stärken können, dass diese Themen für uns spannend und lebens-zentral werden. Natürlich kann das nicht gelingen ohne ein gewisses Maß an konkreten Sachhinweisen, sei es zur Altersvorsorge, Risikoabsicherung, Ausbildungsfinanzierung oder Vermögensanlage etc. Doch im Vordergrund steht die typologische Betrachtungsweise von Zielgruppen: Junge Erwachsene, Senioren, Frauen, Freiberufler und Unternehmer, sowie die Verlierer und die Gewinner im Umgang mit Vorsorge und Finanzplanung.

Wir legen uns bei diesem Besuchsrundgang nicht auf ein bestimmtes Schema der Zielgruppenbeschreibung fest, so dass dessen Auswertung den Vertriebsprofis unter den Lesern vielleicht Verkaufs-Tipps in die Hände gäbe. Wie ja überhaupt die schon angesprochene Absicht unseres Buches darin besteht, lediglich zum Nach-Denken anzuregen, und nicht darin, fertige und vor-gedachte Handlungsrezepte anzubieten.

1   „Generationensolidarität"

Bildung sorgt vor - Vorsorge bildet

Frage: *„Herr Kostolany, was ist Ihrer Meinung nach das beste Investment?"*

Antwort: *„Investieren Sie in die Ausbildung Ihrer Kinder!"*

Diese in einer Vortragsveranstaltung des einst legendären „Börsen-Gurus" André Kostolany verbürgten Zitate lenken unsere Aufmerksamkeit in diesem Kapitel auf eine Thematik, deren Bedeutung nicht hoch genug einzuschätzen ist. Und zwar für

■ viele von uns Kunden;

■ die meisten von uns Finanz- und Vorsorgeberatern;

■ die Gesellschaft als Ganzes.

Natürlich war diese Anfrage aus dem Zuhörerkreis bei Kostolany ursprünglich nicht in die Richtung seiner Antwort gemeint. Vermutlich erwartete der Fragesteller einen Tipp bezüglich der Aktien eines bestimmten Unternehmens, einer Branche oder Marktregion; oder er erwartete die „Goldene Regel" der Geldanlage: eine Mischung aus Aktien, Anleihen, Immobilien und Gold ... etc. Doch die verblüffende Auskunft erwies sich im Verlauf der Ausführungen Kostolanys keineswegs als ein Ausweichen vor einer konkreten Meinung über die Chancen am Kapitalmarkt, bzw. über die Zukunftsfähigkeit der jeweiligen Volkswirtschaft und ihres Standortes. Sie ist heute mehr denn je wegweisend. Drei Stichworte nehmen darauf Bezug und zu recht einen hohen Stellenwert in Politik und öffentlicher Meinung ein:

■ **Aus-/Bildung:** Insbesondere hinsichtlich der beruflichen Qualifizierung Jugendlicher, aber auch in Bezug auf die qualifizierende Weiterbildung von Erwachsenen;

■ **Arbeitsmarkt:** Abbau der Arbeitslosigkeit sowie Deckung des Bedarfs an qualifizierten Arbeitskräften (z. B. Stichwort: „Ingenieurmangel");

■ **Altersvorsorge:** Schließung der Altersvorsorgelücke infolge der struk-
turellen Veränderungen in den demografischen und Arbeitsverhältnissen.

Dass zwischen diesen drei Stichworten ein innerer Zusammenhang besteht, lässt sich leicht beschreiben: Eine *Ausbildung*, die zu beruflicher Qualifizierung führt, bietet in der Regel mehr Chancen für gut bezahlte Arbeit;
und ein gutes *Arbeitseinkommen* ermöglicht es, neben der staatlichen Sicherung auch eigenständig für das *Alter finanziell vorzusorgen*. Und schließlich
tragen die drei Faktoren zusammen zu einer soliden fiskalischen Grundlage bei: auf der Einnahmenseite durch die Arbeits-Einkommensteuer, auf
der Ausgabenseite durch die Entlastung des Sozial(hilfe)haushalts infolge
einer breiten privaten Altersvorsorge. Die drei „A" von Ausbildung, Arbeitsmarkt und Altersvorsorge sind in der Tat das „Tripple A" des Sozial-
und Wirtschaftsstandorts Deutschland.

Sie wären es! Denn laut einer Studie der OECD liegt Deutschland in dem
prozentualen Anteil der Uni-Absolventen im Alter zwischen 25 und 34
Jahren mit 22 Prozent deutlich unterhalb des OECD-Durchschnitts von 32
Prozent und unter der Hälfte des Prozentsatzes von Japan mit über 54
Prozent. Gut dagegen sieht es im dualen Bildungssystem aus: 84 Prozent
der deutschen Bevölkerung im Alter zwischen 25 und 34 Jahren haben eine
abgeschlossene Berufsausbildung. Damit liegt Deutschland weit vorn in
der OECD-Statistik. Allerdings noch immer hinter: Südkorea, Schweden,
Finnland, der Schweiz, Dänemark, Österreich, und sogar knapp hinter den
USA! Kaum zu glauben, aber wahr laut OECD-Studie aus dem Jahr 2006
(WirtschaftsKurier 12, 2009). Diese Zahlen sind kein Selbstzweck, sondern
zeigen die Potenziale der Innovations- und Leistungsfähigkeit der Volkswirtschaften, die heute mehr denn je im (globalen) Wettbewerb stehen.

Doch nicht nur die berufliche Erstausbildungsquote ist maßstäblich für das
Qualitätspotenzial unserer Volkswirtschaft, sondern ebenso die berufliche
Weiterqualifizierung. Wie es scheint, wird in Deutschland diesbezüglich
viel Potenzial verschenkt. Eine Studie des DIW vom Frühjahr 2009 kommt
zu dem Ergebnis: *„Rund 4,5 Mrd. Euro gehen hierzulande jährlich durch feh-
lende Weiterbildung verloren. Damit liegt Deutschland im Europäischen Vergleich
auf einem der letzten Ränge."* (WirtschaftsKurier, April 2009, S. 23). Dies
betrifft grundsätzlich nahezu alle Branchen und bezieht sich in erster Linie

auf die IT-Fähigkeit. Dazu Achim Berg, Vorsitzender der Geschäftsführung von Microsoft Deutschland und Beiratsvorsitzender der Qualifizierungsinitiative „IT-Fitness": *„Berufliche Qualifizierung zahlt sich aus. Arbeitnehmer verdienen besser, erhöhen die Produktivität und sichern dadurch den Erfolg des Unternehmens – davon profitiert auch der Mittelstand als Motor der deutschen Wirtschaft. Deshalb ist kontinuierliche Weiterbildung hier besonders wichtig."* (WK, ebd.).

Trotz neuester politischer Bildungsinitiativen und erweiterter Finanzierungsprogramme zeichnet sich deutlich folgender Trend ab: Die Finanzierung von Bildung und Ausbildung wird zunehmend von staatlichen Trägern auf die Schultern der Bürgerinnen und Bürger sowie der Unternehmen übertragen. Mit anderen Worten: Der Staat schafft im Idealfall die Rahmenbedingungen für optimale Bildungsangebote und Bildungschancen; die Bürger füllen diesen Rahmen durch Wahrnehmung und Bezahlung der Angebote weitgehend selbst aus. Und die Unternehmer tun beides: Sie schaffen eigene Ausbildungsangebote und sie nutzen staatliche Angebote. Das betrifft nicht nur die gewöhnlichen Ausbildungswege im bewährten deutschen „dualen System" von Theorie und Praxis, sondern besonders solche Ausbildungswege, die den Berufsaspiranten einen zusätzlichen Vorsprung am internationalen Arbeitsmarkt verschaffen können: Auslandsstudium und -praktikum, Sprachkurse und andere Speziallehrgänge, der Besuch besonderer Hochschulen und vieles mehr.

Vom Bund katholischer Unternehmer e. V. (BKU) in Deutschland kam im Juli 2008 eine bemerkenswerte Denkschrift an die Öffentlichkeit, die sehr gut in unseren Kontext passt: *„Bildungsvermögen für alle. Neue Wege leistungsorientierter und gerechter Bildungsfinanzierung"*. Darin wird im Kern folgendes Mischmodell vorgeschlagen:

- ■ „eine massive Umschichtung öffentlicher Mittel aus dem tertiären Sektor [Hochschule] in vorschulischen Bereich,

- ■ eine entsprechende deutliche Entlastung der Familien mit Kindern im Vorschulalter durch eine Kombination von vollkostendeckenden Gutscheinen und deutlich erhöhten Steuerfreibeträgen,

- ■ die Schaffung von Rahmenbedingungen zum Aufbau von individuellem Bildungsvermögen und die Förderung des Bildungssparens,

■ eine stärkere Finanzierung von tertiärer und lebenslanger Bildung aus dem aufgebauten Bildungsvermögen und über Studiengebühren,

■ die Eröffnung von Möglichkeiten, tertiäre Bildung und Forschung auch über Kapitalmarktmittel zu finanzieren."

Vielerorts sind Studiengebühren bereits gang und gäbe. Und in der Regel kostet das Leben andernorts die Jugendlichen deutlich mehr als bei ihren Eltern. Staatliche Förderungen (BAföG etc.) sowie Stipendien verschiedener halb-/staatlicher wie privater Organisationen stehen zwar zur Verfügung (sofern sie auch bekannt sind!), sie sollten aber nicht als Selbstverständlichkeit für jeden Einzelfall vorausgesetzt werden.

Für eine Internationalisierung der Berufsausbildung spricht die Tatsache, dass sich die Welt der Arbeitsangebote und -nachfrage ebenso grenzüberschreitend entwickelt wie die des Kapitals und der Kommunikation. Wir sehen das nicht nur an der Anzahl der aus dem Ausland schon vor zwei bis drei Generationen zugezogenen Arbeitskräfte und an dem gegenwärtigen Anteil von Fachkräften mit „Migrationshintergrund", sondern auch an der Anzahl jener Mitbürger, die Deutschland – aus welchen Gründen auch immer – den Rücken kehren und zumindest zeitweise in anderen Staaten ihre beruflichen Vorstellungen realisieren. Wir haben zur Kenntnis zu nehmen, dass sich andernorts die Bedingungen für qualifizierte Arbeit und entsprechendes Einkommen nicht nur verbessert, sondern inzwischen zu echten Alternativen gegenüber denen bei uns zuhause entwickelt haben, ja unsere teilweise bereits überholen. Manche Freiberufler und Unternehmer können dies bestätigen – und keineswegs (nur) wegen der steuerlichen Konditionen. Um es auf den Punkt zu bringen: *Die Arbeit kommt nicht zu uns – wir müssen zur Arbeit kommen.* Und zwar dorthin, wo sich Arbeit rentieren und entfalten kann. Wer von uns dagegen glaubt, dass sein Arbeitsplatz in der Nähe seines heimischen Wohnortes auf Dauer sicher ist, der hat die Bedingungen unsere Zeit nicht verstanden und könnte bald zu den Verlierern gehören. Das ist jetzt kein arbeitgeberfreundliches Plädoyer für eine Reduzierung des arbeitenden Menschen auf seine bloß ökonomische Dimension als „Arbeitskraft" (AK!), sondern der Befund unserer Wirklichkeit und unserer Zukunft.

Aber es ist ein Plädoyer für eine Aufbruchstimmung, ein Appell, insbesondere an jüngere Menschen, in die Welt hinauszugehen, Erfahrungen zu sammeln und, wenn schon nicht in Deutschland, dann dort Karriere zu machen, wo sie ihre Bildung und Ausbildung einsetzen und entfalten können; vielleicht infolge kultureller Unterschiede nicht so völlig zwanglos und individualisiert wie zuhause, dafür aber in einem neuen Umfeld, welches bereichert und neue (Er-)Lebenschancen öffnet.

Wir können nicht ausschließen, dass uns die Zukunft der Globalisierung zu „Gastarbeitern" in Asien macht – wenn auch hoffentlich auf einem qualitativ hohen fachlichen Niveau.

An dieser Stelle wollen wir nachdrücklich betonen, dass Bildung und Ausbildung nicht allein eine Frage von öffentlichen oder privaten Finanzierungsbedingungen und organisatorischen Rahmenbedingungen sind, sondern in allererster Linie eine Frage der inneren Bereitschaft – um nicht zu sagen: des Bewusstseins – der jungen Menschen, nämlich selbstbewusst sowie mit einer Portion Neugier und „Abenteuerlust" die Bildungs- und Ausbildungsangebote im (In- und) Ausland pro-aktiv zu suchen und zu nutzen. Wir wissen, dass das leichter gesagt als getan ist. Aber die Möglichkeiten sind da. Die hohe Befähigung gerade junger Menschen im Umgang mit den Angeboten der Kommunikation, insbesondere im World Wide Web", ermöglicht heute bessere Voraussetzungen zum Schritt hinaus in die Welt als es früheren Generationen gegeben war.

Eine Generation von „Nesthockern" im „Hotel Mama" wird die Zukunft unseres Landes gewiss nicht gestalten können. Kulturen und Lebensformen anderer Menschen, Gesellschaften und Länder lernen wir nicht im Urlaub kennen, sondern in der Ausbildung und bei der Arbeit mit Menschen eben aus diesen anderen Ländern. Solche Auslandsaufenthalte, wie sie beispielsweise in einem „kleinen" Land wie in der Schweiz für viele Jugendliche eine Selbstverständlichkeit sind, zu finanzieren, ist nicht nur für die eigene Volkswirtschaft mit Sicherheit eine lohnende Investition, sondern noch mehr für den jungen Erwachsenen selbst bzw. für deren Eltern oder Großeltern. Der „Return on Investment" sind bessere Chancen und Einkommensperspektiven auf dem globalisierten Arbeitsmarkt.

Es besteht allgemeiner Konsens über den Zusammenhang von Berufsquali-
fikation und sozialen (Aufstiegs-)Chancen. Freilich wird in diesem Kontext
häufig kritisch bemängelt, dass in unserer Gesellschaft solche Chancen
eher den Kreisen mit entsprechenden finanziellen Möglichkeiten oder auch
mit einem höheren Bildungsgrad und Planungsbewusstsein vorbehalten
sind (Stichwort: Privatschulen), während die finanziell schwächeren sowie
„bildungsfernen" Schichten außen vor bleiben; von einer sozial vererbba-
ren Bildungsungerechtigkeit ist die Rede. Inwieweit dies der Realität entspricht oder nicht (wahrscheinlich aber schon!) – eindeutig ist aber doch
eins, nämlich der „natürliche" Wunsch vieler (und hoffentlich aller) Eltern,
dass ihr Nachwuchs durch Bildung und berufliche Ausbildung gute Ar-
beits- und Lebensbedingungen bzw. Aufstiegschancen bekommt. Darin
liegt das Motiv dafür, dass wir uns als Eltern darum kümmern – auch
finanziell. Und es ist ebenso eine Tatsache, dass der Zusammenhang von
Vorsorgebewusstsein und Bildungsstand sozialschichtenspezifisch erkennbar ist: **Bildung sorgt vor!**

Sofern die ältere Generation in ihrem Vorsorgebewusstsein auf die Generation ihrer Kinder und Enkel schaut, wird sie – nicht zuletzt mit Blick auf
die Finanzierbarkeit der gesetzlichen Renten auch im Eigeninteresse –
dafür sorgen, dass die jüngeren durch gute Bildung bessere berufliche
Chancen auf dem Ausbildungs- und Arbeitsmarkt haben: **Vorsorge bildet!**

Und geradezu eine Binsenweisheit ist die Tatsache, dass in der Regel die
Höhe des Arbeitseinkommens auch die eigene finanzielle Leistungsfähigkeit zur Altersvorsorge bestimmen kann. Wie wir oben also schon feststell-
ten, besteht generell ein unmittelbarer Zusammenhang zwischen *Ausbildung, Arbeitseinkommen* und *Altersvorsorge*. Diese Verknüpfung macht das
„Tripple A" unserer Gesellschaft aus. Einer Gesellschaft, die infolge der
qualifizierten Ausbildung von Arbeitskräften in der Lage ist, die für unsere
Volkswirtschaft so lebenswichtige Befähigung zu Wissenschaft, Forschung
und Innovation hervorzubringen und entsprechend gut bezahlte Arbeitsplätze anzubieten.

Nun geht es darum, wie wir diesen Zusammenhang in konkrete Maßnahmen umsetzen können. Dabei kommt uns u. a. der „7. Altenbericht" des
Bundesministeriums für Familie, Senioren, Jugend und Frauen sehr zu-
pass. In ihm ist von der „Generationensolidarität" die Rede. Darunter müs-

sen wir uns die Bereitschaft der „Generation 55 plus" vorstellen, für das
Wohl der Allgemeinheit, aber noch mehr für das einzelner, ihren Beitrag
zu leisten. Das beginnt (nicht erst) für die aus dem aktiven Berufsleben
ausgeschiedenen Personen u. a. bei ehrenamtlichen Aufgaben in Vereinen
und in den Gemeinden, und reicht bis zu berufsnahen Tätigkeiten, z. B. als
Berater oder freie Mitarbeiter von Unternehmen und Organisationen. Dabei – so der Altenbericht – sind die „neuen Alten" durchaus auch zu finanziellem Engagement bereit, wo sie es für sinnvoll halten.

Als ein ganz besonders sinnvolles und die Generationen in Solidarität
verbindendes Engagement bietet sich darin an, für die Finanzierung der
Ausbildung von Kindern/Enkeln mit monatlichen Beträgen (bereits ab
einer Höhe von 50 Euro) einen Vorsorgebeitrag zu leisten; z. B. in Form
eines Investmentfonds-Sparplans (gegebenenfalls gekoppelt mit einer
Absicherung des Ablebensrisikos); er sollte schon bei der Geburt der Enkel
bzw. im Kindesalter so frühzeitig wie möglich („Zinseszinsfaktor"!) beginnen. Zielführend und pädagogisch sinnvoll kann es in diesem Zusammenhang auch sein, einen Teil der Sparbeiträge durch die betroffenen Jugendlichen selbst beisteuern zu lassen, sei es aus dem Taschengeld, sei es später
durch Beiträge aus Ferienjobeinkommen etc. In diesen konkreten Fällen
von „Generationensolidarität" kann man seitens der älteren Erwachsenen
wirklich von einer Verantwortung für den *nächsten* Nächsten sprechen, die
– im Gegensatz zu manchen finanziellen Spenden an Organisationen zugunsten weit entfernter Nächster – auch noch besser kontrollierbar und
steuerbar ist. Beispielsweise indem die Groß-/Eltern das entsprechende
Sparguthaben bei Ausbildungsbeginn ihren Kindern/Enkeln noch nicht in
der vollen Höhe zur Verfügung stellen, so dass bis zum Ausbildungsab-
schluss ein restlicher Sparbetrag als stimulierende Erfolgsprämie eingesetzt
werden kann; und wenn diese dann nach erfolgreicher Beendigung der
Ausbildung zur Auszahlung kommt, ließe sie sich gleich zu Berufsbeginn,
ebenfalls zweckgebunden, als Startbeitrag in eines der staatlich geförderten
Altersvorsorgeangebote (z. B. „Riester") einsetzen. Sinnvoll schließt sich
somit der Kreis: Ausbildung – Arbeit – Altersvorsorge. Wir wollen ihn
noch erweitern mit: Allgemeinwohl.

In jedem Fall sind diese Investitionen in die Ausbildung der Kinder bzw.
der Enkel ganz im Sinne des eingangs zitierten Rates von André Kostolany.
Und für die Personen der „Generation 55 plus", die sich für ihren (Nach-)

Nachwuchs engagieren, machen diese Investments auch Sinn, denn sie geben etwas von *sich* weiter: Neben ihren Genen und ihrer Zuneigung lebt zusätzlich auch ihr finanzieller Beitrag in der Karriere ihrer Kindes-/Kinder weiter. Der „Altenbericht 2007" des Bundesministeriums für Familie, Senioren, Jugend und Frauen nimmt auch dieses Engagement in den Blick.

Aber noch einen zweiten, sinnstiftenden und pädagogischen Effekt hat diese Form der intergenerativen Ausbildungsvorsorge: Sofern sich die Kinder bzw. Jugendlichen an den Sparbeiträgen der Groß-/Eltern mit eigenen kleinen Geldbeträgen beteiligen (oder geldwerte Leistungen zuhause einbringen), entwickeln sie schon frühzeitig ein eigenes Vorsorge- und Planungsbewusstsein, welches ihnen später ermöglicht, ihr Leben finanziell verantwortlich zu gestalten und auch für Angehörige wiederum Verantwortung zu übernehmen. Worauf es nun also auch ankommt, ist die Aufgabe, dass wir Finanzberater unsere Kunden aus der Zielgruppe „55 plus" zum Handeln motivieren, indem wir ihnen, über die sinnvollen Konsequenzen ihrer Generationensolidarität hinaus, auch die „renditetechnischen" Vorzüge des langfristigen Sparens (Zinseszins-Faktor, Cost Average-Effekt und Ablauf-Optimierung; s. „Das Wertpapier-Haus"). erklären, was vielleicht bei vielen von ihnen (hoffentlich) gar nicht mehr nötig sein sollte.

Zum anderen wäre es auch wünschenswert, dass die Politik den sozial- und volkswirtschaftlichen Nutzen des „Ausbildungssparens" mit seinen Konsequenzen für die private Altersvorsorge erkennt und entsprechend fördert, wie es bei „Riester"- und „Rürup"-Verträgen bereits der Fall ist und von der Bevölkerung auch gut angenommen wird. Und darüber hinaus wäre eine analoge Förderung, ein „Bildungs-Riester" für diese Form der Zukunftsvorsorge auch für die Finanz- und Versicherungswirtschaft ein willkommener Umsatzimpulsgeber. Im Jahr 2009 gab es einen zaghaften Vorstoß in Richtung Ausbildungssparen von Seiten der Bundesministerin für Wissenschaft und Bildung, Annette Schavan. Leider wurde ihr Vorschlag zu schnell von manchen Medien, gesellschaftlichen Gruppierungen und von der parlamentarischen Opposition als „ungerechte Bevorzugung" finanziell besser gestellter Jugendlicher bzw. deren Eltern fehlinterpretiert und vorläufig abgewürgt. Hoffentlich vorläufig! Denn dass von Seiten der Eltern noch mehr als bisher für die Ausbildungsfinanzierung ihrer Kinder getan werden muss, das wird sich bald als unumgängliches Erfordernis herausstellen – angesichts des Rückgangs öffentlicher Mittel, auch wenn aus tagespolitisch aktuellen Erwägungen die Mittel für Bildung aufgestockt wurden.

Wir haben im Kapitel „Die Komponenten der Architektur" von der hohen Bedeutung des Planungsbewusstseins und der Verantwortung gesprochen. Das gilt natürlich in besonderem Maße auch mit Blick auf die nachwachsenden, jungen Generationen: sowohl für die Verantwortung von uns älteren ihnen gegenüber, als auch für deren Verantwortung sich selbst und ihren Eltern gegenüber. So tickt nun mal der Sozialstaat zwischen den Prinzipien Leistung – Subsidiarität – Solidarität. Und wenn der bekannte Soziologe Ulrich Beck in der Süddeutschen Zeitung vom 12.02.2010 (S. 30) schreibt *„Nichts ist heute so gewiss wie ein unsicherer Job"* und zuspitzend nachschiebt *„die Unsicherheit wird zum Bestandteil des Selbstbildes"* – besonders bei den Jüngeren – dann muss man ihm einerseits weitgehend recht geben. Doch andererseits daraus die Konsequenz zu ziehen, dass infolge von Unsicherheitsfaktoren auf dem Arbeitsmarkt und in den sozialen Bindungsstrukturen gleich das ganze eigene Leben nicht mehr absicherbar und damit jede Zukunftsplanung obsolet ist – das wäre ein fataler Irrtum. Gerade eine Zukunft, die *offen* (ein anderes Wort für unsicher, aber auch ein Chancen umschließendes) ist, fordert dazu auf, das eigene Lebensschiff auf Kurs zu bringen; und das heißt nichts anderes als die Optimierung von Arbeits- und Einkommenschancen durch berufliche Qualifizierung. Die meisten jungen Menschen in Ausbildung geben zum Glück allen Anlass zu Optimismus.

So wollen wir zusammenfassend wiederholen: Ausbildung – Arbeit(sein-kommen) – Altersvorsorge, das ist ein spezifisches „Tripple – A" – Rating für den Standort Deutschland. Zu ihm tragen die jungen Erwachsenen ebenso bei wie die „Generation 55 plus": mit ihrer **Generationensolidarität.**

2   „Best Ager"

„Mit 66 Jahren, da fängt das Leben an!", lautet ein altbekannter „Mutmacher"-Schlager von Udo Jürgens. Doch inzwischen definiert das Finanz- und Konsumgütermarketing eine besonders wachstumsstarke, konsumfreudige und geldaktive Kundengruppe bereits als „Generation 55 Plus". Es sind die „neuen", die „jungen" Alten, die im mehrjährigen Übergang vom aktiven Berufsleben in den aktiven Ruhestand wechseln. Ihre Konsumgewohnheiten und spezifischen Lebensformen sind kaum mehr mit denen ihrer Vorfahren vergleichbar. Sie leben eigenständiger, gesünder und werden in relativer Gesundheit länger alt, sie treiben Sport, sind lifestyle- und kulturbewusst und vielfach auch für das Gemeinwohl ehrenamtlich oder privat für ihre Nachkommen finanziell engagiert (vgl. dazu Kapitel „Generationensolidarität").

Allerdings werden – infolge des demografischen Wandels unserer Bevölkerung und der Gesundheitserfolge – auch die Zeiten des aktiven Berufslebens länger, so dass die oben genannte „Zielgruppe 55 plus" auch länger berufstätig bleibt – bleiben muss!

Doch nicht nur für das Marketing von Finanzdienstleistern, Gesundheits- und Freizeitanbietern und sonstigen Konsumbranchen ist die Zielgruppe „55 plus" ein interessanter Wachstumsmarkt. Auch der Staat, genauer gesagt: der Fiskus entdeckt sie für sich. Denn die „Senioren" sind die Steuerzahler von morgen. Ganz anders als noch vor Jahren, als die Demografie den Anteil der 25- bis 50-jährigen als stärkste Bevölkerungsgruppe abbildete, sind in den kommenden Jahrzehnten die 55-plus-jährigen in der Überzahl – bei gleichzeitig absolut abnehmender Bevölkerungszahl in Deutschland. Das Gewicht der Alten in der Gesellschaft nimmt also deutlich zu. Was die Reaktion der Politik auf diese Entwicklung betrifft, so sieht sie in der Gruppe „55 plus" ein wachsendes steuerliches Potenzial, weshalb seit 2005 die Einkünfte im Alter stärker als früher der Einkommensteuer unterliegen („Alterseinkünftegesetz" – AltEinkG). Ob sich die finanziellen Verhältnisse der künftigen Rentnergenerationen in Deutschland dank der stärkeren Besteuerung also positiv entwickeln, ist dann doch wieder frag-

lich, sofern sich die Deutschen nicht vor Beginn ihrer Rente noch stärker als
bisher mit privater Vorsorge dagegen wappnen. Dass sich die Altersgrenze
für den gesetzlichen Rentenbezug nach oben schiebt, ist nur ein weiterer
Aspekt. Und selbst in der gesetzlichen Rentenphase werden viele Rentnerinnen und Rentner künftig nicht umhin kommen, zusätzliche Einkom-
mensmöglichkeiten zu suchen.

Den meisten der gegenwärtigen Rentnerinnen und Rentnern ermöglicht
Ihre Altersversorgung, die sich im Wesentlichen aus den Komponenten der
gesetzlichen Rente und einer privaten Vermögensbildung zusammensetzt,
einen relativ komfortablen Lebensstandard. Noch! Denn ob und wie lange
das in Zukunft auch so bleibt, ist doch mehr als fraglich, da jedenfalls die
Steigerungsraten der gesetzlichen Rente vielleicht gerade mal die Inflati-
onsrate kompensieren. Auch deshalb wird private Altersvorsorge mehr als
nur ein „Gebot der Stunde". Da wird sie im Hinblick auf die Gesellschaft
im wahrsten Sinn des Wortes zur „Bürgerpflicht"!

Die Zielgruppenbeschreibung der heute gut versorgten Rentnerinnen und
Rentner berücksichtigt allerdings nicht, dass „darunter" auch solche im
sozialen Schatten des Wohlstands leben. Die aktuelle Zahl der Altersarmen
wird mit circa 4 Prozent der rund 2 Millionen Rentnerinnen und Rentner
beziffert, wobei in dieser Berechnung vermutlich die „verschämten Armen" und solche, die im Verbund einer Mehr-Generationenfamilie leben,
nicht erfasst sind. Davor, dass die Zahl der Personen in Altersarmut in der
Zukunft steigen dürfte, infolge ihrer ungenügenden privaten Altersvorsorge in der Gegenwart, ihrer teils uneinsichtigen Handlungsresistenz, aber
auch infolge ihrer zunehmend unregelmäßigen Arbeitseinkommen, wird
immer wieder gewarnt. Zudem weist die bisherige wirtschaftliche Grundlage der gesetzlichen Rente im Umlageverfahren, nämlich im wesentlichen
das Einkommen- und sonstige Steueraufkommen der aktiven jungen Generation, infolge der demografischen Entwicklung nicht mehr die gewohn-
te Stabilität auf. Eine sinkende Zahl beruflich Aktiver finanziert die Renten
einer wachsenden Zahl von Ruheständlern. Im Jahr 2030 dürfte das Verhältnis bei 2 : 1 liegen.

In diesem Kapitel möchten wir uns jedoch weniger auf das schon mehrfach
angesprochene Vorsorgebewusstsein für die private Altersvorsorge der
heute jüngeren Generation konzentrieren – so sehr wir das auch immer
wieder betonen –, sondern auf die eingangs beschriebene Kundengruppe

der Personen ab 55 Jahren. Denn obgleich die heutige Sicherung des künftigen Lebensstandards, wie gesagt, verstärkter eigenverantwortlicher Fi-
nanzierungsanstrengungen bei den berufsaktiven Personen bedarf, so geht
die Trendforschung dennoch zuversichtlich von einem generell wachsenden Markt kaufkräftiger älterer Mitbürgerinnen und Mitbürger aus, der
sogenannten „Best Ager".

Gerade auch die Finanzbranche bemüht sich inzwischen besonders kreativ
um diesen Personenkreis, dem man früher wegen „begrenzter Zukunftsperspektiven" nur dann Aufmerksamkeit widmete, wenn – abgesehen von
den üblichen Spareinlagen – veritable Beträge zur Vermögensverwaltung
in Wertpapieren von den „älteren Herrschaften" angeboten wurden. Auch
die „Versicherungen entdecken die Alten neu" (WirtschaftsKurier-SPECIAL",
April 2009, S. 18), mit Senioren-Spezialtarifen, insbesondere im Renten-,
Haftpflicht-, Hausrat-, Unfall- und Pflegeversicherungsbereich. Darüber
hinaus werden sie dank Bert Rürups Basisrenten-Modell als „Steueropti-
mierer" bei der Altersvorsorge ohne Mindestlaufzeit entdeckt. Natürlich
konzentriert sich das Finanzmarketing bei dieser Zielgruppe in erster Linie
auf die Angebote der Vermögensverwaltung, d. h. auf die strukturelle
Instandhaltung des bereits beschriebenen „Wertpapier-Hauses". Dieses
dürfen wir uns allerdings bei dieser Kundengruppe nicht mehr (wie zu
früheren Zeiten) nur als eine fest gefügte und unbeweglich strukturierte
Finanzanlage vorstellen (beispielsweise ausschließlich Pfandbriefe oder
Staatsanleihen), sondern in vielen Fällen als aktivierbare „Manövriermas-
se" der Anlageberater. Leider nicht immer zum Vorteil der „Wertpapier-
Hausbesitzer". Denn obwohl wir erwarten dürften, dass ältere Personen,
die ihr Arbeitsleben lang konsequent Geld gespart und erfolgreich angelegt
haben, nun auch bei der Vermögensverwaltung entsprechend vernünftig
und ausgewogen, sowohl risikobewusst als auch renditeorientiert, handeln, müssen wir doch immer wieder feststellen, dass auch und gerade sie
Opfer von Fehlberatungen, aber auch von eigenen Fehlentscheidungen
werden. Vielfach wird ihnen das Umschichten von einzelnen, als „langweilig" oder renditeschwach bezeichneten Geldanlagegattungen in „attrakti-
vere" Alternativen schmackhaft gemacht, die für sich genommen, keinen
höheren Nutzen, meist aber höhere Risiken in sich tragen; allerdings in
jedem Fall für die Anlageberater Provisionen abwerfen. Auch in diesem
Zusammenhang kamen die „Lehman-Papiere" ins Spiel – aber nicht nur
diese.

Als eine besondere Form der Geldanlage, gerade für Personen die es zu einem diversifizierbaren Finanzvermögen gebracht haben, aber sachwertorientiert sind, werden sogenannte „Geschlossene Fonds" angeboten. Der Begriff „Fonds" (vergleichbar mit den Investmentfonds bei Aktien, Anleihen usw.) ist dabei nicht korrekt, denn es handelt sich hierbei um unternehmerische Direktbeteiligungen, ohne unternehmerische direkte Entscheidungshoheit (meist in der Rechtsform einer KG) in Sachwertanlagen wie in Schiffe, Flugzeuge, gewerbliche Immobilien etc. (vgl. Kapitel „Das Wohn-Haus" und „Das Energiespar-Haus").

Hier zucken wir jetzt vielleicht ebenso zusammen wie im Kapitel Das „Wertpapier-Haus" beim Thema Aktien; denn auch sie sind Beteiligungen am Unternehmen, wenn auch wesentlich weniger „direkt unternehmerisch". Das „Unternehmerische" bei den „Geschlossenen Fonds" liegt in der Tat in dem Risiko, das gesamte investierte Kapital verlieren zu können, wenn das Unternehmen pleite geht. Das hat es nicht selten gegeben und wird auch künftig nie auszuschließen sein. So sind Investitionen beispielsweise in Frachtschiffe („Schiffs-Fonds") stark von der Weltkonjunktur abhängig und dementsprechend schwankungsanfällig bzw. verlustgefährdet. So kommt es bei dieser Geldanlagegattung noch mehr als bei vielen anderen ganz besonders auf Eigen-Information und professionelle Beratung an. Nun, wir dürfen aufgrund mancher schwarzer Schafe unter den Anlageberatern auf dem sogenannten „grauen Kapitalmarkt" nicht gleich das gesamte Anlagesegment der Geschlossenen Beteiligungen aburteilen. Es gibt durchaus solche, die solide und nachvollziehbar konzipiert sind und bei denen unternehmerisches Beteiligungsrisiko und Gewinnaussicht in einem vernünftigen Verhältnis zueinander stehen. Um diese aus dem Angebotsspektrum gezielt herauszufiltern, bedarf es einer sehr erfahrenen und vertrauenswürdigen Beratung, am besten durch „gestandene Persönlichkeiten" (selten am Bankschalter), die evtl. selbst schon erfolgreich ihre eigene Erfahrung damit gemacht haben. Auch sollten im Falle von Geschlossenen Immobilienfonds solche Investments bevorzugt werden, die dem Anleger sozusagen vor den Augen liegen, also nicht in allzu weiter Ferne.

Im Übrigen gilt auch bei den Beteiligungen in Geschlossene Fonds der gleiche Grundsatz wie bei Aktien, dass wir Investoren das Anlageobjekt auch kennen und verstehen. Ausführliche Prospekte, mit Beschreibungen der Geschäftszwecke, mit Berechnungsmodellen und Haftungsregeln für Investoren wie für die Betreiber der Sachanlagen, können uns darüber aufklären – sofern sie von uns gelesen und verstanden werden. Auch hierbei empfiehlt sich – so wie bei Investitionskrediten in private oder betriebliche Objekte (s. o.: Kapitel Das „Leih-Haus") – die Hinzuziehung neutraler Fachberatung (Steuerberater, Unternehmensberater, Finanzberater).

Noch vor einigen Jahren konnten auch Steuerberater solche Sachwertbeteiligungen empfehlen, da die meisten Beteiligungen an Geschlossenen Fonds auch (oder vor allem!) aufgrund ihrer steuerlichen Abschreibungsmöglichkeiten gerade für die „Best Ager" interessant waren, die damit ihren Einkommensteuersatz drücken wollten. Diese Empfehlungstätigkeit der Steuerberater konnte nicht selten mit ihrer wesenseigenen Pflicht, einer neutralen Beratung, kollidieren. Inzwischen konzentriert sich ihre Tätigkeit auf letztere, so dass sie (neben Unternehmensberatern) als kompetente und neutrale Kontrollstellen bei Investitionsentscheidungen in Sachwertbeteiligungen in Frage kommen. Zudem sind die steuerlichen Abschreibungsmöglichkeiten bei Geschlossenen Fonds durch den Gesetzgeber weitgehend reduziert worden (insbesondere bei „Medien-Fonds"). So steht zu recht (wieder) das eigentlich entscheidende unternehmerische Konzept der Beteiligung im Vordergrund. Deshalb kommen als Zielpersonen für das Investment in Sachwertbeteiligungen in erster Linie solche Kunden in Frage, von denen angenommen werden darf, dass sie im Lauf ihres Wirkens als Freiberufler oder Unternehmer selbst entsprechende Kenntnisse und Erfahrungen erworben haben und das Betriebskonzept einer angebotenen Sachwertbeteiligung beurteilen können – also naheliegenderweise besonders die finanzkräftigen und berufserfahrenen „Best Ager".

Der Finanzmarkt für Menschen über 55 Jahren bietet neben Beteiligungen in Sachwertanlagen auch sehr einfache Geldanlagen an, insbesondere natürlich im Spareinlagenbereich. Diese Form der Geldanlage trifft in sehr vielen Fällen auf die hohe Akzeptanz von Menschen, die sich aufgrund ihrer Lebenserfahrungen eine gute Portion Skepsis aufgebaut haben, mit der sie die neuen Produkte der Finanzindustrie und ihre „jung-dynamischen Verkäufer" beäugen. In vielen Fällen hat sich das auch bewährt, insbesondere in der Finanzmarktkrise.

Mit zunehmenden Jahren wenden sich die „Best Ager" der Konkretisierung ihrer finanziell bereits gesicherten Versorgung im hohen Alter zu; beispielsweise mit Blick auf einen reservierten Platz in einer „Senioren-Residenz". Manchmal auch gar nicht mehr in ihrer vertrauten heimischen Umgebung, sondern außer Landes, an Orten im „sonnigen Süden", die man schon in früheren Jahren während des Urlaubs kennen gelernt und lieb gewonnen hat. Der heutige Markt für die Bedürfnisse älterer Personen ist zunehmend internationaler geworden als er es zu früheren Zeiten gewesen ist. Dabei können sich freilich etliche Risiken auftun, die z. B. in der Struktur des Eigentumsrechts eines anderen Staates liegen. Deshalb ist gerade bei Ferien- und Altersresidenzen im Ausland ein besonderes Maß an Vorsicht und spezieller, ortskundiger Beratung geboten.

Für viele Senioren wird ein Leben im „Haus ohne Sorgen" finanziell nur dann möglich sein, wenn sie ihr Vermögen „entsparen". Der Verbrauch von Zinsen und Substanz bei Altersvorsorgevermögen in Form von Kapitalanlagen ist dabei der am häufigsten begangene Weg. Doch wenn dieser (vorzeitig) an sein Ende gelangt ist, dann wird die Reduzierung der Einkünfte auf die Gesetzliche Rente den finanziellen Spielraum deutlich einschränken. Nun verfügen freilich rund 50 Prozent der Senioren in Deutschland über schuldenfreie Immobilien: das Einfamilienhaus oder die Eigentumswohnung. Hier bietet sich ihnen die Möglichkeit der Einkommensgenerierung mittels Beleihung an. Gerade auch im Hinblick auf zu erwartende Kostensteigerungen für die Gesundheitsversorgung und Pflege im höheren Alter sind solche sogenannten „Umkehr-Hypotheken" eine praktikable Alternative zur völligen Liquidierung der liebgewordenen eigenen vier Wände. Das zusätzliche Alterseinkommen aus der beliehenen eigenen Immobilie, die sogenannte „Immo-Rente", ist anders als in etlichen anderen Staaten (in den USA sind solche „Reverse Mortgages" weit verbreitet) in Deutschland noch wenig bekannt – und wenn sie es ist, dann vielleicht wenig beliebt. Denn diese Form der „Entsparung" hat doch zu sehr den unseriösen Beigeschmack des Substanzverzehrs, was im Falle von Sachwerten, und ganz besonders bei den eigenen vier Wänden, uns Deutschen emotional gegen den Strich geht, auch wenn der „Umkehr-Hypotheken-Kunde" Inhaber seiner Immobilie bleibt, weiter darin wohnen kann und für ihre Substanzerhaltung verantwortlich ist. Gut möglich aber, dass dieses Altersfinanzierungsmodell dennoch Zuspruch finden wird, wenn es von mehreren Anbietern im Markt eingeführt und infolge von Konkurrenz und staatlicher Aufsicht transparent und praktikabel gestaltet wird; ganz abgesehen von der zu vermutenden Notwendigkeit für die „Best Ager" der nächsten Jahre.

Last but not least sei hier noch ein häufig zu beobachtender Aspekt angesprochen, dem sich Finanzberater bei ihren älteren Kunden mit Einfühlungsvermögen zu stellen haben: Der Zeitfaktor. Meist kommt das bei diesen Kunden darin zum Ausdruck, dass sie nur solche Geldanlagen wünschen, deren Laufzeit relativ kurz ist, in Verbindung mit der Aussage „man wisse ja nie....!" Aus diesem Grund ist es für uns Finanz- und Anlageberater die oberste Pflicht (wie übrigens gegenüber allen unseren Kunden, unabhängig von ihrem Alter!) nach dem Zweck und dem zeitlichen Horizont der anstehenden Geldanlage zu fragen, bevor wir konkret in unsere Produktkiste greifen. Die anleger- und anlagegerechte Beratung ist das oberste Prinzip bei allen Kunden, bei den älteren nicht weniger, sondern sogar noch mehr. Wie häufig lesen und hören wir von massiven Fehlberatungen, die infolge der Nichtbeachtung dieses Grundsatzes zustande kamen! Es ist also auch den Kunden nur zu empfehlen, ihre Ziele und Wünsche genau zu definieren und im Beratungsprotokoll dokumentieren zu lassen, damit sie sich gegebenenfalls darauf berufen können, wenn sie Schadensersatzforderungen stellen. Auf der anderen Seite können wir aber auch häufig feststellen, dass die Ziele, Wünsche und Anlagehorizonte von Seiten der Kunden ungenau und unkonkret definiert werden, lediglich mit dem vagen Hinweis, man wolle sich nicht „zu lange" binden, was auch immer damit gemeint sein mag. Wenn sich nämlich herausstellt, dass die existenziellen Bedürfnisse, die Ziele und Wünsche des Kunden finanziell (komfortabel) gesichert bzw. erfüllt sind, und er lediglich vor der Frage steht, ob die Laufzeit einer neuen Geldanlage seine eigene „Lebens-Laufzeit" überdauern könnte, dann sollten wir ihn von dem Irrglauben abzubringen versuchen, dass nur deshalb eine kurzfristige Geldanlage – im äußersten Fall auf dem verzinslichen Tagesgeldkonto – für ihn die angemessene Anlageform darstellt. Denn erstens weiß man „weder Tag noch Stunde"; zweitens – in aller Deutlichkeit sei das gesagt – kann niemand seine Geldanlage mit „hinüber" nehmen, da – wie wir alle wissen – „das letzte Hemd keine Taschen hat".

Vielmehr steht in solchen Fällen ein ganz anderer Aspekt auf der Tagesordnung, nämlich der, was mit dem Vermögen bzw. einem zur Anlage anstehenden Geldbetrag im Falle des Ablebens geschehen soll. Mit anderen Worten: Geldanlageentscheidungen sollten für die Menschen über 55 immer auch das Thema Vermögensnachfolge zumindest im Seitenblick haben. Doch wenn es ums Vererben bzw. das Stichwort Testament geht, dann kneifen die meisten. Laut einer Emnid-Umfrage haben nur rund 25 Prozent der Erwachsenen in Deutschland ein Testament. Professor Dr. Klaus Michael Groll, Präsident des deutschen Forums für Erbrecht e. V. rät, dass man ein Testament machen sollte, sobald man überhaupt Vermögenswerte sein eigen nennt. Testamente bzw. das ihnen zugrunde liegende Bewusstsein, sind Ausdruck von Kultur, im Sinne einer Verantwortung über die eigene Lebensdauer hinaus. Hingegen zeugt der Standpunkt „nach mir die Sintflut" von Kulturlosigkeit. Mehr über das Thema Schenken & Erben lesen wir später im Kapitel: „Gewinner". Hier sei jedoch nur so viel gesagt: Auch wir Finanzberater dürfen uns nicht scheuen diese Thematik anzusprechen – und zwar pro-aktiv. Zeigen wir damit doch nur ein ausgeprägtes Verantwortungsbewusstsein, sowohl gegenüber der Nachfolgegeneration, den Erben, als auch gegenüber der gegenwärtigen Generation derer, die etwas zu vererben haben: den **Best Ager!**

3 „Geld ist Frauensache!"

Vom weiblichen Umgang mit Geld

„Das macht alles mein Mann!" Wie häufig bekommen wir als Finanz- und Vorsorgeberater immer noch diese Antwort, wenn wir bei Ehefrauen Fragen rund um die Altersvorsorge, Risikoabsicherung, Geldanlage oder Kreditfinanzierung ansprechen! Doch es tut sich etwas. Frauen werden auch beim Thema Geld zunehmend selbstbewusst,

1. weil sie sich keine Bevormundung mehr gefallen lassen wollen – und dürfen;

2. weil sie sich bewusst werden, dass sie von Geldanlage mehr verstehen als man(n) ihnen zutraut und sie sich selbst zugetraut haben;

3. weil sie erkennen, dass ihre frauenspezifische finanzielle Situation (in den meisten Fällen) mehr Eigeninitiative erfordert.

Denn noch immer ist ihre Rolle in unserer Welt der Arbeit und der Wirtschaft nicht auf dem Level der Männer. Am deutlichsten evident bei der Festlegung von Arbeitseinkommen. Für die gleiche Arbeit und Position auf der Karriereleiter liegen ihre Gehälter (zu) häufig unter dem vergleichbaren Niveau ihrer männlichen Kollegen, im Durchschnitt um 25 Prozent.

Noch düsterer sieht es mit der Besetzung von Führungs- bzw. Vorstandspositionen für Frauen aus: Gegenwärtig sitzen lediglich vier Frauen in Vorständen der 30 Dax-Unternehmen. Um diesem Ungleichgewicht Abhilfe zu schaffen, will die Deutsche Telekom mit gutem Beispiel vorangehen und führt eine „Frauenquote" im Vorstand ein. Nun, Quotenregelungen sind als „ultima ratio" vielleicht nicht ganz verkehrt; allerdings eben auch beschämender Ausdruck für das Versagen des Bewusstseins bei den Männern in den Vorstandsetagen, die offenbar mit ihren „Seilschaften" (anderswo heißen sie „Zigarren-Clubs"!) das Eindringen weiblicher „Konkurrenten" verhindert haben. Bisher. Warten wir's ab, ob die Deutsche Telekom tatsächlich Schule macht.

Laut Hoppenstedt-Holding kommen auf 50.000 Top-Manager in Unternehmen ab einer Umsatzgröße von 20 Millionen Euro lediglich 3000 Frauen (6 Prozent). Dieses Schlaglicht wird zusätzlich erhellt von den Ausbildungswegen, die junge Frauen einschlagen: überwiegend in soziale und pflegerische, in verwaltungs- und bürotechnische, in verkaufsorientierte und in bildungs- bzw. kulturspezifische Berufe; relativ selten in ingenieurtechnische und naturwissenschaftliche sowie betriebs- und volkswirtschaftliche Laufbahnen. An den speziellen Manager-Schmieden in den meisten Ländern und auch in Deutschland überwiegt der Anteil der jungen Männer bei weitem. Und unter den beruflich selbstständigen Frauen sind die allermeisten im unternehmens- und personenbezogenen Dienstleistungsbereich und im Handel sowie in der Gastronomie tätig, wo die Gehälter meist deutlich unter den Niveaus anderer Branchen liegen.

In Bezug auf ihre Rentenanwartschaften und die Sicherung ihres Lebensstandards im Alter sind die meisten Frauen zudem infolge ihrer familiär- bzw. kinderbedingten Erwerbsbiographien mit entsprechenden Unterbrechungen bzw. Abbrüchen von Vorsorgeleistungen schlechter versorgt und gegebenenfalls auf das Einkommen/die Rente der Ehemänner angewiesen. Und wenn dann noch Scheidungen hinzukommen und die Kürzung der Laufzeit für die väterlichen Unterhaltsverpflichtungen an die Kinder die allein erziehenden Frauen zum baldigen (Wieder-)Einstieg in den Arbeitsmarkt nötigen, dann kann es finanziell richtig eng werden.

Altersarmut – sie hat oft ein weibliches Gesicht. Denn immer noch sorgen zu wenige Frauen frühzeitig und konsequent für ihr Alter und ihre finanzielle Unabhängigkeit vor. Und in Sachen „Ehevertrag" scheuen die allermeisten Frauen (und auch viele Männer) aus den unterschiedlichsten Gründen davor zurück, das „heikle" Thema anzusprechen, insbesondere aus Furcht, dadurch die „wahre Liebe" (!) zur „Ware Liebe" werden zu lassen – mit verhängnisvollen Auswirkungen.

Das „Institut für Vorsorge und Finanzplanung" (Altenstadt/WN) hat im Auftrag der „Union Investment GmbH" eine *Studie zur finanziellen Absicherung von Frauen im Alter* vorgelegt. Sie ist gut verständlich verfasst und mit anschaulichen Grafiken und Tabellen ausgestattet. Darin wird der private Vorsorgebedarf von Frauen unterschiedlicher Alters- und Einkommens-„Kohorten" errechnet und empfohlen, welche Vorsorgevariante

am meisten zielführend ist. Diese Ausarbeitung stellt eine starke Argumen-
tationsgrundlage dar für alle Vorsorgeberaterinnen und -beratern, ganz
besonders für jene, die ein solches Vorsorgebewusstsein bei ihren unterversorgten bzw. vorsorge-resistenten Kundinnen noch wecken und in die
Tat umsetzen müssen. An dieser Stelle sei mit freundlicher Genehmigung
der Herausgeberin und Auftraggeberin aus dieser Studie zitiert:

„Die gesetzliche Rente reicht zur Sicherung des Lebensstandards im Alter [selbst
für diejenigen, die ohne Unterbrechung in die Pflichtversorgung einzahlen]
*bei weitem nicht aus. ..... Das trifft in besonderem Maße auf die Frauen zu, da
diese eine höhere Lebenserwartung als die Männer aufweisen und zudem aufgrund
ihrer ´besonderen´ Erwerbsbiografie im Durchschnitt niedrigere gesetzliche Renten
erhalten."*

Einer der Hauptgründe ist der Erwerbsausfall und damit die Minderung
der Rentenanwartschaft wegen Geburt und Kindererziehung. Der Gesetzgeber versucht diese Lücke durch Berücksichtigung von Kindererzie-
hungszeiten bei der Rentenbemessung zwar zu schließen, aber gelingen
kann das nur schrittweise und jedenfalls nicht genügend. *„Eine Frau, die
sich nach der Geburt ihres Kindes* [wir reden nur von *einem* Kind!] *über einen
Zeitraum von 10 Jahren ausschließlich der Kindererziehung widmet, anschließend
über 5 Jahre Teilzeit arbeitet und erst danach wieder einer Vollzeitbeschäftigung
nachgeht* [dann wohl kaum in einer hoch bezahlten Top-Position!], *kann eine
fast 30 Prozent niedrigere gesetzliche Rente erwarten. Kehrt sie hingegen nach der
Geburt ihres Kindes überhaupt nicht mehr ins Erwerbsleben zurück* [zumeist bei
mehreren Kindern], *muss sie mit bis zu 80 Prozent niedrigeren gesetzlichen
Renten kalkulieren."* Da ist die Abhängigkeit vom Verdienst des Kindesva-
ters bzw. vom „Vater Staat" vorprogrammiert!

„Die wahre Emanzipation beginnt im Geldbeutel: Geld ist Frauensache!" (Vgl.
dazu: „SIE. Das Finanz-Magazin für Frauen", Hrsg. von Deutscher Herold
Versicherungsgruppe der Deutschen Bank, GD Österreich, 2000). Dieser
altbekannte Schlachtruf von Frauenrechtlerinnen verfehlte durchaus nicht
seine Wirkung, allerdings zunächst – mehr als bei vielen Frauen – bei vielen (Ehe-)Männern! Löste er doch so manche Befürchtung aus, dass sich die
Ehefrauen durch eine finanzielle Besserstellung leichter aus der Bindung
(oder Abhängigkeit?!) „emanzipieren" können.

Doch inzwischen sind auch (Ehe-)Männer lernfähiger geworden und akzeptieren – jedenfalls im Privatbereich mehr als noch in den Chefetagen
und Personalabteilungen mancher Unternehmen – die gleiche Augenhöhe
der Frauen mit ihnen. Dafür mag die Tatsache sprechen, dass die Zahl der
Ehemänner, die nach der Geburt eines Kindes ihren Job zeitweise unter-
brechen, um sich bei reduzierten Gehaltsbezügen der Kindesbetreuung zu
widmen und gegebenenfalls die Fortsetzung des vollen Arbeitseinkommens der Ehefrau zu gewährleisten, höher als vom Gesetzgeber erwartet
ausgefallen ist. So begrüßenswert also diese Chancengleichheit für unterschiedliche Entscheidungen in den Familien bezüglich der Kindesbetreuung („Kindeserziehungszeit", KEZ) durch Väter oder Mütter oder beider
abwechselnd ist, so offen bleiben freilich doch noch solche Fragen, welche
z. B. die Chancengleichheit bei der Altersversorgung betreffen. So ist die
Anrechnung der sozialversicherungsfreien Arbeit als Mutter in der KEZ
auf die spätere Rentenanwartschaft alles andere als zufrieden stellend.

Nun wollen wir uns hier ja nicht allein auf die finanziellen Situationen von
Ehefrauen mit Kindern konzentrieren, sondern ebenso auf die der weiblichen „Singles" jeden Erwachsenenalters. Und wie der oben zitierte Aufruf
schon nahe legt, geht es uns zunächst einmal um den in diesem Buch immer wieder angesprochenen *Bewusstseinswandel: „Geld ist Frauensache"*, das
heißt: Frauen greifen aktiv und mit Interesse die Themen Geldanlage,
Vermögensaufbau, Risikovorsorge, Altersversorgung oder Finanzierung
auf, sie beschäftigen sich damit, nicht „im stillen Kämmerlein", sondern in
Gruppen, z. B. in Investmentfrauenclubs oder im „World Wide Web". Sie
vernetzen sich, holen sich fachliche Informationen zum Herunterladen und
tauschen miteinander Fragen, Antworten und ihre Erkenntnisse aus.

Dabei können wir die Erfahrung machen, dass Frauen gerade bei Fragen
der Absicherung gegen Risiken oft mehr Kompetenz und Engagement
zeigen als beim Thema Renditeoptimierung. Wir wollen zur Begründung
hier keine Klischees bedienen, aber doch darauf verweisen, dass dieses
„weibliche" Risikobewusstsein der wenigen Frauen, die z. B. bei den (In-
vestment-)Banken in Führungspositionen beschäftigt sind, so manche
riskante Finanzoperation ihrer männlichen Kollegen nicht mitgemacht
und möglicherweise viele weitere verhindert hätte. Ja, wir lesen die empi-
risch noch genauer zu belegende These, dass es bei einem mehr „weiblichen" Investmentbanking weniger „steile" Kredithebelungen (Leverages)

gegeben und deshalb die Finanzmarktkrise nicht diese verheerenden Schieflagen der Banken hervorgerufen hätte. Haben Frauen einen weiteren Verantwortungshorizont als Männer? Ist also Geld „Frauensache"?

Nun, wenn wir uns in den Banktürmen umsehen, dann mag das für die unteren Etagen zutreffen; in den oberen jedoch noch (zu) wenig. Unter der Überschrift *„Frauen sind die besseren Anleger"* berichtet die Financial Times Deutschland (FTD) am 09.04.2009 über das Ergebnis einer Studie des Online Brokers DAB Bank: *„Sowohl in steigenden als auch in fallenden Märkten erzielen weibliche Investoren eine höhere Rendite als männliche".* Die Untersuchung basiert auf der Auswertung von Depots der männlichen und weiblichen Kunden der Bank und stellt deren verschiedene Jahresergebnisse in Relation zur Wertentwicklung des MSCI World Index. Der Grund für die kontinuierlichen Erfolge der weiblichen Kunden liegt in ihrer höheren Sicherheitsorientierung, was sich in einer vergleichsweise niedrigeren Quote an volatilen Aktien und Optionsscheinen und einer Übergewichtung an schwankungsärmeren Anleihen und breit streuenden Fonds zeigt. *„Doch noch ein weiterer Faktor erklärt den Erfolg der Frauen: Sie stehen zu ihren Investitionsentscheidungen und schichten weniger um. .... Die alte Regel 'Hin und Her macht Taschen leer` wird durch die Ergebnisse eindrucksvoll bestätigt."* Und wiederum bestätigt wird diese Erkenntnis über das Anlegerverhalten von Frauen ein halbes Jahr später in dem Interview der FTD (02.10.2009, S. 22) mit Constanze Hintze (Finanzberatung Svea Kuschel & Kolleginnen) und Markus Kutzschbach (Bankhaus Metzler) unter der Überschrift: *„Weibliche Anleger sind weniger sprunghaft".* M. Kutzschbach: *„Frauen sind diszipliierter und halten auch in schwierigen Zeiten an ihrer langfristigen Strategie fest. Männer werfen manchmal beim ersten Sturm ihre Strategie über Bord."* C. Hintze: *„Männer lassen sich in ihrem Handeln eher vom Tagesgeschehen leiten. Von unseren Kundendepots haben die gut abgeschnitten, die ein geringes Risiko gefahren haben und in denen weniger umgeschichtet wurde. Und diese Depots gehören ausnahmslos Frauen."*

Wenn man das liest, sollte man eigentlich davon ausgehen, dass Frauen eine wesentlich größere Rolle im Bankgeschäft spielen (sollten) als es der Fall ist. Dass dem aber nicht so ist, liegt gewiss zum einen an den noch anhaltenden traditionellen Rollenverteilungsstrukturen in unserer Gesellschaft und Arbeitswelt, zum anderen auch an der gerade in der Finanzbranche guten Vernetzung der Männer auf der Führungsebene. Aber es liegt noch ein weiterer Grund vor, der am Ende des zitierten Artikels aus der FTD vom 09.04.2009 zum Nachdenken veranlasst. Dort heißt es: *„Trotz ihres Erfolges sind die Damen im Schnitt weniger börseninteressiert. Ende 2008 verwaltete die DAB Bank in Deutschland rund 465 000 Depots, wovon nur 27 Prozent auf Frauen entfielen."* Wir wollen diese Schlussfolgerung von einem kleineren Depotanteil der Frauen auf ein geringeres Börseninteresse mal dahingestellt sein lassen. Unbezweifelbar jedoch ist die Tatsache, dass der erfolgreiche Umgang mit Geld den Frauen zwar auf der einen Seite gut gelingt, auf der anderen Seite aber dieser Umstand nicht dazu führt, dass dies in der Gesellschaft und in der Finanzwirtschaft gebührend beachtet und konkret berücksichtigt wird. Hier geht wirksames Potenzial verloren. Wie heißt es so schön? „Männer denken anders – Frauen auch". Oder „umgekehrt"?

Über Jahrhunderte praktizieren die meisten Frauen ihre spezifischen Lebensformen, indem sie mehrere Dinge in einem Geflecht von Tätigkeiten integriert erledigen: Haushalt, Kindererziehung, Beruf, Freundeskreis, Hobby..... . „Multi-Tasking" ist die aktuelle, allerdings auch sehr fragwürdige (gesundheitsschädliche?) Variante dieser Verhaltensform: Mit dem Head-Set telefonieren und die Waschmaschine einräumen, während man mit einem Ohr die Nachrichten am Fernsehen zur Kenntnis nimmt und aufpasst, dass das Essen nicht anbrennt ..... . In der Arbeitswelt, besonders in Büro-Berufen, ist diese roboterhafte Fähigkeit des gleichzeitigen Abwickelns verschiedener Einzelaufgaben hoch willkommen. Vielleicht verfügen Frauen über eine traditionell antrainierte oder gar über eine „natürlichere" Fähigkeit, in vernetzten Strukturen zu denken und zu handeln, als es die meisten Männer mit ihrem einseitigen jagd- und zielorientierten Erfolgsbewusstsein vermögen. Mag sein, dass solche Ansichten als klischeehaft oder als unbelegbare Vorurteile abgetan werden; doch die Realität in vielen Haushalten und Büros scheint sie (noch immer) zu belegen. Das heißt freilich noch lange nicht, dass es so auch bleiben muss. Besser für die Karrierechancen von Frauen wäre es allemal, die Bedingungen für die Vereinbarkeit von Familie und Beruf (die drei „K" von heute: Kinder-Kohle-Karriere) so auszugestalten, dass dieses viel beschworene weibliche Multifunktionstalent nicht zu „Burn-out-Syndromen" führt. Die Politik scheint die richtigen Konsequenzen zu ziehen. Tun es die Personalabteilungen der Unternehmen auch?

In der Gegenwart und mehr noch in der Zukunft erwarten uns neue Her-
ausforderungen: Die Bedingungen der Arbeitswelt ändern sich, z. B. in
einer vermehrten beruflichen Flexibilität statt in Einbahn-Karrieren, in
einer vom Internet ermöglichten gegenseitigen Überlagerung von Arbeitsplatz und Privatsphäre, oder in einem fließenden Übergang von haus-
externer Arbeit und haus-interner Kindererziehung etc.. Auch die Gesellschaft ist strukturell im Wandel begriffen: Multiple Lebensformen lösen
überkommene Kernfamilienstrukturen und geschlechterrollen-definierte
Verhaltensnormen ab. Neben der seit Jahren zu beobachtenden und noch
nicht abgeschlossenen „Atomisierung" der Gesellschaft in eine Ansamm-
lung von Single-Haushalten treten mit zunehmender Akzeptanz neue
Integrationsgemeinschaften, die sich von der früheren Drei-Generationen-
Familie unter einem Dach unterscheiden: Patchwork-Familien ohne „Fami-
lienoberhaupt", altershomogene Wohngemeinschaften außerhalb der „Al-
tersheime", Lebensgemeinschaften auf Zeit anstatt bis zum Lebensende
usw.

Das könnte nach Ansicht der Wiener Kommunikationstrainerin Dr. Ingrid
Kösten modernen Frauen die Chance geben, ihre Netzwerk-Stärken zu
nutzen. Ihre Prognose: Unsere Gesellschaft beginnt weiblicher zu werden.
„Die Frau der Zukunft ist Lebens-Unternehmerin", definierte Frau Kösten, die
zugleich Geschäftsführerin der Agentur „Woman Success" ist, bereits vor
Jahren. Und mit Blick auf ein beworbenes Haushaltsgerät brachte ein TV-
Werbespot die Tätigkeitsvielfalt der „Hausfrau" in ähnlicher Weise vo-
rausschauend auf den Punkt: *„Ich führe ein sehr erfolgreiches, kleines Familienunternehmen!"*

Nun, wie gesagt, ob das „die Frauen" wirklich auch so sehen bzw. so haben möchten, sei dahin gestellt. Deutschlands Arbeits- und Sozialministerin, Dr. Ursula von der Leyen, konstatiert: *„Unser Bild von Arbeit ist bisher
gewesen: mittelalt, männlich, Industrie. Und genau diese Branche trifft die Wirtschaftskrise mit voller Wucht. Gleichzeitig gibt es ganz unabhängig von der Krise
einen Strukturwandel: Arbeit wird in Zukunft älter, weiblicher, bunter, innovati-
ver sein."* (Süddeutsche Zeitung vom 12./13.12.2009, S. 7). Von „Multi-Task-
Women" ist hier nichts zu hören.

Viele Frauen wissen oder erkennen noch nicht, dass sie über gute Voraussetzungen verfügen, sich auch in der Welt der Finanzen zurecht zu finden, und überlassen diese fachliche Domäne weiterhin den Männern. Obwohl meist sicherheitsorientierter als (ihre) Männer lässt sich ein systematisches Planungsverhalten bei Frauen mitunter nicht immer so deutlich ausmachen, was von Seiten der meist männlichen Finanzberater bestenfalls erwartet, schlimmstenfalls mit belehrender Herablassung quittiert wird. Deshalb haben sich bereits frauenspezifische Büros auf dem Gebiet der Versicherungen und Geldanlagen etabliert, bei denen mit entsprechend höherer Empathie ausschließlich „von Frau zu Frau" beraten wird. So verdienstvoll und für manche Frauen gut zugänglich solche Initiativen sind, um ihr schlummerndes Finanzplanungsbewusstsein wach zu küssen, so meinen wir doch, dass der Satz *„Geld ist Frauensache"* nicht in dem Sinne verstanden werden soll, dass das Beratungsgespräch von Frau zu Mann davon ausgesperrt bleibt.

Um einander besser zu verstehen und gemeinsam zu handeln, bedarf es im Grunde ja nichts anderes als der im Eingangskapitel bereits angesprochenen offenen Verhaltensweisen und einer kommunikativ und informativ gleichen Augenhöhe. Entscheidend ist es daher, dass Berater(in) und Kundin jeweils umfassend informiert und aktiv sind. Informationsangebote im Internet und staatlicherseits gibt es genügend. Hinzu kommt, dass einige weitsichtige Finanz- und Vorsorgeberater(innen) für solche kommunikative Begegnungen mit ihren Kundinnen sorgen, bei denen es um die Vermittlung von Informationen rund ums Geld sowie um Motivationen zur frauenspezifischen Finanzplanung geht. Da kommt es dann darauf an, dass sich die Frauen dieser Themen mit Engagement annehmen. So werden sie im besten Sinne des Wortes selbst-bewusst erkennen: **Geld ist Frauensache!**

4   „Leistungsträger"

Der Mittelstand im Schatten der Großen

Der sogenannte Mittelstand in Deutschland gilt zu recht als wesentliche Stütze unserer Volkswirtschaft, auch wenn seine Bedeutung im Schatten der großen oder auch kleineren börsennotierten Konzerne nicht immer die gebührende Beachtung findet. Vielleicht liegt es einfach daran, dass seine Vertreter und Mitglieder lieber unauffällig ihrer Arbeit nachgehen als medienwirksam in der Öffentlichkeit in Erscheinung zu treten. Es sind die vielen freiberuflich und unternehmerisch Tätigen, die **Leistungsträger** in unserer Gesellschaft. Laut Institut der Deutschen Wirtschaft in Köln gehören zu ihnen „*rd. zwei Millionen Familienunternehmen mit mindestens 50.000 Euro Umsatz, dazu weitere 1,5 Millionen Kleinstbetriebe unterhalb dieser Umsatzschwelle. Zusammen stehen sie für 98 Prozent aller deutscher Firmen, für 85 Prozent der Industrieunternehmen, für 41 Prozent der gesamten deutschen Unternehmensumsätze und nicht zuletzt für knapp 60 Prozent aller sozialversicherungspflichtig Beschäftigten im Lande*" (Süddeutsche Zeitung vom 19.03.2009, Beilage „Finanzieren im Mittelstand").

Wenn wir bei den bisher besuchten Bewohnern in unserem „Haus" ganz nachdrücklich darauf hingewiesen haben, vorsorge- und risikobewusst zu handeln, dann wollen wir diese Mahnung im Fall von unseren Leistungsträgern etwas modifizieren. Denn ihre wirtschaftliche Existenz ist im Unterschied zu der von sozialversicherungspflichtigen Arbeitnehmern von Haus aus in einem höheren Maß mit gewissen größeren **Risiken** verbunden. So ist beispielsweise ihre Altersvorsorge nahezu ausschließlich eigenfinanziert, ohne staatliche („Riester"-) Zulagen, wenn auch mit einer attraktiven steuerlichen Förderung („Rürup-Rente"). Gleichwohl wird dieses Vorsorgemodell noch immer zu wenig realisiert. Ja nicht selten haben die Unternehmer/-Eigentümer und vor allem viele Freiberufler wesentlich schlechter für ihr Alter vorgesorgt als ihre Mitarbeiter.

Und ein besonders existenz-sensibler Risikobereich für Selbstständige sind Unfälle sowie Berufs- und Erwerbsunfähigkeit. Rein statistisch verunglückt rund alle 10 Sekunden ein Bundesbürger. Doch die 4,4 Millionen Selbstständigen unter ihnen sind – anders als sozialversicherungspflichtige Arbeitnehmer und Angestellte – meist nicht automatisch während der Arbeit oder auf dem Weg zu ihr gesetzlich unfallversichert. Bei ihnen besteht auch kein Anspruch auf Lohnfortzahlung. Daher ist eine *private Unfallversicherung (sowie eine Krankentagesgeldversicherung)* von existenzieller Bedeutung. Das gleiche gilt für die *Betriebsunterbrechungsversicherung*, da in den meisten Fällen die Existenz des Betriebes mit der des Inhabers steht und fällt. Da kaum ein Freiberufler oder Unternehmer seinen Betrieb über längere Zeit gerne alleine lässt und sich meist vor seiner völligen Genesung bereits wieder in die Arbeit stürzt, bedarf er auch professioneller Lebenshilfen zur Bewältigung alltäglicher Aufgaben, vom Einkaufen über Kundenbesuchsfahrten bis zum Fitnesstraining, sofern nicht ein Ehepartner oder sonstiger Nahestehender manche dieser Aufgaben abnimmt. *„Assistance"-Leistungen* sind daher vielfach in den Unfall-Versicherungsschutz integrierbar und sinnvoll. Über die Risiken der Berufs- und Erwerbsunfähigkeit werden wir uns im Kapitel „Verlierer" noch eingehend Gedanken machen.

Die **Altersvorsorge von Geschäftsführern** ist zudem ein komplexes Gebiet, weil dieser Personenkreis beim Arbeits-, Steuer- und Insolvenzrecht sowie bei der Sozialversicherung eine Sonderrolle einnimmt. Hinzu kommt, dass z. B. die steuerliche Anerkennung der betrieblichen Altersvorsorge von Gesellschafter-Geschäftsführern von Seiten der Finanzverwaltung an Bedingungen geknüpft ist; sie betrifft ausschließlich die Absicherungen der biometrischen Risiken: Alter („Langlebigkeit"), Tod und Invalidität. Hier empfiehlt sich unbedingt die Beratung durch spezialisierte Steuerfachleute.

„Neben dieser Beschränkung haben Versicherer insbesondere bei der Direktversicherung einen großen Spielraum bei der Gestaltung von Produkten. Es besteht daher die Möglichkeit, das gewählte Produkt optimal an individuelle Vorsorgesituationen anzupassen" (WirtschaftsKurier SPECIAL, Versicherungsführer 2009, S. 29). Besonders „passend" erscheinen in dem Zusammenhang die sogenannten *„Whole Life Policen"*, deren hohe Flexibilität sich nach dem Lebensphasenmodell ausrichtet; d. h. sie berücksichtigt die sich verändernden Lebensumstände des Versicherten (vgl. dazu Kapitel „Das Haus ohne Sorgen"). Das wesentliche Risikomerkmal der wirtschaftlich Selbstständigen besteht in ihrer **unternehmerischen Entscheidungsfreiheit und -fähigkeit**, welche in der Regel komplexere Konsequenzen nach sich zieht,

als das für Arbeitnehmer und Angestellte in sozialversicherungspflichtigen Arbeitsverhältnissen gilt. Zumal die meisten der Unternehmer und Freiberufler nicht nur für sich selbst, sondern auch für ihre „abhängig Beschäftigten" mit-verantwortlich sind. Und zwar sowohl bezüglich des Arbeitsplatzes, der Arbeitsbedingungen und des Arbeitseinkommens, als auch im Hinblick auf deren Altersversorgung – Stichwort: *betriebliche Altersversorgung (bAV)* für sozialversicherungspflichtige Arbeitnehmer. Die verschiedenen Varianten der bAV als zusätzliche Altersvorsorge, deren Bedeutung immer stärker zunehmen wird und sollte (!) machen es i. d. R. erforderlich, dass die Arbeitgeber-Unternehmer auf den fachlichen Rat von bAV-Spezialisten in Zusammenarbeit mit ihren Steuerberatern bzw. Wirtschaftsprüfern zurückgreifen. Denn die Konsequenzen einer falschen Entscheidung bei der bAV können teuer und langwierig sein.

Freiberufler und mittelständische Unternehmer arbeiten „näher am Risiko". Und sie sollen es auch. Warum denn das? Sollten sie ihre direkte Verantwortung für ihre Mitarbeiter im Unternehmen nicht mit einem besonders geringen Risiko wahrnehmen?! Dem wird gewiss niemand widersprechen. Was wir in diesem Zusammenhang freilich meinen, ist die Erfahrung, dass weder die *Gründung eines Unternehmens* bzw. der *Schritt in die Selbstständigkeit* noch die unternehmerische bzw. freiberufliche *Führung eines Unternehmens* ohne **Mut zum Risiko**, ohne den „Spirit of Enterprise" erfolgreich verläuft. „Wer wagt, gewinnt", lautet eine altbekannte Devise. Dem widerspricht keineswegs die kaufmännische Regel, dass zum „Wagen" auch das „Wägen", also das Kalkulieren von Erfolgs- wie von Risikofaktoren, gehört. Denn so wie das „Wagen" die Dinge nach vorne bewegt und zu Innovation, Wandel und Wachstum führt, so kann und sollte das „Wägen" vor Illusionen und vor dem Absturz bewahren. (vgl. dazu Kapitel „Das Leih-Haus"). Aber genügt dies? Wohl kaum. Im Ernstfall muss auch der Freiberufler und der Unternehmer – wie der Topmanager und Vorstand des Großunternehmens – *haftpflichtversichert* sein, sowohl strafrechtlich als auch vermögensrechtlich. Eigentlich eine Binsenweisheit. Doch wird sie auch beachtet?

Ähnlich wie im privaten Leben, nur wesentlich intensiver, müssen sich Unternehmer und Freiberufler um ein zeitnahes *Liquiditätsmanagement* kümmern. Häufig führt das zum Aufspüren von eigenen Finanzierungsreserven, die die Position des Unternehmers in Kreditgesprächen mit seinem

Finanzberater stärken (Bonität). Doch scheint die Bedeutung des Liquidi-
tätsmanagements bei manchen Unternehmern noch nicht in dem erforder-
lichen Maß erkannt und anerkannt zu sein. Laut einer von der Deutschen
Bank in Auftrag gegebenen Umfrage unter 200 Unternehmern sind zwar 93
Prozent der Befragten schon der Überzeugung, *„dass Liquiditätsmanagement
gerade in dieser Wirtschaftskrise wichtig ist. Obwohl aber Zahlungsunfähigkeit ein
Insolvenzgrund sein kann, verzichtet jedes fünfte Unternehmen in Deutschland
auf das systematische Beobachten und Management der Liquidität.“* (Frankfurter
Allgemeine Zeitung vom 23.12.2009, S. 13). Man fühlt sich beim Befund
dieser Diskrepanz an ähnliche Ergebnisse bei Umfragen unter Privatpersonen in Deutschland bezüglich der Altersvorsorge erinnert.

Ergänzend dazu sei angemerkt, dass es für die Gruppe der wirtschaftlich
Selbstständigen deshalb gerade heute mehr denn je darauf ankommt, pro-
aktiv eine enge Verbindung zu ihrem regional ansässigen Finanzberater
bzw. Kreditinstitut zu pflegen. Und zwar so persönlich und so kompetent
wie möglich. Denn die Stärke des **persönlichen Kontaktes** liegt doch darin, dass gegenseitiges Verständnis nur durch Offenheit über die bestehende Finanzsituation und durch Überzeugungskraft bezüglich nachvollzieh-
barer Unternehmensziele erreicht und erhalten wird. Und das unabhängig
von der sozialpolitischen Argumentationskeule, dass z. B. eine Kreditver-
weigerung Arbeitsplätze gefährden und strukturelle Probleme in der Region verursachen würde. **Eine optimale Finanzkommunikation im Mittelstand macht sich direkt in Geld bezahlt, indem dadurch das Unterneh-
mens-Rating bei den Banken steigen kann, was sich in günstigen Kreditkonditionen bemerkbar macht.**

Und auch wir Finanzberater innerhalb und außerhalb der Banken sollten
gerade in Krisenzeiten mit unseren wirtschaftlich selbstständigen Kunden
im engen und konstruktiven Kontakt bleiben statt abzutauchen. Die kri-
senargumentierte Kreditzurückhaltung („Kreditklemme") der Banken liegt
ja vermutlich weniger an den einzelnen Kreditnehmern, sondern hauptsächlich an der systemimmanenten Verunsicherung innerhalb des Finanzsektors. So tun sich seit dem abgewendeten Kollaps des Finanzmarktes
manche mittelständische und kleinere Unternehmen besonders schwer,
von ihrer Hausbank mit Liquidität versorgt zu werden. Die Kreditverga-
bekriterien sind schärfer geworden, wobei das Regelwerk namens „Basel II" bzw. bereits „Basel III" als willkommene Begründung, in Wahrheit

wohl eher als Ausrede, herhalten muss. *„Die Banken kennen die Größe meiner Unterhosen"*, klagte ein fränkischer Mittelständler, der sich um die Vermittlung eines Kredites aus den staatlichen Konjunkturprogrammen durch seine Hausbank bemühte (Süddeutsche Zeitung vom 09.07.2009, S. 28).

Im Zusammenhang mit der Finanz- und Wirtschaftskrise wird mit Recht auf das Missverhältnis von Risikobewusstsein und Verantwortung bei manchen Banken hingewiesen. Im Finanzbereich handelt es sich in der Regel allerdings nicht um „freie Unternehmer", sondern um angestellte „Manager" auf finanziell gut gepolsterten Vorstandssesseln. Deshalb sind ja auch jene Banken, die sich in privaten (Familien-) Eigentum befinden und in unternehmerisch-verantwortlichem und nachhaltig geführtem Management über Generationen persönlich haftender „Bankiers" geleitet werden, in der Regel von den Auswirkungen der Finanzmarktkrise weniger berührt worden (wenn wir einmal von dem speziellen Fall der prominenten größten deutschen bzw. europäischen Privatbank absehen). Gleiches gilt freilich auch für etliche relativ unabhängig geführten Filialen der Genossenschaftsbanken und Sparkassen. So bewährt sich auch im Bankensektor das Prinzip des (Eigentümer-) Unternehmertums, indem lokale Nähe zum Markt, persönliche Verantwortung und Haftung der Eigentümer-/Unternehmer oder Freiberufler vor Ort, aber auch familiäre Traditionen sowie enge Bindungen der Eigentümer-/ Unternehmer zu den Mitarbeiterinnen und Mitarbeitern wie zu den Kunden häufig eine verantwortungsvollere oder besser gesagt: vorsichtig abwägende Unternehmensführung zur Folge haben, als das bei auswechselbaren Konzernmanagern mit ausreichender Vermögensschaden- und Management-Haftpflichtversicherung zu beobachten ist. Diese Haltung zeigt sich besonders deutlich im Umgang mit bzw. in der Bindung zu den Kunden. **Kundenbindung** war, laut einer Umfrage der Deutschen Bank bei Unternehmerinnen und Unternehmern im September 2009, für die Mehrzahl das A und O der Unternehmensstrategie, und das nicht nur, wenn auch ganz besonders, in Krisenzeiten.

Sehen wir uns mal um im „Haus", in den Zimmern der Freiberufler – angefangen vom Architekten, über den Inhaber einer Werbeangentur, die Rechtsanwältin, bis hin zum Zahnarzt etc. – sowie in den Räumen der Inhaber kleinerer und mittlerer Familienunternehmen (KMU) – beginnend vom Autohändler, über die Boutiquebesitzerin, den Hotelier, bis hin zum Reiseveranstalter usw.: Viele sind häufig vom geschäftlichen Erfolg der

Großunternehmen abhängig. Das schlägt sich natürlich ganz besonders in ihren Liquiditätsverhältnissen nieder und in ihrem Planungsverhalten. Letzteres stellt eine Herausforderung an ihre unternehmerische Phantasie dar: Wie lässt sich die einseitige Abhängigkeit von den „Großen" verringern? Wo befinden sich neue Nischen im Markt, wie kommt man zu neuen Kunden, wie lässt sich das eigene Angebot an die Nachfrage anpassen usw. Und als Konsequenz daraus: Wie lassen sich persönliche Risiken vermeiden und der Lebensstandard in Zukunft sichern?

Deshalb sind Freiberufler und Unternehmensinhaber in ganz besonderem Maße dazu aufgerufen, auch ihre privaten finanziellen Verhältnisse und Vorsorgeziele mit Finanzberatern laufend zu analysieren und pro-aktiv zu gestalten. Für ihre **Altersvorsorge** spielt das Modell der *„Basis-Rente"* aus der Feder des Rentenexperten Professor Bert Rürup eine zentrale, um nicht zu sagen, eine verpflichtende Rolle. Ihre steuerlichen Vorteile sind wesentlich wirksam. Sie lassen sich so erklären: Seit Einführung des sogenannten „Alterseinkünftegesetzes" (AltEinkG) im Jahre 2005 sind für nicht gesetzlich versicherte Personen – also die allermeisten Freiberufler und Unternehmer – die Altersvorsorgeaufwendungen steuerlich absetzbar; und zwar pro Person bis zu maximal 20.000 Euro p. a. (für Ehepaare das Doppelte); jedoch nicht von Anfang an in dieser vollen Höhe, sondern jährlich gestaffelt, von 60 Prozent in 2005 bis zu 100 Prozent im Jahr 2025. Doch der Staat verschenkt nichts, er holt sich zumindest einen (Ertragsan-)Teil davon im Rentenalter in Form der sogenannten „nachgelagerten Besteuerung" der Alterseinkünfte wieder zurück, und zwar ebenfalls in gestaffelter Höhe: beginnend mit 50 Prozent in 2005 um jährlich 2 Prozent ansteigend bis 2020 und danach bis 2040 um 1 Prozent jährlich ansteigend bis zu 100 Prozent. Allerdings mit dem grundlegenden Vorteil für den zuvor steuerbegünstigten Vorsorgenden und später steuerpflichtigen Leistungsbezieher, dass durch diese zeitliche Verschiebung der Steuerbelastung und durch die in aller Regel niedrigeren Steuersätze in der Rentenbezugsphase gegenüber jenen in der Erwerbsphase ein verzinsungswirksamer Liquiditätsvorteil entsteht.

In freier Anlehnung an Goethes Empfehlung, „was du ererbt von deinen Vätern hast, erwirb es, um es zu besitzen", proklamieren wir:

> „Was du in den Berufsjahren an Steuern sparst, investier es, um später ein Polster zu besitzen!"

Lässt es sich unternehmerisch doch entspannter „wägen" und vor allem „wagen", wenn die persönlich-private Sphäre frühzeitig abgesichert ist. Dieser Grundsatz findet bei dieser Personengruppe allerdings öfter als wir annehmen keine ausreichende Berücksichtigung. Das verwundert uns, da wir von umfassend unternehmerisch denkenden und handelnden Menschen eigentlich erwarten können, dass ihre Aufmerksamkeit sich nicht einseitig und nur auf das unternehmerische Objekt- die Firma – richtet, sondern ebenso auf sich selbst, auf das unternehmerische Subjekt.

Hierzu ein Beispiel aus der erlebten Wirklichkeit, wir betiteln es „Versäumnisse mit bösen Folgen": Der 50-jährige Inhaber der Firma Korn-Installation (Name geändert) kam infolge eines Schlaganfalls auf die Intensivstation ins Krankenhaus und lag für Tage im Koma. Weit entfernt davon, eine Entscheidung selbst treffen zu können, wurde er bald zum Pflegefall der Stufe 3. Seiner Firma ging es noch schlechter, denn die hatte niemanden, der sie „pflegen" konnte: Die Bank stoppte die Überweisungen, die Lieferanten die Lieferungen, die Kunden blieben fern und die Mitarbeiter zuhause. Herr Korn hatte *versäumt*, mit einer Vertretungs- bzw. **Patientenverfügung** vorzusorgen. Es brauchte Wochen, bis ein Vormundschaftsgericht zusammen mit den Angehörigen des Herrn Korn und seinem Vorarbeiter eine Regelung zur Weiterführung der Firma erarbeiten konnte. Und das funktionierte auch nur noch für ein halbes Jahr, denn dann war die Firma gleichwohl am Ende: Sie musste liquidiert werden, um mit dem Erlös die Kosten für die Pflege des Herrn Korn zu bezahlen. Der gesetzliche Pflegesatz mit maximal rund 1.500 Euro pro Monat reichte nicht aus. Herr Korn hatte nämlich auch noch *versäumt*, eine private **Zusatzpflegeversicherung** abzuschließen. Doch es kam noch dicker: Als Herr Korn schließlich an den Folgen des Schlaganfalls verstarb, hatte er *versäumt*, ein **Testament** zu machen. Der frisch verheiratete Sohn verlangte nun von seiner Mutter die Auszahlung des gesetzlichen Erbteils. So blieb Frau Korn beim Tod ihres Mannes von der bereits reduzierten Pflegekostenrücklage aus dem Firmenverkauf schließlich nur noch ein relativ kleiner Rest.

Was nun die Firmen selbst angeht, so sind ihre Inhaber zu einigen **Risikoabsicherungen** geradezu verpflichtet: Hierzu zählt zuallererst die Rechtsschutzversicherung (inkl. Strafrechtsschutz), bei Top-Managern die „Directors and Officers-Insurance" (D&O) sowie die *Betriebshaftpflichtversicherung inkl. Umwelthaftpflicht*; sodann die *Betriebsinhaltsversicherung* gegen Schäden am Umlauf- und Anlagevermögen; des weiteren die *Betriebsunterbrechungsversicherung*, die *Produkthaftpflichtversicherung* und – seit neuestem – auch eine *Schadensersatzversicherung* aufgrund des Diskriminierungsverbotes im Allgemeinen Gleichbehandlungsgesetz (AGG).

Ähnlich wie im Versicherungsgeschäft mit Privatkunden ist auch bei den Firmenkunden der Versicherungswirtschaft ein Trend zu Versicherungspaketen „aus einer Hand" zu verzeichnen. Für kühl rechnende Unternehmer und Freiberufler bedeutet das zwar einerseits weniger Zeit- und manchmal auch Kostenaufwand, wenn sie sich nicht mehr mit unterschiedlichen Gesellschaften und Versicherungsvertretern beschäftigen müssen; andererseits erfordert das auch eine gründliche Überprüfung der nicht immer transparenten Kostenstrukturen solcher Versicherungsbündel. So sind Unternehmer und Freiberufler ebenso wie Privat-Versicherte gut beraten, wenn sie vor den Vertragsabschlüssen das „Klein Gedruckte" der Versicherungspolicen genau studieren bzw. von dritter Seite kontrollieren lassen und darüber hinaus, nach Vertragsabschluss, etwa alle zwei Jahre einen „Check up" ihrer laufenden Verträge durchführen (lassen). Wovor jedoch in dem Zusammenhang gewarnt werden muss, ist das überreagierende Wechseln von einer Versicherung zur nächsten, wenn lediglich ein Aspekt von mehreren nicht den gewünschten Vorstellungen entspricht oder von der Konkurrenz aufgespießt wird: Das schmeckt häufig nur nach Provisionsschneiderei.

Neben etlichen unternehmerisch geprägten Zielen und Wünschen nennen Unternehmerfamilien als oberstes Ziel häufig den **Erhalt des Vermögens**. Doch welches Vermögen ist da gemeint? Das „Familienvermögen" ist oft bis zu 90 Prozent im Unternehmen gebunden. Daneben gibt es meist noch das private Wohnhaus (auch nicht immer lastenfrei), evtl. eine Ferienimmobilie (manchmal ein Klotz am Bein), ein Gesellschafterdarlehen und gegebenenfalls ein meist vernachlässigtes, jedenfalls nicht aktiv gemanagtes Wertpapierdepot. Doch diese „rein" privaten Vermögenswerte reichen oft nicht hin, wenn es für das Unternehmensvermögen zu einer nachhaltigen und schweren Belastung kommt. Dann wird der Griff – sei es vom Eigentümer, sei es von den Banken – in das Privatvermögen oft unvermeidlich. Daher ist es für Freiberufler und Unternehmer unverzichtbar, dass sie neben einer diversifizierten Struktur ihres persönlich-privaten Vermögensportfolios auch für ihre insolvenzgesicherte Altersvorsorge und

die Sicherung des Lebensstandards – auch ohne Unternehmen (!) – zu-
griffsimmune **Rücklagen** bilden. Das betrifft auch und in besonderem
Maße finanzielle Reserven außerhalb des Unternehmensvermögens für den
Erbfall, d. h. für die Auszahlung jener Erben, die das Unternehmen selbst
nicht übernehmen. Gerade diesem letzt genannten Aspekt wird leider von
vielen Unternehmern zu wenig Beachtung geschenkt, so dass im Erbfall
nicht selten aus dem Unternehmen Liquidität bzw. Substanz zur Auszahlung der „weichenden" Erben entnommen werden muss. Viele Unternehmer kreisen um dieses Thema wie die berühmte Katze um den heißen Brei,
sei es weil sie noch überhaupt nicht ans Übergeben oder ans „Abtreten"
denken möchten, bzw. sich nicht als entbehrlich vorstellen können; sei es,
weil sie sich noch keinen Nachfolger herangezogen haben; sei es, weil sie
im Fall des Falles auf die Harmonie innerhalb der Erben bzw. Unterneh-
mensnachfolger vertrauen; sei es, weil sie einfach für die Beschäftigung mit
dem Thema keine Zeit haben – zu haben glauben. Doch das rächt sich.

Seit längerem haben nach den großen Anwalts- und Steuerkanzleien auch
die Banken, Unternehmensberater und selbst Versicherungen die Themen
„Schenken & Erben" in der vermögenden Familie sowie *„Nachfolgeregelung"*
im Familienunternehmen – als ertragreiche, kundenbindungsstarke und
produktvernetzte Geschäftsfelder entdeckt und zum Teil in eigenständige
Tochtergesellschaften, sogenannte *„Family Offices"*, ausgelagert. Auch wir
mobilen Finanzberater sollten bei unseren Kontakten mit den mittelständi-
schen Unternehmern und Freiberuflern dieses Thema pro-aktiv ansprechen
und ggf. an Fachanwälte und Steuerberater weiterreichen.

Gelegentlich begegnen wir leider auch anderen Zeitgenossen, die ganz im
Gegensatz zu den vorsorgeabstinenten Unternehmern überwiegend oder
ausschließlich sich selbst bzw. ihr privates Vermögen im Blick haben: Sie
schlachten ihr Unternehmen bewusst aus und ziehen die Gewinne heraus,
ohne Absichten zur Re-Investition, und bauen sich zu Lasten des Unternehmens ihr privates Wertpapierhaus auf, gegebenenfalls „off shore",
diskret und „steuer-immun". Haben sie das etwa von manchen verantwor-
tungslosen Topmanagern aus Großkonzernen gelernt? Da möchte der
„ehrbare Kaufmann" gerne grüßen – doch er bleibt ungehört! Statt dessen
entbrennt in der politischen Klasse wie am Stammtisch und in den Medien
ein hitziger Disput über den Sinn und die Berechtigung von zweifelhaften
Maßnahmen der Steuerfahndung im Sinne der steuerlichen Gerechtigkeit,

sowie über die strafrechtliche Bewertung von Steuerhinterziehung; und in diesem Zusammenhang ein weiterer Disput über die zeitgemäße Angemessenheit des Bankgeheimnisses – insbesondere mit den kurzsichtigen Blicken von „Kavalleristen" auf europäische Nachbarstaaten, während die Steueroasen im Fernen Osten (noch) außen vor bleiben.

So führt das Fehlverhalten einzelner in der Öffentlichkeit leider zu häufig zu einer Pauschalverurteilung der unternehmerischen und freiberuflichen Leistungsträger. Und in den Medien gezeigte Bilder von Pelzmänteln, Privatjachten und anderen Luxus-Szenarien stimulieren die öffentliche Meinung zum wohlfeilen Volkszorn. Das ist auf der einen Seite zwar durchaus nachvollziehbar angesichts der für viele Arbeitnehmer Existenz bedrohenden Auswirkungen im Gefolge der Finanzmarktkrise. Mehr Sensibilität und kommunikatives Verantwortungsbewusstsein mancher Unternehmer wäre da schon angebracht. Auf der anderen Seite bieten auch die „neuen" planungsradikalen Wirtschafts- und Gesellschaftsmodelle etlicher Populisten, die sich dieser Bilder für ihre Zwecke bedienen, keine tragfähige Grundlage für unseren Wohlstand. Denn der lässt sich nicht erreichen durch Vergesellschaftung bzw. Verstaatlichung (deren Ergebnisse kennen wir!), sondern nur durch die Stärkung persönlicher und sozialverantwortlicher Leistung. Was ihre Träger an die Gesellschaft abliefern (sollten), ist – abgesehen von Steuern, Abgaben und natürlich dem eigenen und gesamtwirtschaftlichem Nutzen – das gute **Vorbild**: Klein- und mittelständische Unternehmer bilden ja so etwas wie die „Hefe" unseres allgemeinen Wohlstands.

Im weiteren Sinn hat der bekannte englische Nationalökonom Adam Smith (1723–1790) in seinem Standardwerk „The Wealth of Nations" darüber seine philosophische Betrachtung angestellt, indem er die These vertrat, dass das allgemeine, gesellschaftliche Glück dadurch maximiert werde, dass jedes Individuum im Rahmen seiner ethischen „Gefühle" versucht, sein persönliches Glück zu erhöhen. Die von Adam Smith eingesetzte „unsichtbare Hand" sei für eine gerechte Verteilung dieses Glücks maßgeblich. Dass diese „unsichtbare Hand" das bisher nicht immer optimal zuwege gebracht hat, wissen wir heute mehr denn je, weshalb wir sie schon vor 60 Jahren sozusagen in die „Sichtbarkeit" gebracht und im System der sozialen Marktwirtschaft „gezähmt" haben; und im Bereich der „wilden" internationalen Finanzmärkte versuchen wir dies jetzt wiederum.

Bei aller Umstrittenheit, der sich Adam Smiths Thesen ausgesetzt sehen, ist es gleichwohl interessant und wichtig festzuhalten, dass es diesem „Vater der *freien* Marktwirtschaft" in hohem Maße darauf ankam, das ethische *Verantwortungsbewusstsein* des Einzelnen für das Ganze als Handlungsrahmen vorauszusetzen. – Wir sehen: Immer wieder und gleichsam zwangsläufig kommen wir bei der Erörterung unserer Themen darauf zu sprechen.

„Leitbilder sind Ansporn für die Karriere. Doch die meisten Menschen suchen sie sich im privaten Umfeld. Dabei profitieren wir von einem vorbildlichen Chef oder Kollegen am meisten." Mit dieser Feststellung leitet Jörg Oberwittler in der FAZ vom 11./12.04.09 (S. C 1) seinen Artikel *„Vom Vorbild beflügelt"* ein. Darin muss er feststellen, dass laut einer Studie der Unternehmensberatungsfirma Accenture bei den Lenkern von Großunternehmen und Topmanagern der ehemalige Vorbildbonus in den letzten Jahren stark verfallen ist. Etliche prominente Beispiele belegen dies. Gleichwohl – oder besser gesagt: gerade deshalb – bietet sich den Unternehmern im Mittelstand jetzt die gute Gelegenheit, aus dem Schatten der Großen herauszutreten und ein unspektakuläres und solides Leitbild vom Unternehmertum zu präsentieren. Es ist geprägt von persönlicher Haftung – also Verantwortung –, von Nähe zu den Mitarbeitern ebenso wie zu den Lieferanten und Kunden, von Bodenhaftung im Hinblick auf die Geschäfts- und Renditeziele und nicht zuletzt vom Engagement im sozialen und politischen Umfeld.

In seinem bemerkenswerten Beitrag *„Vorbild Chef "* in der Süddeutschen Zeitung vom 30.04./01.05.2009 (S. 23) weist Professor Dr. Birger P. Priddat (Universität Witten-Herdecke) nach, *„wer klug kalkuliert und Regeln in der eigenen Firma vorlebt, der motiviert so seine Angestellten."* Und erreicht so seine unternehmerischen Ziele besser. Darüber hinaus ist Ethik bzw. Moral für den Unternehmer bzw. Vorgesetzten kein verzichtbarer *„Schönheitszusatz"*, sondern essentieller Wert eines Geschäfts: *„Ob Mitarbeiter, ob Kunden, ob Konsumenten: Bestimmte moralische Standards müssen gelten, will man nicht Wettbewerbseinbußen oder Leistungsabfall hinnehmen. Die Ethik der Wirtschaft ist keine Spielerei, sondern ein Teil der Wertanalyse, wobei Werte hier in beiden Bedeutungen gemeint sind: moralische und finanzielle Werte, beides hängt zusammen. Das ist ein relevanter Faktor."* Die Formel *„Wertschöpfung durch Wertschätzung"* liest sich ggf. missverständlich, wenn man hinter der Wertschätzung der Person (des Mitarbeiters wie des Kunden) lediglich die

Absicht wittert, dessen materiellen Wert abzuschöpfen. *Menschen sind nicht nur Nutzenmaximierer*, lautet dagegen Priddats Credo. Und in der Tat: sie sind es nicht *nur* nicht, sie sind es überhaupt nicht! Denn die Nutzenmaximierung entspringt nicht einer Person, sondern sie entspringt dem Produkt und der Dienstleistung, dem Service und der Beratung: Wenn das auf die Bedürfnisse und Wünsche der Kunden bzw. der Mitarbeiter ausgerichtet und marktkonform kalkuliert ist, dann stellt sich der Nutzen bei aufmerksamem Marketing ganz von selbst ein.

Als Leistungsträger sind wir (sollten es sein) also zugleich vorbildliche Verantwortungsträger. Beides zusammen macht „Elite" aus, derer jede Gesellschaft bedarf, auch wenn dieser Begriff aus mancherlei Gründen (besonders pervertiert in der NS-Zeit) in Verruf gekommen ist. Aus unserer Sicht beantwortet sich die Frage „Brauchen wir Eliten" (Leitartikel von Alfred Herrhausen im Geschäftsbericht der Deutschen Bank von 1984) dahingehend, dass Eliten immer auch im Hinblick auf die Beachtung der Würde des Einzelnen Vorbildfunktionen wahrzunehmen haben, an denen sich unser Handeln in der Zivilgesellschaft orientieren kann. Konkret: Unternehmertum als Lebensform und Lebenshaltung kann und sollte in unserer Gesellschaft ein „Ferment" sein, welches jenen Bewusstseinswandel hervorbringt, der die Eigenverantwortlichkeit des Einzelnen stärkt und staatliche Bevormundung in Grenzen hält; gerade in Krisenzeiten, in denen der Ruf nach dem rettenden Staat den Blick auf seine lediglich Rahmen setzenden Aufgaben vernebelt.

Auch in der persönlichen Einstellung der Unternehmer und Freiberufler zu ihrer eigenen Lebensvorsorge kann man – ähnlich wie bei ihren Finanzierungs- und Investitionsstrategien – ihre Fähigkeit ablesen, Weichen für die Zukunft zu stellen. Die stille Elite im Schatten der Großen – Freiberufler und Unternehmer – sollen nicht nur mit ihrem unternehmerischen Mut zum Wagnis, sondern auch mit dem wägenden Vorsorgebewusstsein Hand an diese Weichen legen. Sie können, sie müssen es sich leisten, sie sind die **Leistungsträger.**

5   „Verlierer"

Erwerbsunfähig - krank - pflegebedürftig - altersarm

„Rentenpräsident warnt vor Altersarmut" betitelt die Financial Times Deutschland ihre Meldung vom 12.11.2009 (S. 9). Und berichtet weiter über die Kritik von Herbert Rische am Konzept gegen die Altersarmut im Koalitionsvertrag der Bundesregierung: *„Um diejenigen, die ein Leben lang voll gearbeitet haben, muss man sich* [staatlicherseits] *am wenigsten kümmern. Da gibt es andere, die es nötiger haben."* Als besonders gefährdet hält Rische die *„Hartz-IV-Empfänger, Erwerbsgeminderte und diejenigen, die gar nicht in die Rente einzahlen, wie zahlreiche Selbstständige."* Zu ergänzen wäre: die allein erziehenden Mütter und die zu vielen unterversorgten Frauen.

Am 12.02.2008 berichtete das „Handelsblatt" unter der Überschrift: *„Arbeitsloser sucht Freitod auf Hochsitz"* über einen 58-jährigen Mann, der sich nach Verlust von Ehefrau, Arbeitsplatz und schließlich Arbeitslosengeld 2 auf einem Hochsitz im Wald innerhalb von 24 Tagen zu Tode hungerte. So individuell dieser tragische Vorfall auch ist, so bezeichnend ist er doch für die häufigsten Ursachen der Altersarmut: Scheidung und Arbeitslosigkeit, in Verbindung mit Vereinsamung und Resignation und – da war doch noch was: Ja, richtig: Unterlassene Altersvorsorge!

Altersarmut:

Die Furcht vor Altersarmut in Deutschland wächst. Fast 90 Prozent der Deutschen haben nach einer Studie der Postbank wenig oder gar kein Vertrauen mehr in die Stabilität des staatlichen Rentensystems. Und dennoch bekennt die Mehrheit, fürs Alter nicht eigenverantwortlich ausreichend vorgesorgt zu haben. Jeder Sechste befürchtet, im Alter seinen Lebensunterhalt aus eigenen Mitteln nicht bestreiten zu können. Doch für das Altersvorsorgesparen muss es nie wirklich zu spät sein, auch wenn es je früher desto erfolgreicher ist. Denn für Verträge nach den Modellen „Riester-Rente" oder „Basis-(Rürup-) Rente" oder für die betriebliche Altersvorsorge (bAV), die mit Zulagen und/oder Steuervorteilen staatlicherseits gefördert werden, gibt es keine Mindestlaufzeit. So steht also einem Vertragsabschluss beispielsweise auch im Alter von 50 Jahren nichts im Weg [1]. Und auch für Geringverdiener lohnt es sich, bzw. sollte es sich lohnen, eine staatlich geförderte private und betriebliche Altersvorsorge abzuschließen.

Allerdings muss man Herrn Rische recht geben, wenn er darauf hinweist, dass das eigentliche Problem der Altersarmut in der Ausweitung und Struktur des Niedriglohnsektors liegt. Laut Statistischem Bundesamt hat sich dieser Bereich des Arbeitsmarktes zwischen 1998 und 2008 von 15 auf 22 Prozent der Beschäftigten ausgeweitet. Es bleibt genau zu beobachten, ob diese Tendenz weiter steigt oder zurückgeführt werden kann.

Berufs-/Erwerbsunfähigkeit:

Eines der am meisten unterschätzten Risiken in unserem Leben liegt in dem Verlust der Fähigkeit, aus unserem Berufs- bzw. Erwerbseinkommen den Lebensunterhalt zu bestreiten: die Berufs- bzw. Erwerbsunfähigkeit. Dieses Risiko ist weiter verbreitet als wir glauben. Aber für uns selbst blenden wir es oft ganz aus. Dabei ist nicht der (natürlich ebenso bedauerliche) Existenz gefährdende Arbeitsplatzverlust durch Kündigung seitens der Arbeitgeber gemeint, sondern die Existenzbedrohung durch Berufs- oder Erwerbsunfähigkeit bzw. -minderung infolge von Unfall oder Krankheit. Schließlich reicht es ja nicht, Arbeit zu *haben*, man muss auch arbeiten *können*!

Die Realität zeigt: Statistisch scheiden jeder dritte Mann und jede fünfte Frau wegen Berufs- oder Erwerbsunfähigkeit vorzeitig aus dem Erwerbsleben aus. So sind bereits 57 Prozent der Frührentner Männer im Alter unter 54 Jahren und bei den Frauen sind es sogar 66 Prozent. In 97 Prozent aller Fälle der Berufs- bzw. Erwerbsunfähigkeit sind Krankheiten die Ursache, in nur 3 Prozent sind es Unfälle. Bei den Krankheiten führen – symptomatisch für unsere gesellschaftliche Situation und Arbeitswelt, aber auch für die medizinbegriffliche Ausweitung von Krankheitsbildern – die *psychischen* Erkrankungen das Ursachenspektrum an, gefolgt von „sonstigen Erkrankungen", von solchen des Muskel- und Skelett-Systems, von Krebsvarianten und sonstigen bösartigen Geschwülsten, von Herz- und Kreislauferkrankungen, und schließlich von Nervenleiden. Nun sind Berufs- und Erwerbsunfähigkeit/-minderung meist nicht auf plötzlich eintretende Ereignisse zurückzuführen, sieht man von Unfällen (als 3 Prozent der Ursachen) ab, sondern häufig ein langwieriger Prozess, wie es Krankheiten (als 97 Prozent der Ursachen) in der Regel so an sich haben. Doch ist die Erkrankung einmal ausgebrochen, kann es für eine nachträgliche Berufs- bzw. Erwerbsunfähigkeitsrentenversicherung bereits zu spät sein oder ziemlich teuer und unvorteilhaft werden. Daher gilt beim Thema Berufs- und Erwerbsunfähigkeit mehr noch als beim Thema Altersvorsorge: Früh- zeitig absichern! Schon in Studium und Ausbildung. Denn nur dann sind die Konditionen vorteilhaft und die finanziellen Belastungen leicht ver- kraftbar. Dass sich diese Versicherung nicht nur finanziell lohnt, sondern auch existenziell bedeutsam ist, belegen diejenigen Fälle, bei denen die unversicherte Berufs- und Erwerbsunfähigkeit auf direktem Wege in die Armut führen. Denn ohne laufendes Einkommen ist das alltägliche Leben kaum oder gar nicht mehr finanzierbar – und erst recht nicht die eigene Altersvorsorge.

Um uns nun nicht in Details zu verlieren, sei beim Thema Berufs und Er- werbsminderung bzw. -unfähigkeit neben den Aspekten der Verweisbar- keit in andere Tätigkeiten besonders auch auf die steuerlichen Konsequen- zen hingewiesen, die sich bei falschen Versicherungsentscheidungen erge- ben. Also auch und gerade bei dieser langfristigen Lebensvorsorge zusätz- lich den Rat von Steuerexperten mit einholen.

Gesundheit:

Die Diskussion über die Finanzierung unseres Gesundheitswesens, ange- fangen vom „Gesundheitsfonds" über die „Kopfpauschale" bis hin zum angedrohten Ausstieg von Ärzten aus dem System der Kassenärztlichen Vereinigungen, macht eines deutlich: Die Bezahlung der Gesundheitskos- ten läuft uns aus dem Ruder. Eine Folge neben anderen: Die Gesetzlichen Krankenkassen schließen sich ebenso zusammen wir die privaten. Denn bei allen wächst der Kostendruck infolge der längeren Lebensdauer der Patienten und damit der gestiegenen Behandlungshäufigkeit, aber auch infolge der absolut gestiegenen Behandlungskosten aufgrund einer immer ausgefeilteren medizintechnischen Behandlung und Versorgung. Diese Problematik ist eines der wichtigsten Themen der Zukunft. Und eines ist gewiss: Unterlassene Krankheitsprävention ist fahrlässig, unterfinanzierte Krankenversicherung ist grob fahrlässig – gegenüber sich selbst, den An- gehörigen und dem Sozialsystem. Nicht von ungefähr ist hierzulande die Krankenversicherung eine Pflichtversicherung für alle Bürger. Die Kostenfrage betrifft nicht nur die gesundheitliche Grundversorgung, sondern zunehmend die Zusatzleistungen, an die man sich bisher wie an Grundleistungen gewöhnt hatte: Vom Brillengestell bis zum Zahnersatz. Ganz abgesehen vom Krankentagegeld, Krankenhaustagegeld oder von der Chefarztbehandlung bei der medizinischen Versorgung.

Während in den USA die Regierung Obama sich darum bemüht, die etwa 45 Millionen Nicht-Versicherten in staatlich organisierte Versicherungssysteme zu bringen (was vielen US-Bürgern bereits als „Sozialismus" vorkommt!), bietet hierzulande die Regierung den Bürgern an, die Krankenversicherung wegen der Kostenerhöhung von rund 8 Euro unterjährig zu wechseln. Ob das allerdings in jedem Fall klug ist, darf bezweifelt werden. Oder anders herum gesagt: In den meisten Fällen macht das überhaupt keinen Sinn, wenn man bedenkt, dass das Verlassen der alten Versicherung den Verlust des dort aufgebauten Gesundheitsbonus nach sich zieht, den man in die neue Versicherung nicht mitnehmen kann. Allerdings: Mit jedem Versicherungswechsel profitieren diejenigen, welche ihn bei den ahnungslosen Kunden initiiert haben. Gerade solche Fehlberatungsfälle im Zusammenhang mit den Beitragserhöhungen zeigen deutlich, wie wichtig es ist, dass wir Verbraucher uns auf die Socken machen und statt im Ärger über Beitragssatzerhöhungen emotional zu reagieren uns pro-aktiv selbst informieren: bei unabhängigen Verbraucherschutzorganisationen und vergleichbaren Beratungsstellen und nicht zuletzt in den seriösen Medien und Fachorganen. Die Unterlassung von Eigeninitiative bei der Beschaffung von und bei der Beschäftigung mit Informationen über Lebensvorsorge und Finanzplanung ist schließlich eine nicht minder große Verantwortungslosigkeit wie die aktive Fehlberatung selbst. Seien wir uns dessen *be*wusst!

Armut, egal in welchem Alter, ist häufig auch die Ursache für ein im Durchschnitt früheres Lebensende, zum einen infolge mangelnder Krankheitsbehandlung, zum anderen infolge mangelnden Gesundheitsbewusstseins und fehlender Lebensperspektiven. Die Zahl der Raucher, Alkoholiker und ungesund ernährter, übergewichtiger Menschen ist in den sozialen Randgruppen und Armutsschichten meist höher als im Rest der Bevölkerung. Das darf uns jedoch nicht dazu verleiten, diese Menschen als „labil" und „lebens-untüchtig" zu kennzeichnen oder gar zu verachten; denn dann ist der verhängnisvolle Schritt vom „lebens-untüchtig" zum Negativprädikat „lebens-unwert" auch nicht mehr weit! Aber auch Mitleid bringt nicht viel. Stattdessen kann diese Gruppe von Mitbürgerinnen und Mitbürgern uns und die politisch Verantwortlichen dazu veranlassen, konkrete Hilfsangebote zur Stärkung eines positiven Lebens- und Gesundheitsbewusstseins, zur Reaktivierung von Leistungsbereitschaft und zum Verlassen des vielfach schon lieb gewonnenen „Unter den Brücken-Milieus" zu geben. Hilfe zur Selbsthilfe heißt das Programm. Dass es durchaus konkret umsetzbar ist, zeigen gegenwärtig zwar nur wenige, aber künftig vermutlich mehr gut durchorganisierte Lebensgemeinschaften und Nachbarschaftsinitiativen von Menschen in schwachen finanziellen Verhältnissen.

Pflege:

Trotz des Befundes, dass die Mehrheit der „Neuen Alten" sich gesundheitsbewusst verhält und dementsprechend älter, oder besser gesagt: länger alt wird, können wir nicht die Augen vor der Tatsache verschließen, dass auch diese „Best Ager" spätestens im hohen Alter infolge von schweren Erkrankungen bzw. körperlichem Abbau auf Pflege angewiesen sind. Etwa 2,25-Millionen Menschen in Deutschland benötigen heute aufgrund von Krankheit oder Unfall eine Pflege. Und täglich kommen etwa 157 Personen neu hinzu. Zwar nicht gleich in der höchsten Bedürftigkeitsstufe; aber einmal rein gekommen in die Pflegebedürftigkeit heißt in der Regel auch drin geblieben. Doch nur wenige sind finanziell ausreichend auf die Pflegekosten vorbereitet. Dabei spielen neben Unfall, Invalidität und sonstigen körperlichen Handicaps insbesondere die Varianten der Altersdemenz eine zunehmende Rolle. Für die deutsche Verbraucherzentrale ist angesichts der steigenden Pflegefallzahlen sowie der Entwicklung der absoluten Pflegekosten absehbar, dass die gesetzliche Pflegeversicherung weder heute noch in Zukunft alle anfallenden Pflegeaufwendungen bezahlen kann. Gegenwärtig deckt sie im Durchschnitt etwa die Hälfte.

Und die andere Hälfte? Wenn keine Eigenvorsorge diese ausgleicht, dann müssen die nächsten Angehörigen, in der Regel die Kinder, für die verbleibenden Kosten aufkommen, und zwar gesetzlich verpflichtend. Ob und wie sie allerdings dieser Pflicht auch tatsächlich nachkommen (können oder wollen), steht auf einem anderen Blatt. Und es ist zudem von manchen Pflegebedürftigen auch gar nicht erwünscht, ihren Kindern auf der Tasche zu liegen.

Obwohl also – ähnlich wie beim Thema Altersvorsorge – den meisten Bundesbürgern klar ist, dass Vater Staat auch bei der Pflege im Alter nur einen geringen Teil der Kosten durch die Pflege-Pflichtversicherung auffangen kann, haben lediglich etwa 12 Prozent der Bevölkerung tatsächlich eine private Pflege-Zusatzversicherung abgeschlossen (WirtschaftsKurier, Dezember 2009, S. 20). Und dieser Befund steht in krassem Widerspruch zu dem Ergebnis einer Umfrage-Studie des Instituts für Demoskopie Allensbach (IfD): Demnach fühlen sich die Deutschen von der Politik beim Thema Pflege alleingelassen. *„Die Mehrheit der rund 1800 Befragten fordert mehr Klarheit über die finanzielle Absicherung im Alter. Nur wenige vertrauen dem staatlichen Sicherungssystem."* (WK, ebd.). Doch anstatt wieder einmal und wie meistens auf die Informations-Bringschuld des Staates zu warten, wären wir alle besser beraten, uns diese Informationen selbst zu holen: Im Internet, bei unabhängigen Verbraucherverbänden, bei Sozialämtern und nicht zuletzt bei Versicherungsspezialisten.

Hier nun lediglich das Wichtigste in Stichwortsätzen:

Die Pflicht zur Pflegeversicherung (seit 1995) besteht für alle gesetzlich und privat Krankenversicherten. Schon das belegt den hohen sozialpolitischen Stellenwert: Die Pflege im Alter wird eines der wichtigsten Themen der Sozialpolitik der kommenden Jahre sein. Wer, wenn nicht wir alle, als die Betroffenen, sollten sich damit intensiv beschäftigen?!

Beide Versicherten-Gruppen (gesetzlich und privat) erhalten dieselben garantierten Leistungen erst nach Zuweisung in eine der drei Pflegestufen durch die Kasse. Diese Einstufung hängt davon ab, wie viel Hilfe bei den Verrichtungen des täglichen Lebens für mindestens sechs Monate benötigt wird, was anhand einer Checklist durch den medizinischen Dienst ermittelt wird.

Die Gesetzliche Pflegeversicherung (GPV) deckt mit maximal rund 1.500 Euro in der Regel nur einen Teil der Pflegekosten ab; für den Rest sind viele Pflegebedürftige auf die Unterstützung von Kindern oder Verwandten angewiesen, wenn sie nicht privat zusätzlich vorgesorgt haben. Ob freilich dieses Verwandten-Netzwerk den finanziellen, zeitlichen und nervlichen Belastungen standhält, darf mit Fug und Recht bezweifelt werden. Auf der anderen Seite könnte die ebenfalls begrenzte Belastbarkeit der staatlichen Sicherungssysteme aber auch neue Chancen zu einer alternativen Sozial-Solidarität öffnen, sei es über Vereinigungen, Wohn- und Lebensgemeinschaften (Beispiel: Bremens Altbürgermeister Henning Scherffs Wohn- und Lebensgemeinschaftsmodell), sei es doch wieder über die Groß- oder „Patchwork"-Familie, deren Kultur- und Bindungswert in jüngster Zeit von jüngeren Menschen neu definiert wird. Davon abgesehen aber ist jede(r) Einzelne gut beraten, neben der gesetzlichen Pflegeversicherung eine zusätzliche private Vorsorge bei Pflegebedürftigkeit abzuschließen.

Unser Dilemma aus Überinformation einerseits und Reaktionspassivität andererseits wird bei weiten Teilen der Bevölkerung augenfällig, die trotz der Berichterstattung in den Medien, das seit dem 01.01.2010 geltende „Bürgerentlastungsgesetz" (BEG) kaum zur Kenntnis nehmen, geschweige denn sinnvoll nutzten. In ihm sind die steuerlichen Absetzungsmöglichkeiten für die Kranken- und Pflegeversicherungsbeiträge als Sonderausgaben deutlich ausgeweitet worden; durch diese Neuregelung hat nahezu jede Person, egal ob gesetzlich oder privat krankenversichert, ab Januar 2010 mehr Netto in der Tasche: 57 Euro pro Monat bzw. 679 Euro pro Jahr – das hört sich zunächst nicht gerade spektakulär an; aber bei einem monatlichen und mit lediglich 3 Prozent verzinsten 57 Euro-Sparplan über einen Zeitraum von 30 Jahren ergibt sich nach Abzug der Abgeltungsteuer immerhin die Summe von 33.184,75 Euro. Wem dieser Betrag gleichwohl wie „Peanuts" vorkommt, der möge bedenken, dass ihm vermutlich auch die monatlichen 57 Euro als so geringfügig erschienen sind, dass er sie offenbar kaum oder gar nicht als frei verfügbares Vorsorgepotenzial wahrnahm. Denn mit einem Sparplan von monatlich 57 Euro, die uns ohne unser Zutun seit Jahresbeginn 2010 in die Tasche fließen, könnten wir einen zusätzlichen Beitrag in die Eigen- bzw. Familienvorsorge leisten, ohne dass wir dafür „den Gürtel enger schnallen" müssen.

Es bleibt abzuwarten, allerdings auch zu bezweifeln, ob die finanzielle Entlastung bei den meisten von uns auch vorsorgebewusst eingesetzt oder nicht doch verkonsumiert wird. Hier sind wir Finanzberater gefragt, aufzuklären und zu motivieren.

Zusammenfassend halten wir fest: Erwerbsunfähigkeit sowie hohe Gesundheits- und Pflegekosten sind Risikofaktoren, die uns in der Regel in die psychische und materielle Depression führen können, gegen die nach ihrem Eintritt wohl keine Arznei mehr hilft. Damit es erst gar nicht soweit kommt, ist die präventive Eigenvorsorge geradezu ein Gebot: Nicht nur als Verantwortung gegenüber sich selbst, sondern auch gegenüber der Solidargemeinschaft, die im Falle fahrlässig unterlassener Eigenvorsorge finanziell in Anspruch genommen wird, um zumindest die schlimmsten Folgen der Unversorgtheit im Alter zu lindern. Ob das unser Sozialsystem auch in Zukunft überhaupt noch gewährleistet, ist fraglich, angesichts der knappen Staatsfinanzen und des Schuldenberges, der infolge der Sanierungsmaßnahmen in der Finanzmarkt- und Wirtschaftskrise auf unser aller Schultern und noch mehr auf denen unserer Kinder und Enkel lastet.

Gegenwärtig werden rund 2,5 Prozent der 20 Millionen Rentnerinnen und Rentner in Deutschland mit dem Grundsicherungseinkommen von 700 Euro pro Monat als „altersarm" definiert (also rund eine halbe Million), wobei die nicht erfassten „verschämten Armen" vermutlich diesen Prozentsatz nochmals um 1 bis 2 Punkte anheben. Besonders anfällig für die künftige Altersarmut sind neben den von Herrn Rische eingangs genannten Gruppen auch die heute allein erziehenden Elternteile, zumeist Frauen. Sofern sie nicht über eine gesicherte und gut bezahlte Berufsposition verfügen – selten genug (s. Kapitel „Geld ist Frauensache!") – reicht ihr Einkommen längst nicht dazu aus, für das eigene Alter und zusätzlich für die Lebenschancen ihrer Kinder ausreichend vorzusorgen. Für die deutsche ehemalige Familien- und neue Arbeits- und Sozialministerin, Dr. Ursula von der Leyen, ist die Verhinderung der Altersarmut „ein Arbeitsschwerpunkt" (Süddeutsche Zeitung vom 12./13.12.2009, S. 7). Für die allein erziehende, berufstätige Mutter sieht die Ministerin insbesondere in der verbesserten Entlastung bei der frühzeitigen und dauerhaften Kindesbetreuung eine Ermöglichung, sich verstärkt um die Einkommensgenerierung zu kümmern. Das wird nicht leicht werden, angesichts der aktuell bedrohlichen Haushaltslage auf der Ebene der KiTa-Trägerschaften.

Auch wenn die Altersarmut vielfach als Schreckgespenst übertrieben beschrieben wird, so ist ihre Tatsache doch keineswegs zu verharmlosen, bloß weil dieser Prozentsatz gegenwärtig relativ niedrig erscheint. Nein, diese vermutlich noch weiter wachsende Bevölkerungsgruppe verdient die besondere Aufmerksamkeit und Handlungsinitiative der Gesellschaft und der politischen Organe. Und zwar sogar unabhängig davon, ob einzelne verschuldet oder unverschuldet in die Altersarmut gefallen sind. Denn die Stärke unseres Sozialsystems und unserer Gesellschaft überhaupt wird ja nicht allein von ökonomischen Rendite-Komponenten und persönlichen Verschuldungskriterien bestimmt, sondern von den bewährten Werten der Solidarität und Humanität. Und deren Kraft wiederum speist sich woraus? Richtig: Aus unserem Bewusstsein, aus unserem Menschenbild. Und dass dieses eben nicht in materiellen Fakten seine Voraussetzungen hat, wie es Marxismus und Kapitalismus gleichermaßen uns weismachen, sondern in ethischen Erfahrungen und Erkenntnissen – Stichworte „Menschenwürde" und „Nächstenliebe" – lehrte uns das 20. Jahrhundert ganz besonders krass. Und auch heute bleibt beispielsweise bei der Tatsache, dass ein neues Hüftgelenk ab einem Alter von 80 Jahren „sich nicht mehr lohnt" bzw. für die Solidargemeinschaft der gesetzlich Versicherten „sich nicht mehr rechnet", ein unschöner Beigeschmack. So müssen wir uns fragen: wollen wir in Zukunft einen neuen, genetisch manipulierten gesunden und deshalb „rentablen" Menschen züchten und den alten und kranken Mitmenschen als „Auslaufmodell" auf die Investitions-Müllhalde ablegen? Was ist ein Menschenleben wert – ob in Gesundheit, Krankheit oder Behinderung? [2] Schauen wir in manch andere Länder und auf deren Gesundheitsklassensysteme: dort kann man Tendenzen erkennen, die an die Klassendecks der „Titanic" erinnern und nichts Freundliches erwarten lassen.

Solchem Renditedenken vorzubeugen, gehört mit einiger Wahrscheinlichkeit zu den Leitthemen künftiger Politik und Sozialethik. Aber gewiss gehört es zu den Aufgaben, die jede/r einzelne von uns selbst zu lösen vermag, wenn er/sie sich dessen erst einmal bewusst wird: dass wir in Solidarität füreinander und jede/r im Rahmen der eigenen Möglichkeiten selbst vorzusorgen haben, um zu vermeiden, was niemand von uns werden möchte: **Verlierer.**

[1] Vgl. dazu: WirtschaftsKurier-SPECIAL, April 2009, S. 18. Sowie: „Richtige Altersvorsorge" Anm. 2 im Kapitel „Die Architektur der Gemeinsamkeit".
[2] Vgl. dazu: Jörn Klare, „Was bin ich wert? Eine Preisermittlung". Berlin 2010.

6   „Gewinner"

Testament - Schenkung - Nießbrauch

Das Vermögen der Deutschen wird alles in allem auf rund 1,5 Billionen Euro geschätzt. Nach dem Zweiten Weltkrieg war es den Nachkriegsgenerationen erstmals möglich, in über 60 Jahren ohne Krieg und ohne Währungsreform ein Vermögen aufzubauen, zu erhalten und zu strukturieren. Im Wesentlichen besteht es aus Geld- und Sachwertvermögen (Letzteres: Immobilien, Mobilien und Firmen-/Beteiligungen). Zum Teil ist das gegenwärtige Vermögen zudem bereits durch Erbschaft von der ersten (Nach-)Kriegsgeneration an die Generation der jetzt 40- bis 60-Jährigen weitergereicht worden, die nun selbst vor der Frage stehen, wann und wie sie ihr Vermögen weiter geben.

Bedenklich muss uns die Tatsache stimmen, dass rund zwei Drittel der potenziellen Erblasser (= Personen sowohl mit Vermögen als auch mit Erben) kein Testament machen, und der Übergang ihres Vermögens auch ohne ein solches „über die Bühne geht". Die Folgen der gesetzlichen Erbfolge sind in der Regel: Streit unter den Erben, Schmälerung oder gar Vernichtung der Hinterlassenschaft und in den meisten dieser Fälle Freude beim Finanzminister, dem die Unterlassung einer vernünftigen Gestaltung der Vermögensübertragung überraschende Erbschaftssteuern in die Staatskasse spült. Die Gründe für diese Passivität liegen zum einen in der menschlich zwar verständlichen Scheu vor dem Thema „Tod" und dem daraus folgenden Vermögensübergang an die Erben, zum anderen auch daran, dass in Verbindung mit dieser Scheu viele glauben, für eine testamentarisch geregelte Vermögensübertragung noch „genügend Zeit" zur Verfügung zu haben. Insbesondere dann, wenn die potenziellen Erben jung sind und man sich selbst als Erblasser noch vor oder auf dem Höhepunkt des Lebens wähnt. Doch wohl nirgendwo trifft der schon im Kapitel „Die Komponenten der Architektur" kennen gelernte Satz: „Wer nichts tut, der tut doch etwas: das Falsche!", treffender zu als in diesem Bereich der Vermögensübertragung. Leider wird er hier noch weniger beherzt als bei der Altersvorsorge. Vielleicht weil sich Nichts-Tun auch nicht unmittelbar auf den Betreffenden auswirkt. „Nach mir die Sintflut!", lautet seine de-

struktive Variante, was nicht gerade einen schmeichelhaften Eindruck über
das Bewusstsein einer Familien- und Gesellschaftskultur hinterlässt.

Was mit einem großen Vermögen passieren konnte, dessen Übergang nicht
durch eine rechtzeitige testamentarische Verfügung, geschweige denn
durch Schenkung(en) geregelt worden war, zeigt der prominente Fall des
österreichischen Milliardärs M.-M.: Als er 1983 im Alter von 43 Jahren bei
einem Verkehrsunfall auf der Autobahn Wien – Graz in seinem Ferrari
verbrannte, löste das Nicht-Vorhandensein eines Testaments eine gesetzlich vorgesehene Erbschaftssteuerschuld in Höhe von sage und schreibe
achthundert bis neunhundert Millionen österreichischen Schillingen aus
(etwa 60 Mio. Euro). Dieser Fall wurde am Lehrstuhl für Wirtschafts- und
Steuerrecht an der Wirtschaftsuniversität zu Wien wissenschaftlich bear-
beitet, mit der Maßgabe, herauszufinden, welche gestalterischen Möglichkeiten der verunglückte M.-M. zu seinen Lebzeiten hätte ergreifen müssen,
um *mit* einem Testament die Erbschaftssteuerschuld seiner Erben soweit
wie möglich nach unten zu drücken. Das Ergebnis dieser Untersuchung
wurde als Dissertation veröffentlicht, unter dem ebenso makaber anmu-
tenden wie fachlich zutreffenden Buchtitel: „Der steueroptimale Tod"
(Friedrich Fraberger, Wirtschaftsuniversität Wien).

Nun brauchen wir uns hier nicht mit solchen Millionen-Dimensionen zu
beschäftigen, um gleichwohl feststellen zu können, dass es – im legalen
Rahmen – auch hierzulande Möglichkeiten gibt, um – sei es durch Schenkung unter Lebenden, sei es durch Testament im Todesfall – den Übergang
von Vermögenswerten steuerlich zu optimieren. Es betrifft in einem außergewöhnlichen Maße unser Leitthema: Das Planungs- und Verantwortungsbewusstsein. Oder wollen wir es etwa verantworten, dass ein Vermögen, welches wir entweder selbst geerbt, erhalten und gemehrt oder
aber durch eigene Leistung aufgebaut haben, infolge unterlassener Gestaltung nach unserem Ableben durch Streit unter den Erben geschmälert, ja
sogar vernichtet wird? Insbesondere dann, wenn im Falle von betriebli-
chem Vermögen daran auch noch Arbeitsplätze und Lebensschicksale von
unbeteiligten Menschen hängen?

Und selbst in dem überschaubaren Rahmen von „Otto-Normalver-
braucher" kann die Unterlassung eines Testaments dazu führen, dass beispielsweise das geerbte Haus zwangsversteigert werden muss, weil sich

die Erben über dessen Nutzung uneins sind und auf die Barauszahlung ihrer gesetzlichen Erbansprüche bestehen. Da spielt es dann keine Rolle mehr, ob sich der Wert des Hauses oder des sonstigen Vermögens innerhalb oder außerhalb von Freigrenzen für die Erben bewegt; sondern hier geht es dann um Verwertungsansprüche, mit materiellen Konsequenzen, die dazu führen können, dass man in der Familie nicht mehr miteinander spricht.

Deshalb ist die planvolle Vermögensübertragung auch das Pflichtthema einer verantwortungsbewussten Finanzberatung. Es motiviert einerseits uns Kunden, uns damit nüchtern auseinanderzusetzen, und ermöglicht andererseits uns Finanzberatern einen guten Einblick in die Vermögens- und Familienstruktur der Kunden. Natürlich können wir Finanzberater in der Regel keine rechtlichen oder steuerlichen Ratschläge erteilen und wir dürfen es aus berufsstandes- und haftungsrechtlichen Gründen auch gar nicht. Aber wir können, ja wir müssen die Aufmerksamkeit unserer Kunden auf das Thema lenken und zu einer fachkundigen Rechts- und Steuerberatung anstiften. Was wir Finanzberater freilich tun können, ist, eine Bestandsanalyse der vorhandenen Vermögenswerte zusammen mit den Kunden zu erstellen, anhand derer die rechtliche und steuerliche Optimierung erfolgt.

Grundsätzlich kommen zwei Wege zur Vermögensübertragung in Betracht: das *Testament* (Übertragung von Todes wegen) und die *Schenkung* (unter Lebenden). Im letzteren Fall sollte das Thema eines Nießbrauchs von Vermögenswerten (z. B. Wohnrecht oder Zinsgenuss) zu Gunsten des Schenkers in die Planungen mit einbezogen werden.

Um eine Übersicht über die unterschiedlichen rechtlichen Folgen dieser beiden Übertragungswege zu geben, soll nunmehr eine grundsätzliche Darstellung der bedeutsamsten Kriterien erfolgen. Unter Berücksichtigung der komplizierten und zahlreichen Regelungen des Erbschafts- und Schenkungsrechts sowohl im Zivilrecht als auch im Steuerrecht liegt es in der Natur der Sache, dass im Folgenden lediglich ein ganz rudimentärer Überblick ohne einen rechtlichen Anspruch auf Vollständigkeit der derzeitigen Rechtslage gegeben werden kann. Zumal diese „derzeitige" Rechtslage politisch heftig diskutiert und vermutlich voraussichtlich wieder einmal geändert werden wird.

Bevor man sich den Kopf darüber zerbricht, wie man sein Vermögen am besten auf seine Erben überträgt, sollte man immer zunächst die *eigene Lebenssituation* analysieren. Als Parameter für eine notwendige erbrechtliche Regelung dienen dabei vor allem das Alter des Übertragenden, die Höhe seines Vermögens und seine familiären Verhältnisse. Soweit der Übertragende noch ein vergleichsweise junges Lebensalter besitzt und gleichzeitig noch kleine Kinder hat – also sagen wir: unter 30 Jahre alt ist –, erscheint in Anbetracht der nicht absehbaren zukünftigen Lebensentwicklung eine vorweggenommene Vermögensübertragung (an wen auch?) in aller Regel nicht notwendig. Nicht verkehrt jedoch ist es, auch in diesen jungen Jahren bereits ein Testament zu erstellen und an entsprechende Vollmachten zu denken. Hat der Vermögensübertragende bereits ein mittleres oder fortgeschrittenes Alter erreicht (sagen wir: über 50 Jahre), so sollte nicht nur ein Testament, sondern auch schon eine lebzeitige Übergabe – gerade aus steuerlicher Sicht – angedacht werden. Letztlich ist immer auf den konkreten Einzelfall abzustellen, welche Form der Vermögensübertragung (Schenkung oder Testament) in Betracht kommt.

Widmen wir uns zunächst der in Deutschland am meisten üblichen Form der Übertragung von Vermögen aus Anlass des Todes des Erblassers, dem Testament. Keiner von uns befasst sich gerne mit seinem eigenen Tod und den damit verbundenen Konsequenzen für die Vererbung seines Vermögens. Aus dieser Scheu resultiert die Tatsache, dass sehr viele, ja die meisten (!) Erblasser in Deutschland ihr Vermögen ohne Testament an Ihre Erben weitergeben. Die Folge: Ohne eine letztwillige Verfügung des Erblassers erfolgt die Übertragung des Vermögens sozusagen „automatisch", nämlich durch *die gesetzliche Erbfolge*.

In diesem Zusammenhang werden beim Erbrecht die verwandten Erben in vier „Ordnungen" (Verwandtschaftsgraden) unterschieden:

- Erben 1. Ordnung sind die Abkömmlinge des Erblassers, also dessen Kinder, Enkel, Urenkel usw.

- Erben 2. Ordnung sind die Eltern, Geschwister, Neffen und Nichten usw.

- Erben 3. Ordnung sind die Großeltern, Onkeln, Tanten, Cousins und Cousinen usw.

■ Erben 4. Ordnung sind noch weiter entfernte Verwandte des Erblassers.

Ferner ist zu beachten, dass nicht adoptierte Stiefkinder oder Pflegekinder nicht zu den gesetzlichen Erben gehören, selbst wenn diese über einen sehr langen Zeitraum im Haushalt des Erblassers gelebt haben.

Selbstverständlich hat auch der Ehegatte des Verstorbenen ein gesetzliches Erbrecht. Die Höhe des gesetzlichen Erbteils des überlebenden Ehegatten hängt dabei entscheidend davon ab, welcher Güterstand in der Ehe vorlag und in welcher Erbordnung weitere Verwandte des Erblassers miterben. Im Regelfall wird der gesetzliche Güterstand, die sogenannte *Zugewinngemeinschaft,* vorliegen. Für diesen Fall erbt der Ehegatte neben Verwandten der ersten Ordnung ein Viertel, neben Verwandten der zweiten Ordnung bzw. neben den Großeltern des Erblassers die Hälfte des Nachlasses. In allen anderen Fällen der gesetzlichen Erbfolge erbt der überlebende Ehegatte den Nachlass allein. Erbt der überlebende Ehegatte, so hat er die Wahl, ob er die erbrechtliche oder güterrechtliche Lösung wählt: Bei der erbrechtlichen Lösung wird sein Erbanteil pauschal um 1/4 erhöht. Bei der güterrechtlichen Lösung muss der überlebende Ehegatte die Erbschaft ausschlagen; in der Folge wird dann der Zugewinnausgleich angesetzt und der überlebende Ehegatte erhält zusätzlich noch den Pflichtteil, der sich auf der Grundlage der um den Zugewinnausgleich geminderten Erbmasse errechnet. Andere Erbquoten werden für den Fall ermittelt, wenn die Ehegatten durch Ehevertrag Gütertrennung oder Gütergemeinschaft vereinbart haben. Diese erbrechtlichen Ausführungen für den überlebenden Ehegatten gelten dabei weitgehend auch für den gleichgeschlechtlichen Partner bei einer eingetragenen Lebenspartnerschaft. Dies gilt jedoch nicht für die nichteheliche Lebensgemeinschaft. Denn diese Form des Zusammenlebens ist im Erbrecht nicht geregelt, so dass der nichteheliche Lebenspartner kein gesetzlicher Erbe wird.

Da es sich beim gesetzlichen Erbrecht nicht um zwingendes Recht handelt, hat der Gesetzgeber dem Erblasser die Möglichkeit eingeräumt, von der gesetzlichen Erbfolge durch Testament bzw. Erbvertrag – die sogenannte *„Verfügung von Todes wegen"* – abzuweichen.

Beim *Testament* hat der Erblasser das Wahlrecht, ob er dieses eigenhändig oder durch notarielle Beurkundung verfassen möchte. Ein weit verbreiteter Irrtum besteht beim eigenhändigen Testament darin, dass es ausreichen würde, wenn dieses handschriftlich unterzeichnet wird, auch wenn das übrige Testament – im Regelfall aus Gründen der Leserlichkeit – maschinell (durch Schreibmaschine oder Computer) verfasst wurde. Dies ist jedoch falsch, so dass ein solches großenteils maschinenschriftlich verfasstes Testament immer nichtig ist. Es ist folglich darauf zu achten, dass beim eigenhändig geschriebenen Testament der gesamte Text handschriftlich verfasst wird. Hierbei besteht selbstverständlich die Möglichkeit, dass auch beide Ehegatten gemeinsam ein handschriftliches Testament verfassen. Für diesen Fall genügt es, wenn ein Ehegatte das Testament handschriftlich verfasst und der andere Ehegatte dieses Testament mit unterschreibt. Im Unterschied zum eigenhändigen Testament findet beim notariellen Testament ein Beratungsgespräch mit dem Notar statt und in der Folge wird eine notarielle Urkunde mit dem Willen des Erblassers aufgesetzt und beurkundet. Die notarielle Urkunde kann dann beim Amtsgericht verwahrt und die Errichtung beim Geburtsstandesamt vermerkt werden. Somit kann sichergestellt werden, dass im Todesfalle das Testament auf jeden Fall vom Nachlassgericht eröffnet wird.

Eine weitere Möglichkeit für den Erblasser, den Übergang seines Vermögens von Todes wegen zu regeln, besteht darin, vor einem Notar einen Erbvertrag zu errichten. In einem solchen Erbvertrag können eine oder mehrere Personen eine Verfügung von Todes wegen mit vertraglicher Bindung treffen. Im Gegensatz zu der jederzeit möglichen Widerruflichkeit einer testamentarischen Verfügung gilt dieser Grundsatz jedoch nicht für eine vertraglich angeordnete Verfügung von Todes wegen, so dass sich der Verfügende durch Abschluss eines Erbvertrages dauerhaft an die getroffenen Regelungen bindet. Gerade bei Ehegatten wird von der Möglichkeit des Abschlusses eines Erbvertrages häufig Gebrauch gemacht, da hierdurch sichergestellt wird, dass nach dem Tode des einen Ehegatten die Erbfolge auch gemäß dem Willen des erstversterbenden Ehegatten geregelt bleibt. Zu beachten ist zudem, dass der Erbvertrag ebenso von den Partnern einer nichtehelichen Lebensgemeinschaft abgeschlossen werden kann.

Gegenstand der letztwilligen Verfügung kann vor allem die *Erbeinsetzung* sein. So besteht für den Erblasser die Möglichkeit, einen Alleinerben zu bestimmen oder das mehrere Personen zu bestimmten Anteilen Erben werden sollen. Wichtig ist in diesem Zusammenhang, dass der Erbe als sogenannter Gesamtrechtsnachfolger nicht nur in sämtliche Rechte des

Erblassers eintritt, sondern auch dessen Verpflichtungen, z. B. Schulden, übernimmt. Soweit mehrere Erben durch den Erblasser bestimmt werden, entsteht eine „Gesamthandgemeinschaft", die man als Erbengemeinschaft bezeichnet. Eine solche Erbengemeinschaft ist in der Regel nicht auf Dauer angelegt, sondern tendiert zur Auflösung. Um bei einer Erbengemeinschaft Streit über die Verteilung des Nachlasses zu vermeiden, kann der Erblasser eine Teilungsanordnung treffen, die die Verteilung des Erbes regelt. Neben der Erbeinsetzung sollte der Erblasser auch regeln, wer für den Fall des Versterbens dieses Erben der Ersatzerbe sein soll. Selbstverständlich kann der Erblasser in seiner letztwilligen Verfügung von Todes wegen auch bestimmen, dass jemand von der Erbfolge ausgeschlossen ist: die soge-nannte „Enterbung".

Der Erblasser muss jedoch nicht zwingend jemanden zu seinem Erben bestimmen, um diesem einen Vermögensgegenstand zuzuwenden. Eine weitere Möglichkeit besteht darin, ein *Vermächtnis* in sein Testament oder in den Erbvertrag aufzunehmen. Hierdurch werden die Erben dahinge-hend belastet, dass der Vermächtnisnehmer einen Anspruch auf Überlas-sung des Vermächtnisses, z. B. Schmuck, ein Sparbuch oder einen Geldbe-trag, erwirbt. Zu achten ist jedoch immer auf die genaue Formulierung, da es in der Praxis häufig Streitigkeiten gibt, ob eine *Erbeinsetzung* oder nur ein *Vermächtnis* vorliegt.

Daneben kann der Erblasser den Erben oder Vermächtnisnehmer mit einer Auflage, z. B. der Grabpflege oder die Übernahme der Haustiere, beschwe-ren.

Schließlich kann der Erblasser auch eine *Nach-Erbschaft* (Erbfolge) anord-nen. Dies bedeutet, dass das Vermögen zunächst an eine bestimmte Person fällt (Vorerbe) und mit dem Eintritt einer bestimmten Bedingung, z. B. deren Tod, auf eine bestimmte weitere Person (Nacherbe) übergeht. Der Vorerbe unterliegt dabei gewissen Verfügungsbeschränkungen, wodurch sichergestellt wird, dass der Nacherbe auch sein Erbe erhält.

Eine in Deutschland weit verbreitete Form des Testaments ist das soge-nannte „*Berliner Testament*". Bei diesem Testament setzen sich die Ehegat-ten gegenseitig zu Alleinerben ein und bestimmen des Weiteren, dass die gemeinschaftlichen Kinder als Schlusserben lediglich Erben des letztversterbenden Ehegatten werden. Damit erben die Schlusserben bzgl. des erstversterbenden Ehegatten nur das Vermögen, das sich im Nachlass des letztversterbenden Ehegatten befindet.

Oftmals ist es angebracht, schon bei der Erstellung des Testamentes einen *Testamentsvollstrecker* zu bestellen, um Streitigkeiten zwischen den Erben zu vermeiden. Der Testamentsvollstrecker verwaltet den Nachlass dabei entweder im Rahmen der *Verwaltungsvollstreckung* oder im Rahmen der *Abwicklungsvollstreckung*. Wie schon die Bezeichnung erkennen lässt, steht bei der Verwaltungsvollstreckung die Verwaltung des Vermögens im Vordergrund. Hier kann es durchaus vorkommen, dass diese über viele Jahre nach dem Tode des Erblassers erfolgen soll. Die Verwaltungsvollstreckung bietet sich insbesondere an, wenn die Erben zum Zeitpunkt des Todes des Erblassers noch relativ jung (unmündig) sind. Die Abwicklungsvollstreckung zielt darauf ab, den Nachlass zwischen den Erben im Sinne des Erblassers zu verteilen.

Wie sich aus den vorangestellten Ausführungen ergibt, ist der Erblasser in der Verfügung über seinen Nachlass frei. Allerdings hat der Gesetzgeber für einen ganz bestimmten Personenkreis die Möglichkeit geschaffen, einen Teil des Nachlasses auch gegen den Willen des Erblassers zu erwerben. Diese Beschränkung der grundsätzlichen Testierfreiheit des Erblassers ist das *Pflichtteilsrecht*. Pflichtteilsberechtigt sind jedoch nur die Abkömmlinge (Kinder und Enkel), die Eltern und der Ehegatte bzw. der eingetragene Lebenspartner des Erblassers. Alle anderen Verwandten und damit auch Geschwister sind nicht pflichtteilsberechtigt. Der Pflichtteilsanspruch beträgt die Hälfte des gesetzlichen Erbteils. Die Höhe des Pflichtteils bestimmt sich neben der gesetzlichen Erbquote nach dem Wert und Bestand des Nachlasses. Bei der Ermittlung des Nachlasswertes wird zunächst der Bestand des Nachlasses unter Abzug nicht zu berücksichtigender Vermögenspositionen, z. B. Lebensversicherungen, festgehalten. In einem zweiten Schritt wird dann der Wert des Nachlasses unter Zugrundelegung der Aktiva und Passiva berechnet. Pflichtteilsbeschränkende Maßnahmen stehen dem Erblasser nur in sehr eingeschränktem Maße zur Verfügung. Ein Entzug des Pflichtteils kommt nur bei besonders schweren Verfehlungen des Pflichtteilsberechtigten gegen den Erblasser oder dessen Ehegatten in Betracht. Der Grund für die Entziehung muss in der letztwilligen Verfügung des Erblassers ausdrücklich angegeben werden. Im Übrigen besteht

die Möglichkeit, dass der Pflichtteilsberechtigte auf seinen Pflichtteil entweder im Ganzen oder bezogen auf einen bestimmten Vermögensgegenstand verzichtet. Der durch notariellen Vertrag geregelte Erbverzicht bein-
haltet auch immer einen Pflichtteilsverzicht. Weiterhin besteht die Möglichkeit, dass sich der Pflichtteilsberechtigte etwaige zuvor bereits erfolgte
Schenkungen auf seinen späteren Pflichtteilsanspruch anrechnen lassen
muss. Der Pflichtteilsberechtigte wird immer durch das Nachlassgericht
von Amts wegen ermittelt. Sobald der Pflichtteilsberechtigte vom Tod des
Erblassers erfährt, sollte dieser jedoch unabhängig von der Ermittlung
durch das Nachlassgericht eigene Nachforschungen anstellen, um seinen
Pflichtteil zeitnah gegenüber den übrigen Erben geltend machen zu können.

Auch wenn jemand Erbe geworden ist, heißt dass noch nicht, dass er das
Erbe antreten muss. Innerhalb einer Ausschlagungsfrist von sechs Wochen
hat der Erbe nach positiver Kenntnis von seiner Erbenstellung die Möglichkeit, das Erbe auszuschlagen. Diese Ausschlagung muss gegenüber
dem Nachlassgericht erklärt werden und unterliegt strengen Formerfor-
dernissen. Eine Ausschlagung kann dann angebracht sein, wenn der Erbe
beispielsweise von einer Überschuldung des Erblassers oder anderen finanziellen oder rechtlichen Verpflichtungen Kenntnis bekommen hat, die
mit dem Ableben des Erblassers nicht erloschen sind und den Erben ggf. so
schwer belasten, dass sich der Erbantritt für ihn nicht lohnt.

Neben der zivilrechtlichen Seite ist immer auch die *steuerrechtliche* Seite in
die Erwägungen einer Vermögensübertragung mit einzubeziehen. Hierbei
müssen vor allem die Regelungen im Erbschafts- und Schenkungssteuer-
gesetz beachtet werden. Gemäß einem anonym überlieferten, gleichwohl
viel zitierten und nicht weniger berechtigten Dictum aus der Steuerwissen-
schaft sollte freilich „die steuerliche Motivation allein dem Testator nicht
die Feder führen". So weit verbreitet und seit Jahrtausenden bekannt die
Erbschaftsteuer auch ist, so kontrovers wird sie doch immer wieder von
neuem diskutiert. In unserem Nachbarland Österreich geschah das so
eingehend, dass sich der Gesetzgeber schließlich entschloss, die Erbschaftssteuer gleich ganz abzuschaffen. Zwar wurden solche „radikalen" Ansätze
auch hierzulande in der öffentlichen Meinung vorgebracht, sie ließen sich
jedoch politisch nicht umsetzen. Anhand der durch die Politik und in den
Medien zu verfolgenden Meinungsbildung konnte man beobachten, dass

die Erbschaftsteuer in besonderem Maße eine *politische* Steuer darstellt: So war sie als Instrument der Umverteilung bereits im Jahr 1891 zentrales Element des Erfurter Programms der SPD. Aufgrund des Umverteilungscharakters wird die Erbschaftsteuer auch oft als „Neidsteuer" bezeichnet. Dabei ist die Erbschaftsteuer als fiskalischer Beitrag zur Staatsfinanzierung faktisch von untergeordneter Bedeutung, trägt sie als Ländersteuer mit einem Aufkommen zwischen drei und vier Milliarden Euro im Jahr doch nur zu weniger als einem Prozent des Gesamtsteueraufkommens bei.

Steuersystematisch ist die deutsche Erbschaftsteuer eine Erbanfallsteuer. Sie erfasst die Bereicherung des Erben, seine durch die Erbschaft begründete Leistungsfähigkeit. Soweit der unentgeltliche Vermögenszuwachs auf lebzeitiger Vermögensübertragung beruht, unterliegt er der Schenkungssteuer. Bis auf einige wenige Ausnahmefälle erfolgt die Festsetzung der Erbschaftssteuer und die der Schenkungssteuer in gleicher Höhe. Im Folgenden wird daher aus Vereinfachungsgründen immer auf den Anfall von Erbschaftsteuer abgestellt. Die Höhe der Erbschaftsteuer hängt zum einen vom Verwandtschaftsverhältnis zwischen dem Erblasser und dem Erben (Eingruppierung in eine Steuerklasse) und zum anderen vom Wert der Erbschaft ab. Es muss daher auf den Zeitpunkt des Todes des Erblassers eine Bewertung des Nachlasses des Erblassers stattfinden, wobei auch die Schulden des Erblassers – sogenannte Nachlassverbindlichkeiten – berücksichtigt werden müssen. Erst wenn das Reinvermögen feststeht, kann der anzuwendende Steuersatz ermittelt und die festzusetzende Erbschaftsteuer berechnet werden. Am 01.01.2009 trat die Reform des Erbschafts- und Schenkungssteuergesetzes in Kraft, die aufgrund des Beschlusses des Verfassungsgerichts erforderlich gewesen war. In diesem Beschluss hatte das Bundesverfassungsgericht klar gestellt, dass in einem ersten Schritt sämtliche Vermögensgruppen mit realitätsnahen Verkehrswerten zu bewerten sind. Erst in einem zweiten Schritt kann dann gegebenenfalls eine auf Ebene der steuerlichen Bemessungsgrundlage vom Gesetzgeber gewollte Begünstigungs- und Verschonungsregeln zur Anwendung kommen, sofern eine solche Verschonung durch Gründe des Gemeinwohls gerechtfertigt ist. Dabei muss diese zweite Stufe der Ermittlung der Besteuerungsgrundlagen nach Auffassung des Bundesverfassungsgerichts streng von der ersten getrennt werden. Bei der konkreten Ermittlung der anfallenden Erbschaftsteuer muss zunächst die Steuerklasse des/der Erben ermittelt werden. Die Erben werden dabei in folgende Steuerklassen eingeteilt:

■ Steuerklasse I

1. der Ehegatte des Erblassers,
2. seine Kinder und Stiefkinder,
3. die Abkömmlinge der in Nummer 2 genannten Kinder und Stiefkinder,
4. die Eltern und Voreltern des Erblassers, nur bei Erwerb von Todes
   wegen,
5. Die Urenkel des Erblassers.

■ Steuerklasse II

1. die Eltern und Voreltern – bei Schenkung,
2. die Geschwister,
3. die Abkömmlinge ersten Grades von Geschwistern,
4. die Stiefeltern,
5. die Schwiegerkinder,
6. die Schwiegereltern,
7. der geschiedene Ehegatte.

■ Steuerklasse III

1. eingetragene Lebenspartner,
2. die übrigen Erwerber und Zuwendungsbegünstigten,

Hier nun die aktuellen Besteuerungs-Prozentsätze der drei Steuerklassen:

bis Wert in Euro	Kl. I	Kl. II	Kl. III
75.000	7	15	30
300.000	11	20	30
600.000	15	25	30
6.000.000	19	30	30

bis Wert in Euro	Kl. I	Kl. II	Kl. III
13.000.000	23	35	50
26.000.000	27	40	50
darüber	30	43	50

Nach Ermittlung des Reinvermögens des Erblassers werden vom Vermögen **persönliche Freibeträge** abgezogen, die aufgrund der Rechtsprechung des Bundesverfassungsgerichts wie folgt durch den Gesetzgeber angepasst wurden:

	Altes Recht	Neues Recht
Ehegatten	307.000 Euro	500.000 Euro
Kinder	205.000 Euro	400.000 Euro
Enkel	51.000 Euro	200.000 Euro
Weitere Abkömmlinge	51.200 Euro	100.000 Euro
Erwerber Steuerklasse II	10.300 Euro	20.000 Euro
Erwerber Steuerklasse III	5.200 Euro	20.000 Euro
Beschränkt Steuerpflichtige	1.100 Euro	2.000 Euro

Weiterhin können, jedoch nicht beim Anfall von Schenkungsteuer, der Versorgungsfreibetrag, bei Ehegatten immerhin 256.000 Euro, und weitere sachliche Freibeträge für Hausrat und andere Gegenstände in begrenzter Höhe abgezogen werden. Übersteigt das Reinvermögen des Erblassers diese Freibeträge, so kommt es zum Ansatz obiger Steuersätze in den drei jeweiligen Steuerklassen.

In diesem Zusammenhang sei erwähnt, dass die eingetragenen Lebenspartner zwar in die Steuerklasse III eingruppiert werden, gleichwohl den gleichen Steuerfreibetrag wie Ehegatten (500.000 Euro) nutzen können und ihnen auch der Versorgungsfreibetrag in Höhe von 256.000 Euro zusteht. Beim Ansatz des Steuersatzes werden die eingetragenen Lebenspartner Ehegatten jedoch nicht gleichgestellt, so dass immer der Mindeststeuersatz von 30 Prozent Anwendung findet. Für die steuerliche Gestaltung ist es dabei wichtig zu wissen, dass die oben genannten Freibeträge bzgl. des Erblassers bzw. Schenkers alle zehn Jahre neu genutzt werden können.

Als Ergebnis der obigen Ausführungen wollen wir festhalten, dass gerade bei größeren Vermögen aus steuerlicher Sicht eine frühzeitige Planung der Vermögensübertragung durch lebzeitige Schenkungen zur mehrfachen Ausnutzung der steuerlichen Freibeträge führen kann. Unabhängig von der Ausschöpfung der steuerlichen Freibeträge sollte jedoch unbedingt für den Fall des Todes auch ein Testament gemacht werden, um erbrechtliche Streitereien bzgl. der Verteilung des Nachlasses zu vermeiden. Leider beweist die Praxis zu häufig, dass beim Erbfall verwandtschaftliche „Harmonie" keine mehr Rolle spielt und der „schnöde Mammon" eine bis zum Erbfall intakte und friedliche Familienstruktur zerstören kann. Hieraus ergibt sich dann auch, dass sich die Hinterlassenschaft des Erblassers nicht nur aus seinen *Vermögenswerten* zusammensetzt, sondern auch aus seiner *familiären Verantwortung* hinsichtlich einer streitfreien Erbenstruktur – sofern dem Erblasser daran gelegen ist.

Schließlich sollte noch das Stichwort „Nießbrauch" angesprochen werden. Er dient der materiellen Absicherung des Schenkers/Übertragenden, aber er birgt auch Konfliktpotenzial zwischen ihm und dem Beschenkten. Denn letzterer übernimmt das Vermögen mit einer Belastung zugunsten des Übertragenden („Schenkung unter Auflagen"). Der Schenker behält sich den Nutzen von übergebenen/geschenkten Vermögenswerten im Ganzen oder in Teilen vor – sei es in Form von Geldzahlungen, sei es in der Form von Nutzungsrechten, wie z. B. Wohnrecht, Heizkostenbefreiung, etc. Dabei ist zu beachten, dass die Verhältnismäßigkeit des Nießbrauchwertes und des geschenkten Vermögensgesamtwertes gewahrt ist. Das heißt: Der Nießbrauch soll das übertragene Vermögen nicht finanziell „auslaugen"; der anders gesagt: der Nießbrauch soll von dem übertragenen Vermögen auch nachhaltig finanziert werden können. In der Bemessung dieser Möglichkeiten steckt Konfliktpotenzial zwischen den Parteien; es kann von vornherein durch klare Bewertungsmaßstäbe, möglichst mit Hilfe von neutralen Sachverständigen, vermieden werden. Nießbrauchsregelungen waren und sind bei größeren Vermögensstrukturen und insbesondere bei land-/forstwirtschaftlichen Vermögen, aber ebenso bei Unternehmen häufig anzutreffen. Sie gewährleisten, dass der Vermögensübertragende nach der Schenkung in seinem Lebensunterhalt autonom abgesichert und nicht auf die „Gunst" des Vermögensempfängers angewiesen ist.

Im Zusammenhang mit diesen „letzten Dingen" sei noch auf ein Thema hingewiesen, welches gerade in den letzten und voraussichtlich zunehmend in den kommenden Jahren von hoher Wichtigkeit ist: Die **Patienten-verfügung**. Der bewusste Umgang damit ist für viele von uns noch schwieriger und sensibler als der Umgang mit testamentarischen Entscheidungen. Denn bei einer Patientenverfügung wird es richtig „intim": Lebensverlängernde Maßnahmen um jeden oder um keinen Preis – wie kann man das mit Angehörigen, Ärzten, Notaren und Seelsorgern sinnvoll klären? Wer bekommt Zugang zu den privatesten Unterlagen wie Tagebüchern oder Briefwechseln? Das ganze Thema wäre wohl kaum – und es war früher ja auch überhaupt nicht – akut, wenn der medizinische Fortschritt nicht vielen Menschen, die sich selbst oder von anderen dem Tode geweiht sehen, zum Weiterleben verhelfen könnte. Doch stellt sich damit auch die Frage, welches Weiterleben hier stattfindet, ob „in Würde", was auch immer jeder Einzelne darunter versteht, ob bei vollem Bewusstsein, was auch immer dies einschließt, ob bei autarker Lebensgestaltung, was auch immer diese vermag. Hier beginnt es philosophisch im Sinne der Anthropologie zu werden: Was ist der Mensch? Wie bestimmt sich der Wert seines Lebens? Hat der Mensch das Recht, sein Leben autonom zu beenden? Und wenn ja, nach welchen Kriterien, wer definiert diese und überwacht ihre Umsetzung? Hier prallen Weltanschauungen, verstärkt und gespeist von Religion und Dogmatismus wie auch von Atheismus und Libertinage aufeinander – das Thema könnte sich zum ethischen „Glaubenskrieg" des 21. Jahrhunderts entwickeln. Umso wichtiger ist es, dass wir uns, solange wir uns unserer geistigen Kräfte sicher sind, mit der Patientenverfügung beschäftigen. Sonst kann auch mit uns das passieren, was beispielsweise in den USA oder in Italien in den vergangenen Jahren mit Koma- oder schwerst krebskranken Patienten zu nicht nachvollziehbaren

Entscheidungen der Gerichte und zu voyeuristischen Berichten der Sensationsmedien geführt hatte. Davor könnten wir uns mit der Patientenverfügung (weitestgehend) selbst bewahren.

Kehren wir zu dem nicht so emotional aufgeladenen Thema der Vermögensübertragung zurück und fassen wir zusammen: Sowohl für den Familienfrieden als auch für den Erhalt von Vermögenswerten über Generationen hinweg – und nicht zuletzt auch aus Gründen der steuerlichen Optimierung – ist eine frühzeitige und im Laufe der Jahre wiederholte Beratung der Erblasser bzw. Schenkungswilligen durch Erbschafts-, Schenkungs- und Steuerexperten unabdingbar – nach Möglichkeit auch unter Einbeziehung der potenziellen Erben, Schenkungs- oder Vermächtnisempfänger. Denn nur durch eine im Vorfeld offen und mutig geführte Diskussion über die Übertragung von Vermögen, sei es durch Testament, sei es durch Schenkung, wird Streit und Vermögensverlust im Nachhinein vermieden. Nur dann sind alle Beteiligten **Gewinner!**

Dieses Kapitel wurde mit fachlicher Unterstützung von Steuerberater und Rechtsanwalt Jürgen Ranger (Höchstadt/A.) verfasst. An dieser Stelle sei ihm dafür von den Autoren herzlich gedankt.

Abschnitt C

Vom „*bewusst wie*" zum „*gewusst wie*"

Was ist beste Beratung?

Den Rundgang durch unser „gemeinsames Haus" wollen wir nun im Abschnitt C beschließen, indem wir uns mit der Frage beschäftigen, Was ist beste Beratung? („Best Advice"): Zunächst *im Blick der Wissenschaft*, sodann *im Dialog zwischen Finanzberatern und Kunden*. Diese Frage, „Was ist beste Beratung?", beschäftigt uns deshalb, weil wir dabei herausfinden wollen, worauf es in dem Verhältnis zwischen Finanzberatern und Kunden ankommt. Wir Finanzberater glauben von uns selbst, dass wir auf dem Gebiet der Finanzplanung und Lebensvorsorge mehr wissen als unsere Kunden; manche von uns verhalten sich dementsprechend oft von oben herab oder lassen unsere Gesprächspartner nur wenig oder selektiv an unserem Wissen teilhaben. Und wir Kunden spielen unsere zugewiesenen Rollen ganz brav mit: Wir fragen nicht nach, wir informieren uns nicht oder nicht ausreichend, und wir lassen uns von Rendite- oder von Sicherheitsversprechen verführen und gehen Fehlberatungen auf den Leim. Aber was noch schlimmer ist: Viele, ja die meisten von uns sind nicht in der Lage, die seriösen Finanzberater von den unseriösen zu unterscheiden. Entweder wir halten alle Finanzberater pauschal für „Haifische" oder wir vertrauen ihnen wie den Steuerberatern oder gar wie Heilspredigern. Die Beispiele dafür füllen ganze TV-Magazine und Gerichtsakten.

Deshalb versuchen wir im Dialog herauszufinden, woran es liegt, dass wir uns oft so schlecht verstehen. Natürlich ist dieser Dialog kein Tonbandmitschnitt eines Live-Gesprächs, sondern eine – allerdings sehr lebensnahe – Fiktion, die auf den langjährigen Erfahrungen und zahlreichen, nicht fiktiven, sondern ganz real stattgefundenen Beratungsgesprächen zwischen den Autoren und Verbrauchern von Finanz- und Vorsorgeprodukten beruht. Sie können einen Beitrag dazu leisten, wie es auch die Absicht dieses gesamten Buches ist, selbst herauszufinden, wie wir unser Bewusstsein stärken, damit uns die Welt der Finanzen kein verschlossenes „Buch mit sieben Siegeln" bleibt.

Als Résumé unserer Überlegungen können wir festhalten: Wir Finanzberater und wir Kunden kommen nicht, oder sagen wir: fast nicht, ohne einander aus; auch dann nicht, wenn wir „nicht miteinander auskommen". Wir
sind aufeinander angewiesen. Abgesehen von der Praxis automatisierter
und beratungsloser Anlage-, Vorsorge- oder Finanzierungsgeschäfte, deren
Siegeszug zwar prophezeit, sich aber doch nicht auf so breiter Front ein-
stellen wird, abgesehen also davon, kommt es heute und morgen auf zweierlei an,

a. bei uns Verbrauchern:

   1. dass wir uns zunächst über uns selbst, über unsere wirtschaftliche
       Situation und über unsere Wünsche und Ziele im klaren sind, dass
       wir uns bewusst werden, was wir wollen, was wir können und –
       nicht zuletzt – was wir sollen: *bewusst* – **wie**!
   2. dass wir uns sodann mit diesem Selbst-Bewusstsein am Markt nach
       Anlage-, Vorsorge- und Finanzierungsangeboten umsehen, uns
       über sie genau informieren und uns schließlich von ausgewiesenen
       und erfahrenen Spezialisten beraten lassen: *gewusst* – **wie**!

b. bei uns Finanzberatern:

   1. dass wir zunächst unseren geschäftlichen Erfolg als Erfolg unserer
       Kunden definieren, indem unter dem Begriff „Erfolg" der nachhal-
       tige Nutzen verstanden wird: *bewusst* – **wie**!
   2. dass wir uns sodann darum bemühen, den Zielen und Wünschen
       unserer Kunden nicht nur mit Anstand, Ehrlichkeit und Transpa-
       renz gerecht zu werden, sondern auch mit Kompetenz: *gewusst* –
       wie!

Während wir uns bemüht haben, Punkt 1, das „*bewusst* – wie" in den vori-
gen Kapiteln zu verdeutlichen, soll nun in diesem Abschnitt C für den
Leser und die Leserin sozusagen eine Brücke gebaut werden zu denjenigen
Organisationen und Institutionen, die sich dieses „*gewusst* – wie" zur Auf-
gabe machen, insbesondere zu den neutralen Verbraucherzentralen und
Testinstituten. Unter dem Stichwort „Verbraucherschutz" findet sich im
Internet eine Menge von Adressen. Wir möchten hier keine Empfehlung

abgeben, allerdings auch nicht verschweigen, dass in erster Linie die staatlichen Verbraucherschutzinstitutionen und Verbände neben der „Stiftung
Warentest" (Finanztest) in Frage kommen. Auch in allen Fällen von Ver-
braucherberatung ist kritisches Nachfragen und Vergleichen empfehlens-
wert.

Den Punkt 2 „*gewusst – wie*" behandeln wir 1.) „im Blick der Wissenschaft" anhand des Aufsatzes „*Schlechter Rat wird teuer*" von Daniel Kohlert
und Andreas Oehler, beide von der Betriebswirtschaftlichen Fakultät der
Universität Bamberg, (in: uni.vers Mai 2009, Das Magazin der Otto-
Friedrich-Universität Bamberg, S.44 ff.) und 2.) „im Dialog der Betroffenen": Finanzberater und Kunden. Darin erklärt sich allmählich wie von
selbst, welche Kriterien eine gute, ja vielleicht die „beste Beratung" ausmachen. Wir würden es begrüßen, wenn sich auch diese in unser Bewusstsein
einnisten.

1   Im Blick der Wissenschaft

Unter der Überschrift: *„Schlechter Rat wird teuer"*, stellen die Autoren Daniel Kohlert und Andreas Oehler ihre Überlegungen *„über die Qualität der Anlageberatung der Banken & Sparkassen"* an (uni.vers, Mai 2009, S. 44 ff.): *„Die Notwendigkeit einer qualifizierten Beratung in Finanzangelegenheiten ist derzeit höher denn je. Dies ist nicht nur auf die Finanzkrise, sondern auch auf einen Umbruch des deutschen Sozialmodells zurückzuführen. Gleichzeitig sorgen empirische Studien über die Beratungsqualität in Deutschland für Ernüchterung. Geschätzt wird, dass jährlich ein Schaden von über 20 Milliarden Euro allein durch fehlerhafte Anlageberatung entsteht."*

Unter den Gründen für die Misere machen die beiden Wissenschaftler u. a. eine für die meisten Kunden *„nachteilige Informations-Asymmetrie sowohl hinsichtlich der anlage-entscheidungsrelevanten Informationen als auch bezüglich Leistungspotenzial und -willen des Beraters"* aus. Deshalb ist es für viele Kunden so schwer, *„die Kernqualität der Beratung im Sinne des Informationsaustausches zu beurteilen"*. Lediglich einige wenige gut informierte [weil interessierte!] Anleger seien in der Lage zu erkennen, *„ob der Berater alle für eine maßgeschneiderte Beratung notwendigen Informationen über den Kunden ermittelt, ob die Informationen, die er im Rahmen der Aufklärung und Beratung bereitstellt, eine angemessene Entscheidungsbasis darstellen, und inwieweit die empfohlenen Produkte auf die individuellen Verhältnisse zugeschnitten sind."* Infolge dieser weitgehenden Informationsunterlegenheit der meisten [Privat-] Kunden kommt es auch kaum zu einem Qualitätswettbewerb unter den Finanzberatern. *„Ein solcher bezieht sich vielmehr auf vom Kunden beurteilbare und daher für dessen subjektive Zufriedenheitsurteile oft bedeutendere Substituteigenschaften wie ein glaubwürdiges Auftreten des Beraters oder die Ausstattung der Filiale"*.

Und auf der Seite der Produktanbieter sorgen die Globalisierung der Finanzmärkte, die Technisierung der Herstellungsprozesse und die häufig schon recht zielgruppenspezifischen Marketingstrukturen dafür, dass der Beratungswert auf sein Kosten-Nutzen-Verhältnis reduziert wird und damit zu einer *„Orientierung nach dem – auf rein quantitative Größen wie Einkommen und Vermögen zurückgehenden – Kundenwert"* führt. Wir hatten diesen Befund bereits in vorherigen Kapiteln („Komponenten der Architektur", „Baumaterial") angesprochen und finden ihn nun durch diesen Artikel der beiden Wissenschaftler nochmals bestätigt – nicht wirklich zur unserer Freude. Was also ist zu tun, um die Situation zu verbessern, um zu einer besseren – zur besten – Beratung zu gelangen?

Bevor wir diese Frage untereinander diskutieren, wollen wir Herrn Professor Oehler und Herrn Dr. Kohlert nochmals zu Wort kommen lassen: Sie konstatieren hinsichtlich der Umsetzung rechtlicher Maßnahmen zur Verbesserung der Beratungsqualität, wie sie derzeit politisch eingefordert, vorgeschlagen und zum Teil schon umgesetzt werden, ein doppeltes Problem: *„Einerseits sind bereits die Explorationspflichten* [Erklärungsverpflichtungen der Finanzberater] *nicht umfassend genug und zu unkonkret formuliert, um eine ausreichende Grundlage für die auf Exploration aufbauende Informationsvermittlung zu gewährleisten. .. Andererseits gehen diese Aufklärungs- und Beratungspflichten von unrealistischen Annahmen bezüglich der Rationalität der Anlagekunden aus, die zwangsweise beschränkt ist."* Uninformierte Kunden in Beratungsgesprächen mit Abschlussabsicht zu informierten Kunden zu machen, sei schlechterdings kaum zu schaffen, urteilen die Wissenschaftler. Unseres Erachtens etwas zu pessimistisch.

Allerdings: *„Erschwerend kommt hinzu, dass sie* [die Kunden] *dies* [die Informiertheit] *gerade aufgrund der hierbei eintretenden kognitiven Überforderung sowie auch der zeitlichen Anforderungen häufig gar nicht wollen."* – Auch wenn das jetzt nicht gerade sehr schmeichelhaft für uns Kunden klingt, ganz falsch ist es auch nicht! Erinnern wir uns bitte an den Artikel „Geldanlage – eine lästige Pflicht" aus der Süddeutschen Zeitung im Kapitel „Die Komponenten der Architektur".

Die Folge dieses Befundes lautet aus der Sicht der Bamberger Wissenschaftler: *„Ob dem einzelnen Kunden eine bessere oder schlechtere Beratung zuteil wird, hängt damit wesentlich von den Voraussetzungen ab, die er in das Beratungsgespräch mitbringt, und davon, wie diese sich im Rahmen der Kosten-Nutzen-Überlegungen der Anbieterseite darstellen. Inhaltlich beurteilen und damit wettbewerbsrelevant auswählen können die meisten Kunden gerade aber nicht."* Nun, auch das erscheint uns zwar nicht falsch, aber doch etwas überzeichnet. Wir werden im Dialog der Kunden mit den Finanzberatern gleich nochmals darauf zu sprechen kommen.

Dass bei der Beurteilung des anlagerelevanten und allgemeinen wirtschaftlichen Informiertheitsgrades der Kunden auch deren demografische, soziale, berufliche, bildungsspezifische – und nicht zuletzt vermögensstruktu-
relle – Eigenheiten eine große Rolle spielen und Auswirkungen auf die
Beratungsqualität und Service-Bereitschaft der Finanzberater haben, liegt
nahe, ist aber dennoch nicht automatisch selbstverständlich. Es lassen sich
durchaus genügend Beispiele einer schlechten Beratung auch bei Kunden
finden, deren Zielgruppenspezifika eigentlich das Gegenteil erwarten
lassen sollten. Und dennoch: *„Je höher dieser* [Kundenwert] *eingeschätzt wird,
desto höher ist das Interesse der Bank an der Bindung des Kunden, da sich höhere
Umsätze erwarten lassen"*, stellen die beiden Wissenschaftler fest. Und weiter: *„Je höher diese Umsätze sind, desto höhere Provisionszahlungen resultieren
für Bank und Berater. Eine eingehende Beratung wird damit besser entlohnt, der
Leistungswille steigt und der Anreiz zu opportunistischem Verhalten könnte
sinken. Dies wird sich in einer höheren Beratungsqualität niederschlagen."*

Wer könnte dem widersprechen? Weder wir Kunden – ob wir nun die
gleichen Erfahrungen gemacht haben oder nicht – noch wir Finanzberater
(wenn wir ehrlich sind) – ob wir nun dementsprechenden „Druck von
oben" bekommen oder uns selbst durch das Provisionspotenzial unserer
wohlhabenden Kunden stimulieren lassen. Können wir an dieser Situation
etwas ändern? Im einleitenden Kapitel haben wir schon erörtert, dass es
gerade nach der Finanzkrise angebracht ist, das Verhältnis von Finanzberatern und Kunden zueinander neu zu gestalten: Nicht gegeneinander sondern miteinander am gemeinsamen Haus der Altersvorsorge, Geldanlage
oder Finanzierung usw. zu bauen. Zu diesem Bewusstseinswandel gehört
aber, dass sich nicht nur eine Seite – wir Finanzberater – bewegt, indem wir
uns hinsichtlich der Kundenberatung höheren Qualitätsanforderungen
unterziehen, sondern auch, dass die „andere Seite" – wir Kunden – ihren
Beitrag dazu leistet. Auch darüber haben wir schon am Anfang und immer
wieder in diesem Buch gesprochen.

Lassen wir zum Schluss auch hierzu die Wissenschaftler aus Bambergs
Universität zu Wort kommen: *„Entscheidende Bedeutung für die erfahrene
Beratungsqualität sollte jedoch auch dem Vorwissen des Kunden in finanziellen
Angelegenheiten zukommen. Berater werden sich umso eher bemühen, verlässlich
im Interesse der Kunden zu beraten, je höher sie deren Sachverstand einschätzen."*
Um diese These zu verifizieren, sind die Wissenschaftler im Rahmen einer

empirischen Studie der Frage nachgegangen, ob und inwieweit ein „höheres Vorwissen" der Kunden eine „bessere Beratung" der Finanzberater zur Folge hat. Hier die Ergebnisse: „... *Besonders auffällig ist jedoch der Befund, dass Kunden mit hohem Finanzwissen eine signifikant höhere Beratungsqualität zuteil wird als Kunden mit gleichem sozioökonomischen und -demografischen Status, aber geringem Finanzwissen.*" Ganz besonders schlecht beraten werden allerdings solche Kunden, die neben mangelndem Finanzwissen auch noch über keinen attraktiven Sozialstatus (ganz zu schweigen vom Vermögensstatus) verfügen. Doch gerade diese breite Zielgruppe, für die das Prinzip Vorsorge besonders relevant ist, steht im Hinblick auf die Beratungsqualität und -intensität besonders schlecht da. „*Entgegen der Intention von Gesetz und Rechtsprechung werden also gerade die Anleger, die auf eine umfassende und interessengerechte Unterstützung am meisten angewiesen sind, schlechter beraten als Anleger, die einer derart eingehenden Unterstützung nicht bedürfen.*"

Angesichts dieser weder für einen Teil von uns Kunden noch für einen Teil von uns Finanzberatern schmeichelhaften Ergebnisse der Studie könnte man geneigt sein, als uninformierter Kunde gleich ganz auf die Finanzberatung zu verzichten, da sie ja ohnehin nur oberflächlich und gegebenenfalls sogar gegen das eigene Kundeninteresse ausgerichtet sei. Am besten – so die resignierende Reaktion – wäre es, das Geld „unter das Kopfkissen" zu legen. Doch wie ratsam ist ein solches Verhalten? Steckt dahinter vielleicht nicht die schon angesprochene Bequemlichkeit, sich nicht mit den Daten und Fakten der Geldanlage und Altersvorsorge vertraut zu machen, so wie man es mit den Details beim Kauf einer neuen Waschmaschine, eines Fernsehgerätes oder besonders eines Autos selbstverständlich tut?! Für Bambergs Wissenschaftler Oehler und Kohlert „*ist eine Eigenleistung der potenziellen Kunden unabdingbar. Der beste Schutz vor schlechter Beratung schließlich ist es, diese zu erkennen, was wiederum – solange sich an den institutionellen Rahmenbedingungen nichts ändert – nur mit entsprechendem Wissen geschehen kann. Ein erster Schritt wäre also, sich dem Thema Finanzen gegenüber aufgeschlossener zu verhalten und ihre [der Finanzen] Wichtigkeit zu akzeptieren.*"

Nun haben wir uns darüber Gedanken gemacht, was schlechte und schlechteste Beratung ist und wie sie zustande kommt. Oder noch präziser gesagt: warum gute und beste Beratung *nicht* zustande kommt. Eben besonders auch dadurch, dass von Seiten der Kunden zu wenig Qualität in der Beratung eingefordert wird, weil sie infolge mangelnden Finanzwissens und Vorsorgebewusstseins erst gar nicht eingefordert werden kann. Doch wir wollen uns in diesem Abschnitt der Beantwortung eigentlich unter dem positiven Blickwinkel nähern: „Was *ist* beste Beratung?" Bevor wir das in dem anschließenden Dialog zwischen zwei Kunden und zwei Finanzberatern versuchen, sollen unsere beiden Wissenschaftler vom Lehrstuhl für Betriebswirtschaftslehre insb. Finanzwissenschaft an der Universität Bamberg das Schlusswort in diesem Kapitel haben, da es einen glatten Übergang zum anschließenden Dialog bildet: *„Vergessen werden darf nämlich nicht, dass nur dann, wenn das Finanzwissen in der Bevölkerung steigt, auch ein ökonomischer Anreiz für die Anbieter besteht, Qualitätswettbewerb nicht nur im Sinne von Filialgestaltung und Verkäuferschulung zu verstehen, sondern auch auf die inhaltliche Beratungsqualität zu fokussieren. .... Auch neue, grundsätzlich vielversprechende Beratungsmodelle, die nur auf einer Entlohnung der tatsächlichen Beratungsleistung beruhen und keine Gebühren und Provisionen für den Produktverkauf fördern, haben unter den jetzigen Bedingungen nur geringe Chancen, sich zu etablieren, da auch hier die Qualität nicht beurteilt werden kann und die Honorare für viele zu hoch liegen. Zielführender erscheint es, die Informations- und Beratungskapazität neutraler Institutionen wie der Stiftung Warentest oder der Verbraucherzentralen, auch via Internet online, systematisch auszubauen und zu stärken, in der Intensität und in der Fläche. .... Für seriöse Anbieter, die an einer mittel- und langfristigen Kundenbeziehung interessiert sind, ist ein solches Arbeiten auf Augenhöhe mit zumindest ansatzweise aufgeklärten Kunden Selbstzweck".*

Diese sollen nun selbst zu Wort kommen.

Literaturtipps:

DANIEL KOHLERT: Anlageberatung und Qualität – ein Widerspruch? Zur Utopie qualitativ hochwertiger Anlageberatung im Retailbanking. Baden-Baden, Nomos, 2009.

ANDREAS OEHLER/DANIEL KOHLERT: Guter Rat macht hilflos: Zur Qualität der Anlageberatung in Deutschland. In: Vertriebssteuerung in der Finanzdienstleistungsindustrie, hrsg. von Heike Borst, Rainer Neske und Wolfram Wrabetz. Frankfurt School Verlag 2008.

2 Im Dialog der Betroffenen

Wir treten nun hinaus auf die Terrasse vor unserem „gemeinsamen Haus" und machen es uns bequem. Als Resümee der vorhergegangenen Erörterungen wollen wir uns im direkten Dialog der Betroffenen (zwei Finanzberater „F" und zwei Kunden „K") der Frage widmen: **Was ist beste Beratung?**

K: Beste Beratung – „Best Advice" – ist das nicht was von gestern? Heutzutage, im Zeitalter von Mobile- und Online-Banking, Geschäftsstandardisierung und Selbstbedienungsautomatisierung, wer hat denn da noch Zeit für individuelle Beratung „face to face"?

F: Zugegeben, der Trend zum unpersönlichen Bankgeschäft per Laptop und Handy nimmt zu, natürlich in erster Linie bei den jüngeren Kunden. Neben Zeit- und Orts-Ungebundenheit spielt auch das Preisgefüge eine wichtige Rolle. Ohne persönliche Beratung sind viele Bankgeschäfte deutlich billiger.

K: Und gefährlicher!

K: Nicht unbedingt! Manche Bankgeschäfte können auch *mit*, ja gerade *wegen* der Beratung ganz schön gefährlich sein, wie man immer wieder hört und liest. Deswegen halte ich die Fragestellung, was ist beste Beratung, durchaus für angebracht und auch auf Dauer aktuell. Was meinen Sie als Finanzberater?

F: Also diese Frage könnte ich mit einem einzigen Satz beantworten: Die beste Beratung ist, wenn das prognostizierte Ergebnis zuverlässig eintritt, jedenfalls bei der Anlageberatung.

K: Ist das wirklich so einfach? Niemand, auch nicht der gewissenhafteste Berater, kann zur Stunde seiner Beratung doch wissen, ob sich seine Prognose auch tatsächlich bewahrheiten wird. Kennt er die Zukunft denn besser als andere? Hat er etwa die berühmte Glaskugel?

F: Natürlich nicht. Obwohl – manche meiner Kollegen tun oft so als ob! Ich meine aber zweierlei. Erstens: Zu einer guten Beratung – ich will noch gar nicht von der besten sprechen – gehört, dass wir das, was wir dem Kunden zusagen, auch zuverlässig einhalten. Und damit wir es einhalten können, müssen wir uns darüber im Klaren sein, *was* wir ihm zusagen, ob das hält. Das gilt beispielsweise für Schadensbearbeitungen bei Versicherungen ebenso wie für die Zusage von Kreditkonditionen oder für eine pünktliche Termingeldverlängerung usw. Und zweitens: Dass wir die Dinge, welche im Augenblick relevant sind, z. B. am Aktienmarkt oder bei der Garantieverzinsung einer Lebensversicherung etc., klar und deutlich rüberbringen, kurzum transparent machen. Mein Kunde muss verstanden haben, was ich ihm erzähle.

K: Zum Beispiel bei Investmentfonds und Zertifikaten und ....

F: ... und besonders bei den Produkten für die Altersvorsorge! Denn da geht's um langfristige Verträge mit entsprechenden Auswirkungen in der Zukunft.

K: Genau. Aber ebenso bei den Konditionen für Finanzierungen und ihren Rückzahlungsmodalitäten, und ob der Kredit evtl. eines Tages von meiner Hausbank an einen mir unbekannten Kreditinvestor ohne meine Zustimmung weiterverkauft werden kann, was ja passiert ist.

K: Transparenz – ist das also das „Zauberwort" für die beste Beratung?

F: Sicher, die ist mit das wichtigste!

K: Na ja, da kommt aber noch was anderes sehr wichtiges mit ins Spiel, was auch mit der Transparenz zu tun hat: Vertrauenswürdigkeit. Also ich meine Ehrlichkeit. Ich erinnere mich da an einen Fall, wo mir eine Freundin erzählt hat, dass ihr vor Jahren von der Bank ein Bausparvertrag verkauft worden ist. Sie hatte aber niemals die Absicht gehabt – und auch nie geäußert – zu bauen oder eine Immobilie zu kaufen. Trotzdem wurde sie dazu mit dem Argument, „man weiß ja nie....!", überredet – und sie ließ es zu. Sie sagte zu mir: „Zunächst dachte ich, das kann ja nicht schaden, irgendwie.... . Doch als dann das Bauspardarlehen zur Auszahlung kam, habe ich gesehen, dass mein Sparguthaben ziemlich mickrig ausgefallen ist. Na ja, es waren eben auch nur 1,5 Prozent Haben-Zinsen. Auf meinem Sparplan, den ich für den Bausparer aufgelöst hatte, bekam ich damals immerhin noch das Doppelte. Der Wechsel hat sich doch nur für den Berater gelohnt, aber nicht für mich!"

F: Im Vergleich zu den Lehman-Zertifikaten hört sich das ja noch harmlos an ...

K: ... Na, na, mal langsam: Die Lehman-Kunden wehren sich jetzt aber auch, jedenfalls versuchen sie es. Und die Medien berichten groß darüber. Aber die Bausparerin – was tut die? Und die ist sicher nicht die einzige unter den „Stillen im Lande".

F: Vorsicht, Vorsicht. Da muss man ja annehmen, dass es hierzulande eine große „schweigende Mehrheit" falsch beratener und abgezockter Kunden gibt. So ist es doch überhaupt nicht!

K: Woher wollen Sie denn das wissen, wenn die Leute schweigen?!

F: Von den Medien. Die berichten im Fernsehen doch fast täglich von solchen Fällen. Angeblich, laut Verbraucherministerium, sollen pro Jahr rund 30 Milliarden Euro den Bach runtergehen, weil die Kunden falsch beraten wurden. Doch diese Zahl sollte man mal genauer unter die Lupe nehmen: von welchen Produkten ist da die Rede? Bei den sogenannten „Geschlossenen Fonds" mit ihren großen Anlagevolumina, da könnte die Fehlberatungssumme schon recht hoch sein; da tummeln sich etliche „schwarze Schafe" ohne jegliche Qualifikationsnachweise auf dem „grauen Kapitalmarkt" herum. Aber ob die Fehlberatungsmenge bei den Bank- und Versicherungsberatern wirklich so hoch ist, oder ob nicht vielmehr auch die Kunden zu einer Fehleinschätzung der Berater Anlass geben, wenn sie ihnen nicht alle relevanten Infos über ihre Vermögensverhältnisse und Finanzkenntnisse anvertrauen – da habe ich doch auch meine Zweifel. Von den 30 Milliarden würde ich bestimmt die Hälfte als zweifelhaft hinsichtlich der Schuldfrage abziehen. Jedenfalls hört man da von den Kunden keine Aussagen.

K: Die meisten von uns trauen sich eben nicht.

F: Genau das ist ja das Problem. Es fängt aber schon vorher an, nämlich im Beratungsgespräch mit uns. Inzwischen müssen wir bei unseren Beratungen die Kunden schriftlich erklären lassen, dass sie alles verstanden haben und ...

K: .... das tun wir auch brav, obwohl wir's vielleicht nicht verstanden haben. Die meisten von uns wollen sich entweder keine Blöße geben oder wir wissen gar nicht, was wir noch wissen müssten.

F: Genau! Und woran liegt das, dass sie nicht wissen, was sie wissen bzw. wonach sie fragen sollten?

K: Weil wir's eben nicht wissen! Punkt! Woher denn? In der Schule haben wir von Geldanlage und Altersvorsorge und Finanzierung und dem ganzen Kram nichts mitbekommen. Und die Zeitschriften erzählen uns doch auch nur das, was sie von den Banken und Versicherungen vorgesetzt bekommen. So einfach ist das!

F: Nun mal halblang bitte! Immerhin gibt es neutrale Finanztest-Zeitschriften von der Stiftung Warentest und es gibt Verbraucherschutzinstitute.

K: Die kommen doch meist erst dann ins Spiel, wenn das Kind schon in den Brunnen gefallen ist.

F: Sorry, aber da kann ich dann nur sagen: Selbst schuld! Unwissenheit schützt vor Schaden nicht, genauso wenig wie vor Strafe. Und informieren muss man sich halt vorher!

K: Na jetzt bin ich aber platt! Wer verursacht denn den Schaden, etwa wir Kunden? Wer hat denn den Sch...lamassel mit der Finanzkrise angerichtet? Doch nicht wir Kunden! Oder denken Sie nur mal an den Fall Bernie Madoff in New York, der weltweit sowohl Großkunden als auch Kleinsparer um sage und schreibe 65 Milliarden Dollar geprellt hat. Der bekommt 150 Jahre Knast, aber die Leute sehen ihr Geld nie wieder, einige von ihnen sind in ihrer Existenz vernichtet. So schaut's aus mit „selbst schuld"!

F: Entschuldigen Sie bitte, so hart wie es raus kam, war das nicht gemeint. Was den Fall Madoff angeht, da muss man jedoch in der Tat aufpassen mit der Alleinschuldzuweisung. Da haben die Aufsichtsbehörden in den USA mindestens so fest, nein, noch viel mehr geschlafen, als die Kunden. Was ich nämlich sagen will, ist lediglich: Als Kunde haben Sie in der Tat Möglichkeiten, sich im Vorfeld über Finanzprodukte zu erkundigen, bevor Sie sich entscheiden. Beim Autokauf oder bei der Urlaubsbuchung und vielen anderen Kaufentscheidungen tun Sie es doch auch. „Wache Verbraucher" haben das die Politiker im Bundestag genannt.

K: Wenn ich das schon höre, „wache Verbraucher"!

F: Die vielen Anlegerzeitschriften, Börsenbriefe und TV-Sendungen über Börsen, Wirtschafts- und Sozial-Themen haben ja ganz ordentliche Leser- und Einschaltquoten. Wie kommt es dann aber, dass trotzdem so viele Menschen den berühmten „Griff ins Klo" machen, wenn sie ihr Geld „sicher, aber gewinnbringend" anlegen wollen?

K: Also den Medien, ich hab's ja schon gesagt, denen traue ich auch immer weniger über den Weg. Und den Börsenbriefen sowieso nicht. Die schreiben jedes mal, dass sie „richtig liegen" und dass sie es schon immer vorausgesagt haben.... usw. Doch die Realität sieht ganz anders aus. Das fällt unter die Rubrik Werbung. Oder sollte ich sagen „Verarschung"?

K: Dem kann ich nur zustimmen. Mit den ganzen Börsenempfehlungen will ich mich nicht mehr ärgern. Die sind in vielen Fällen interessensgesteuert, aber selten in meinem Sinn. Was ich hingegen ganz gern nutze, ist das Internet. Da finden sich von den Banken und Versicherungen, aber eben auch von meines Erachtens neutralen Informationsdiensten, ganz nützliche Inhalte über Produkte und zu Fachausdrücken, die mir der Berater am Bankschalter nicht oder nur schlecht erklärt. Aber wie gesagt, auf die Anlageempfehlungen in den zahlreichen Anlegerzeitschriften, auf die allein möchte ich mich nicht verlassen.

F: Und worauf verlassen Sie sich dann?

K: Na auf mich selbst natürlich. Ich hab derzeit mein ganzes Geld auf dem Sparkonto und im Festgeld. Da kann nichts passieren. Der Staat bürgt ja, wie die Regierung versprochen hat. Und ich kann ruhig schlafen.

F: In einer Finanzkrise mag das ja stimmen. Aber langfristig wird Ihr Geldeinsatz nicht gerade fürstlich belohnt von der Bank.

K: Da ist mir die Sicherheit mehr wert als die hohen Zinsen!

F: Wenn das die Lehman-Kunden doch auch so gesehen hätten ...

K: ... haben sie auch so gesehen! Besonders die Älteren, denen man diese Papiere ganz besonders angedreht hat. Ihnen wurde doch immer gesagt: „Da kann nichts passieren, das Geld ist sicher angelegt, die Lehman-Brothers-Bank ist super" usw. usw. Und außerdem, nur zur Klarstellung: Das sind hier keine „Lehman-Kunden", sondern Kunden der *hiesigen Banken und der hiesigen Finanzberater.* Das muss doch auch mal gesagt werden!

F: O. k. Aber auf die hohe Rendite waren sie schon scharf!

K: Nein, nicht die Kunden waren auf die hohe Rendite scharf, sondern die Berater auf die hohe Provision!

F: O. k., o. k., nun beruhigt euch wieder! Wir wissen ja inzwischen, wie es gelaufen ist. Und dass das nicht mal „sub-optimale" Beratungen waren, ist auch allen klar. Viele Berater haben ja selbst nicht wirklich durchgeblickt, was sie da angeboten haben.

K: Sie hatten eben nur ihre Provisionen im Blick. Überhaupt: Provision. Da geht doch die Objektivität bei der Beratung verloren, weil der Berater nur Produkte verkaufen möchte oder muss, die ihm bzw. der Bank oder der Versicherung die höchste Provision bringen. Das ist doch unfair!

F: Da muss ich jetzt aber doch widersprechen. Sie unterstellen da uns Beratern generell etwas, das nicht zutrifft. Das Provisionssystem muss nicht zwangsläufig einer objektiven, sagen wir ruhig der besten Beratung, zuwider laufen. Denn sonst müssten im Umkehrschluss alle Beratungen, die ausschließlich auf Honorarbasis gegeben werden, objektiv und fehlerfrei sein. Sind sie aber nicht. Eine Beratung, die ausschließlich auf Honorarbasis beruht, birgt zudem die Gefahr in sich, dass sie sich selbst nährt. Damit meine ich, dass jede Beratung zu einer nächsten Beratung führt usw. Das kann dann für den unbedarften Kunden ganz schön teuer werden – und der Erfolg bleibt trotzdem auf der Strecke, einer ziemlich langen Strecke.

F: Sehr richtig! Vielleicht darf ich bei der Gelegenheit noch zwei Dinge ergänzen. Und zwar erstens, zu den Direktbanken und Direktversicherungen: Die verzichten auf Honorare und Vermittlerprovisionen und können deshalb preiswerter sein als ihre Konkurrenten. Doch die Stunde der Wahrheit schlägt bei den Direktversicherern meist dann, wenn es zu Meinungsverschiedenheiten im Schadensfall kommt. Da wird es dann schwierig mit dem persönlichen Kontakt. Und im Bankgeschäft ist das „Mouse-Pad-Banking" via Internet zwar für viele, besonders die jüngeren Kunden attraktiv, aber ohne Beraterkontakt auf Dauer auch nicht sinnvoll. Ohne persönliche Beziehung klappt es einfach nicht. Und gerade nicht in unserem Metier, wo es um einen der sensibelsten Bereiche geht: ums Geld.

K: Und was wollten Sie zweitens noch ergänzen?

F: Ach ja, danke. Also beim Thema Beratung und Verkauf, da wird von Seiten der Anbieter wie von Seiten der Verbraucher manches vermischt und raus kommt das reinste Missverständnis. Jetzt möchte auch das Verbraucherschutzministerium eine strikte Trennung von Produkt-*Vertrieb* und Produkt-*Beratung* einleiten (vgl. Finanzzeitung im Handelsblatt vom 08.07.2009, S. 24). Wie soll das gehen? Beratung allein auf Honorarbasis, aber ohne Verkauf, und Vertrieb auf Provisionsbasis, aber ohne Beratung? Verzichten Sie etwa auch beim Autohändler nur deshalb auf seine Beratung, weil Sie ihm von vornherein unterstellen, dass er Sie mit seiner Beratung übers Ohr hauen möchte? Und wie zuverlässig und objektiv sind andererseits die provisionsfreien Beratungsleistungen von Autofachzeitschriften und anderen Verbraucherdiensten? Also ich denke, beides lässt sich nicht wirklich trennen. Ich meine, dass das Problem am besten damit gelöst werden kann, dass wir Finanzberater laufend sowohl eine Top-Produktausbildung als auch eine hervorragende kundenorientierte Beratungs-Bildung, oder sagen wir: Bewusstseinsbildung, bekommen. Und das in Verbindung mit einem Katalog an Verhaltensregeln und Sanktionsmaßnahmen bei Verstößen.

K: Das klingt alles recht „schön, edel und gut", aber ich hab trotzdem das ungute Gefühl, ...

F: .... dass Sie von uns über den Tisch gezogen werden?

K: Na ja, ich weiß nicht recht.... Also gut, ich kann es nicht wirklich beweisen, was das bessere System ist, Provision oder Honorar, Beratungs- oder Direkt-Banking bzw. -Versicherung. Aber eines möchte ich, auch durchaus selbstkritisch, hinzufügen: Wenn mir ein Berater klar macht, so dass ich es auch verstehe, welchen realen Nutzen ich von seinem Produktangebot habe, und er mich nicht mit vagen Aussichten auf „tolle" Gewinne einlullt, dann bin ich auch bereit, für seine Beratung entsprechend zu zahlen. Und dann ist es mir egal, ob Abschlussprovision oder Beratungshonorar. Auf der anderen Seite finde ich es ein mieses und leider nicht selten anzutreffendes Verhalten von Kunden, wenn sie sich von einem engagierten Berater eine intensive Beratung holen und mit diesem Wissen anschließend bei einem anderen „billigeren" Berater oder bei einem Direktanbieter abschließen, der gar keine Beratung macht und dementsprechend preiswerter sein kann. Da kann man schon verstehen, dass die Beratung auf Honorarbasis Sinn macht. Denn dann hat der Finanzberater seine Beratungskapazität wenigstens nicht kostenlos eingesetzt. Doch wie auch immer: entscheidend ist für mich die Beratungsqualität!

K: Was wir brauchen ist mehr Anstand, mehr Geschäftsethik, sowohl bei uns Kunden als auch bei Euch Finanzberatern. Sie verstehen mich doch, gerade jetzt, wo man das mit den „Lehman-Papieren" gehört hat ...?

F: Ganz klar. Und darum komme ich zurück auf unsere Ausgangsfrage: Was also ist eine gute oder gar die beste Beratung?

K: Ich hab da einen Vorschlag: Wenn mir ein Berater ein Anlageangebot macht, dann möchte ich nicht nur wissen, von welchem Anbieter das Produkt stammt, sondern auch wie es sich zusammen setzt. Mit anderen Worten, ich möchte wissen, welche verschiedenen Kosten, inklusive der Vertriebsprovisionen, stecken da drin; und natürlich: wie schaut das Verhältnis von Ertrag und Risiko aus, und zwar in drei Varianten: 1. An den Finanzmärkten bleibt alles so, wie es ist; 2. die Zeiten werden schlechter; 3. die Zeiten werden besser....

F: .... Sie meinen "Best Case", "Neutral Case", "Worst Case"?

K: Na bravo! Das hört sich alles nach dem gleichen „Käs" an. Warum müsst ihr euch eigentlich immer in diesem Banker-Englisch ausdrücken, das keiner versteht, ja oft nicht mal ihr selbst?

F: Sorry, das ist eben die Sprache der „Global Finance Community"!

K: Dass ich nicht lache! Das ist eben nicht die Sprache von uns Kunden und schon gar nicht bei uns auf dem Land! Auch manche Namensgebungen von Investmentfonds oder gar die Tarifbezeichnungen der Versicherungen klingen für die meisten von uns dermaßen kompliziert und undurchsichtig, dass sie uns eher von Abschlüssen abhalten als zu ihnen einladen. Der Wurm an der Angel muss doch dem Fisch schmecken und nicht dem Angler! Da geht's schon mal los.

F: Sie hat recht. Das Ganze steht unter dem Zeichen Kundennähe und Verständlichkeit: Klarheit und Wahrheit.

F: Ah, du findest also, dass eine klare und wahre Beratung auch eine qualitativ gute Beratung ist?

F: Ja, auf jeden Fall. Klarheit und Wahrheit gehören dazu.

K: Also vom Fachwissen, von Kompetenz, war bis jetzt noch nicht die Rede. Aber ist denn das nicht das aller-aller-wichtigste?! Da erzählt mir einer vielleicht nur was über Sparbriefe und „Bundesschätzchen" – o. k., klar und wahr – aber von den anderen Möglichkeiten für meine Geldanlage sagt er nichts, weil er vielleicht gar keine Ahnung hat. Der ist doch nicht kompetent, oder?

F: Stimmt! Transparenz, Wahrheit *und Kompetenz* – das ist der beste Beratungsmix! Einverstanden?

K: Na ja, ich denke, das ist schon eine ganze Menge, und das eine bedingt das andere. Aber ....

K: .... also irgendwie, ich meine, da fehlt mir noch was. Das sagt mir mein Bauch, und der hat meistens recht. Ich erwarte von einer guten Beratung, dass in ihr – wie soll ich sagen – eine Portion Lebenserfahrung steckt. Ich hab immer ein schlechtes Gefühl, wenn mir diese „Jung-Dynamischen" daher kommen. Die mögen ja vielleicht 'ne Menge über Geldanlagen wissen und mir z. B. den Unterschied zwischen Verzinsung und Rendite gut erklären können, klar und wahr und kompetent. – Aber vertrauen tu ich denen trotzdem nicht.

F: Warum, vielleicht weil Sie selbst schon älter sind?

K: Na erlauben sie mal! Schau ich vielleicht so alt aus? Und wenn schon, entscheidend ist doch, wie jung ich mich fühle. Aber bei den „Yougsters" in den Banken und Finanzvertrieben, da fühle ich mich jedenfalls nicht besonders wohl. Wie gesagt, nichts gegen ihre mögliche Fachausbildung, aber vom richtigen Leben, da haben die noch wenig Ahnung!

F: Hm.... Also da möchte ich ihnen nicht wirklich widersprechen. Mir geht es übrigens umgekehrt ähnlich: Ich berate meine Kunden auch lieber sozusagen auf gleicher Augenhöhe, wenn sie verstehen, was ich meine. Ich denke sogar, dass es zu einer guten Beratung gehört, wenn sich beide Seiten auch persönlich gut verstehen, wenn die Chemie stimmt, auch altersgemäß. Denn schließlich sind viele Dinge rund ums Geld doch eine besondere Vertrauenssache. Man bekommt bei Geldgesprächen manchmal mehr Einblick in das Privatleben von Kunden als die nächsten Freunde und Verwandten.

K: Jetzt wird's spannend: Heißt das etwa, dass auch wir Kunden in so ein Schema gepresst werden, welches Ihnen anzeigt, wie Ihr mit uns zurecht kommt: Schlecht – Mittel – Gut – Sehr gut? Gibt es den „idealen" Kunden?

F: Den gibt's natürlich nicht! Genauso wenig wie den „idealen Finanzberater". Jeder von uns ist individuell so unterschiedlich gestrickt, dass sich so ein Schema auf Personen nicht anwenden lässt.

F: Aber ich denke, wenn man herausbekommen möchte, was gute, was beste Beratung ist, dann braucht's da schon gewisse verbindliche Standards und normative Kriterien, und zwar auf beiden Seiten. Gerade im Hinblick darauf, was Sie als Kundin vorhin gesagt haben. Ich meine das mit dem Zutrauen. Das ist doch irgendwie so wenig konkret und greifbar.

K: Ich habe das erstens nicht im Sinne von „Vertraulichkeit" im Umgang miteinander gemeint und zweitens verwechsle ich das nicht mit „blindem Vertrauen".

F: Sie meinen also das gegenseitige Verständnis, die „gleiche Sprache". Hab ich recht?

K: Ganz genau! Na endlich ein Finanzberater, der mich versteht! Also, ich bin gern bereit, meine finanziellen Verhältnisse aufzudecken oder auch zuzugeben, wenn ich was nicht weiß oder nicht begriffen habe. Aber mein Gegenüber muss mir dabei das sichere Gefühl geben, dass er das nicht ausnutzt und missbraucht, sondern mich aufklärt. Sachlich, ohne Charme-Spritze und ohne Fach-Chinesisch. Das ist eigentlich doch das Normalste von der Welt, in jeder Geschäftsbeziehung.

F: Da haben sie völlig recht. Auf der anderen Seite bin ich aber der Meinung – vorhin ist das schon mal angesprochen worden –, dass auch die Kunden sich auf die Beratungsgespräche mit uns besser vorbereiten sollten. Schließlich geht es um ihr Geld und um ihre Zukunft. Und da erleben wir manchmal die tollsten Sachen: dass die Unterlagen für die Versicherung nicht auffindbar sind, dass keine Ahnung über Kreditsalden besteht, ganz zu schweigen von Depotauszügen usw. usw. Also wenn wir schon vom sogenannten „wachen Verbraucher" und „idealen Kunden" sprechen, dann ist das einer, der sich mit den Dingen seiner Altersvorsorge, Geldanlage und Risikoabsicherung etc. *pro*-aktiv beschäftigt. Dann kommt es auch leichter zu der „gleichen Augenhöhe" von der ich vorhin gemeint habe, dass sie eine Voraussetzung für gute Beratung ist. Und zwar auch deshalb, weil sich dann mancher Berater schwer tut, sein „Herrschaftswissen" auszuspielen und seine Kunden „abzuzocken", wie Sie annehmen.

K: Das sehe ich genauso. Ich meine in dem Zusammenhang, dass der Kontakt zwischen uns Kunden und euch Finanzberatern unverkrampft intensiviert gehört, damit diese Vertrauensbasis auf sachlicher und persönlicher Ebene entstehen und sich entfalten kann. Ich würde mir wünschen, dass die Finanzberater mich nicht nur beraten, wenn es gerade ansteht, sondern mir ein Angebot an Informationen rund ums Thema Geld und Vorsorge machen, auch wenn ich gerade keinen Geschäftsabschluss mit ihnen vorhabe. Mehr Informationen und nicht nur Verkaufsanstrengungen bitte!

F: Sie sagen es! Übrigens glauben Sie ja nicht, dass wir Finanzberater – von Ausnahmen abgesehen – nur die bösen und eiskalten „Haifische" sind, die umher schwimmen und Kunden „verschlingen" möchten. Sie ahnen ja nicht, wie oft auch wir vor Ihnen Angst haben, oder sagen wir besser Scheu. Manche Kollegen in den Banken ducken sich geradezu weg, wenn der Kunde die Schalterhalle betritt und „mit Geschäft droht", wie es so schön heißt. Und das sind noch nicht mal die Azubis, die wenig Ahnung haben, sondern oft sogar die fachkundigen Mitarbeiter.

K: Also ich weiß nicht recht, entweder tun die mir richtig leid in diesen „Finanz-Fabriken" oder ich könnte mich über sie lustig machen, wie sie da so unschlüssig 'rumstehen oder in ihre Computer starren, bevor sie zu mir herschauen.

F: Wenn ich euch so folge, dann könnte man meinen, dass zu der besten Beratung neben der Lebenserfahrung auch eine gewisse Portion an Manieren, an guter Erziehung gehört. Geht das denn nicht zu weit?

K: Das glaube ich nicht. Ich bin nämlich schon der Meinung, dass das mit der „gleichen Augenhöhe" und mit der „stimmigen Chemie" etwas damit zu tun hat, ob der Berater – ach, übrigens auch wir Kunden – sich zu benehmen weiß. Der muss mir ja nicht gleich `nen Handkuss geben, wenn er zu mir kommt; aber an seiner Höflichkeit kann ich schon mal einen ersten Eindruck bekommen – und der ist ja meistens der entscheidende – ob sich diese „Chemie" zwischen uns in die richtige Richtung entwickelt, oder ob ich ihn lieber gleich wieder fort schicke.

K: Da kommen doch die ganz einfachen Regeln des Anstands ins Spiel: Pünktlichkeit an erster Stelle. Wenn der Berater – übrigens genauso wir Kunden – zum vereinbarten Termin nicht pünktlich kommen kann, dann muss er das eben dem Gesprächspartner per SMS oder Anruf zuvor mitteilen. Das ist das Mindeste an guter Erziehung. Und noch etwas ganz wichtiges: Wenn ich merke, dass der Berater sich für „kleine" Kunden weniger Zeit nimmt und ihnen kürzer zuhört als er es bei den „großen Tieren" tut, dann werd ich böse und ziehe mich von einem solchen Berater zurück. Denn er zeigt in diesem Verhalten, dass er wenig Interesse an Menschen besitzt, ja dass er sich eigentlich nur für unser *Geld* interessiert, aber nicht für unsere *Probleme*. Vielleicht definiert er seinen Selbstwert nur über seinen finanziellen Erfolg – der arme Kerl. Ein guter – ein bester – Berater bewertet seine Kunden nicht nach deren Kontostand, sondern zeigt allen die gleiche *Wertschätzung*.

F: Na ja, ihr Wort in Gottes Ohr! Solche Perfektion gibt's natürlich nicht „von der Stange"; das klingt schon sehr nach „Maßanfertigung". Übrigens, das gibt mir das Stichwort: Schauen sie sich doch mal die gelackten Top-Banker an, mit ihren Maßanzügen und Seidenkrawatten. Das sind doch genau diejenigen, die mit ihrer „Selbstwert-Überschätzung" unsere ganze Branche noch mehr in den Verruf bringen, als die meisten der hungrigen „Beraterchen" auf der untersten Sprosse der Leiter. Welche Vorbilder haben die denn?!

F: Reg dich nicht auf, aber du hast ja recht. Was die Kundin mit dem guten Benehmen gemeint hat, sind ja nicht so sehr äußerlich gute Manieren und ein perfektes Outfit, sondern das, was wir als die inneren Werte bezeichnen, wie Aufmerksamkeit, Respekt, Bescheidenheit. Ich kann dazu nur sagen: Anständig zu sein, das zahlt sich aus. Das klingt natürlich jetzt schon wieder stark nach bloßer „Umweg-Rendite". Doch das meine ich gar nicht mal. Der Erfolgsunternehmer Claus Hipp hat das gut formuliert: *„Der Kaufmann muss ehrbar sein. Das zahlt sich meiner Überzeugung nach aus. Über den Tisch ziehen kann ich jemanden doch nur einmal. Ein zweites Mal gibt der mir gar keine Gelegenheit mehr zum Schwindeln."*

K: Genau das ist es. Allerdings klingt mir Herrn Hipps Bekenntnis doch immer noch zu sehr nach Umweg-Rentabilität: Rendite über den „Umweg" Anstand. Mir ist das immer noch zu wenig. Was ich mir vorstelle, das ist zweckfreier Anstand, einfach aus einer Selbstverständlichkeit heraus. Oder, wenn es denn einer „höheren" Begründung bedarf, dann eben aus Menschlichkeit heraus. Ja ich gehe sogar so weit, dass ich sage: Wenn eine Beratung in Geldangelegenheiten nicht auch von solchen sogenannten „weichen" Kriterien wie Anstand und Ehrlichkeit usw. bestimmt wird, sondern lediglich von sogenannter beinharter Fachkompetenz, dann ist mir das zu wenig. Die sollten sich einmal ein Beispiel an den Japanern nehmen!

F: An den Japanern? Warum den an denen?

K: Nun, ich kann nur wiedergeben, was ich kürzlich in der Neuen Zürcher Zeitung [16.06.2009, S. 23] gelesen habe. Da steht, wie sehr die Japaner im Dienstleistungssektor darauf bedacht sind, dass der Kunde wirklich „König" ist. Sie charakterisieren ihre Servicebereitschaft mit dem Adjektiv „pro-aktiv" und meinen damit, dass der Kunde eine Dienstleistung nicht erst erhält, *„nachdem er darum gebeten hat, sondern bereits im Vorgriff auf seine Wünsche".* Auf die Weise fühlt sich der Kunde von Anfang an ernst genommen, ja wert geschätzt, und das gibt er zurück.

F: Nun, von der Höflichkeit der Asiaten können wir „im Westen" sicher manches lernen. Auch wir sollten bedenken, den Kunden – besser den Menschen – wirklich ernst zu nehmen, und nicht nur ihm dieses Gefühl zu „verkaufen". – Ich hätte gute Lust, mit den ganzen Kriterien, die wir bis jetzt für die beste Beratung ausgemacht haben, eine kleine Beratungs-Qualitäts-Formel zu basteln...

K: .... oh nein – bitte keine Formeln und Formalismen!

F: Oh doch, super! Na sag schon, wie lautet deine Formel?

F: Also, unsere bisher besprochenen Kriterien für die beste Beratung sind: *Präzision* (Prognosegenauigkeit/Zuverlässigkeit), *Transparenz* (Klarheit/ Wahrheit), *Kompetenz* (Fachwissen), *Lebenserfahrung* (Verständnis), *Vertrauen* (Ehrlichkeit) und *Benehmen* (innere Werte). Jetzt nehme ich die „harten" Kriterien als Zähler und dividiere sie durch die „weichen" als Nenner: Präzision + Transparenz + Kompetenz geteilt durch Lebenserfahrung + Vertrauen + Benehmen. Ich gebe allen 6 Kriterien den *gleichen Wert* aus insgesamt 100 Wertepunkten, nämlich 16.66, und bekomme nun als Ergebnis eine 1.

$$\text{„Best Advice": } \frac{16.66 \times 3}{16.66 \times 3} = 1.$$

K: O. k., nehmen wir eine andere Variante: Präzision, Transparenz und Kompetenz jeweils 25 Punkte, Lebenserfahrung 5, Vertrauen 10 und Benehmen auch 10 Punkte. Dann erhalten Sie den von mir schon erwähnten Beratertyp, von dem ich mich ungern beraten lasse:

$$\text{Modell „Youngster": } \frac{25 + 25 + 25}{5 + 10 + 10} = 3.$$

F: Na, dann schlage ich noch eine Variante vor: Präzision 5, Transparenz 5, Kompetenz 10, Lebenserfahrung 20, Vertrauen 20 und Benehmen 40 Punkte. Der ist was ganz besonderes, hat wenig Ahnung, aber gute Manieren:

$$\text{Modell „Lord": } \frac{5 + 5 + 10}{20 + 20 + 40} = 0{,}25.$$

K: Und jetzt, was soll das Ganze?

F: Na gut, ich geb's ja zu, es ist ein bisschen Spielerei. Aber sie enthält doch eine richtige Aussage: Je angeglichener alle Gewichtungen der einzelnen Kriterien sind, also im Zähler und im Nenner, desto näher liegen wir an dem Ergebnis 1, „Best Advice" – Beste Beratung.

K: Halt, halt! Die 1 erreiche ich bei dieser Formel aber auch mit ungleich gewichteten Kriterien, z. B. Präzision 10, Transparenz 35, Kompetenz 5, Lebenserfahrung 15, Vertrauen 10 und Benehmen 25 Punkte:

$$\frac{10 + 35 + 5}{15 + 10 + 25} = 1.$$

Dieses Modell – ich weiß gar nicht, wie ich es nennen soll – .....

F: ..... nennen Sie's doch Modell „Zealous" – der „Bemühte" ....

K: .... gar nicht schlecht, danke! Von dem kann man doch nicht gerade die „Beste Beratung" erwarten, wenn er bei der Kompetenz lediglich auf 5 Punkte kommt, obwohl er alles lang und breit erklärt, oder?

F: Klar. Aber wie er mit dieser 5 in Kompetenz eigentlich auf eine 10 bei der Präzision und gar auf eine 35 bei der Transparenz kommen kann, ist mir unklar. Na ja, er bemüht sich eben. Was ich mit dieser Formel-Spielerei eigentlich sagen will: Alle 6 Faktoren hängen eng miteinander zusammen und bedingen sich gegenseitig. Sie müssen ausgewogen sein. Deshalb meine ich, dass eine beste Beratung jene ist, ...

K: .... bei der die richtigen menschlichen Eigenschaften mit dem richtigen Sachverstand im Gleichgewicht sind?

F: Ganz genau! Aber noch etwas: Die „beste Beratung" braucht nicht nur eine innere Ausgewogenheit von emotionalen Faktoren – sagen wir das „Herz" – und von rationalen Faktoren – den „Kopf" – sondern drittens, auch die Kraft zur aktiven Umsetzung, zur Handlung. Denn wenn die beste Beratung nicht zur Tat führt, verliert sie sich im weiten Raum der guten Absichten. Die beste Beratung ist also die, bei der diese drei Faktoren harmonisch zusammenwirken: Herz, Kopf und Hand!

F: Das ist ein schönes Schlusswort! Es wird frisch. Lasst uns wieder hinein-
gehen ins Haus. Und lasst uns die heutigen Anregungen in unser Bewusstsein hinein nehmen und in unserem Alltag künftig *zusammen* umsetzen –
wir Finanzberater ....

K: ... und wir Kunden!

Nachwort der Autoren

Zugegeben: Es ist uns nicht leicht gefallen, mit dem Niederschreiben unserer Erfahrungen und Einsichten Schluss zu machen. Nicht etwa deshalb, weil wir sie für „unwiderstehlich" richtig hielten (wir hoffen auf reges Echo und kontroverse Beiträge). Sondern deshalb, weil wir der Gefahr erlegen sind, die doch nur allzu verständlich ist: nämlich top-aktuell zu sein. Jeden Tag, ja man möchte schon sagen, stündlich, erreichen uns über die Medien neueste Berichte, die in dieses Buch und zu seinem Thema gehören. Doch wenn wir laufend top-aktuell sein wollten, dann könnten wir die Veröffentlichung in dieser Form vergessen.

Einer einzigen Nachricht zuliebe allerdings würden wir gerne das Erscheinen unseres Buches hinausschieben, die da lauten sollte: *„Die Finanzbranche hat gelernt: Laut einer Umfrage unter Bank- und Versicherungskunden in Deutschland sind weit über 50 Prozent mit der Beratung und mit den Angeboten zufrieden."* Die Nachricht, auf die zu warten es sich lohnen würde, könnte freilich auch einen anderen, nicht minder sensationellen Wortlaut haben: *„Die Deutschen sind geldaktiv: Laut einer Umfrage unter Bank- und Versicherungskunden sind weit über 50 Prozent in der Lage, die angebotenen Produkte nicht nur zu verstehen und ihre ökonomischen Hintergründe zu erklären, sondern auch aktiv mit diesen Produkten umzugehen."*

Das wär'n mal Schlagzeilen! Doch leider .....

So müssen wir nun wirklich die Türen schließen und keine neuen aktuellen Nachrichten zu den hier behandelten Themen mehr herein lassen. Das heißt aber nicht, dass nicht Sie, verehrte Leserinnen und Leser, ihre eigenen Erfahrungen und Erlebnisse – sei es in ihrer Funktion als Berater, sei es als Kunde – uns zusenden (info@finanzplanung-horn.de). Ihr Kontakt mit uns würde uns nicht nur freuen; vielmehr wäre er die Bestätigung dafür, dass wir mit diesem Buch unsere Absicht erreicht haben: dass Sie sich mit seinem Thema, unseren Thesen und Ansichten auseinandersetzen.

Ihr

Georg Horn und *Hubertus von Schrottenberg*

Stichwortverzeichnis

Die Autoren

Georg Horn

Jahrgang 1963, ist selbständiger Kaufmann seit 1986. Von seinem Vater, Franz Horn, der 1966 eine Versicherungsagentur gegründet hatte, übernahm er 1982 parallel zu seiner versicherungskaufmännischen Weiterqualifizierung die unternehmerische Verantwortung für die FINANZPLANUNG HORN in der Region „Drei-Franken-Eck". Heute zählt seine in Schlüsselfeld ansässige Generalagentur für die Zuerich-Gruppe zu den führenden Unternehmen auf dem Felde der Vorsorge-, Absicherungs- und Finanzierungsberatung. Seine Unternehmensphilosophie ist auf die Individualität jedes einzelnen Menschen und seiner Lebensziele und -wünsche fokussiert: „Jede Vorsorge- und Finanzplanung bzw. -beratung ist so individuell wie ein Fingerabdruck!" Zudem gehört sein Engagement der Vermittlung von Finanzwissen und Wirtschaftsbildung sowohl an seine Mitarbeiterinnen und Mitarbeiter als auch an seine Kundinnen und Kunden – und aller, die es werden möchten.

Hubertus von Schrottenberg

Jahrgang 1948, machte bereits während des Studiums der Geschichte, Kunstgeschichte und Publizistik an den Universitäten Würzburg und München seine ersten beruflichen Schritte, unter anderem bei einer Münchner Privatbank. Danach arbeitete er in einem Münchner Wissenschafts- und Schulbuchverlag. Als Quereinsteiger wechselte er 1983 die Branche und absolvierte bei einer deutschen Großbank ein zweijähriges Trainee-Programm. Die weiteren Stationen führten ihn über die Filialleitung am Tegernsee, über Luxemburg schließlich zur Geschäftsleitung der österreichischen Gebietsdirektion einer deutschen Versicherungsgesellschaft. Heute beschäftigt er sich als freiberuflicher Bildungsinitiator und -organisator unter anderem mit den Einflussfaktoren der Wirtschaft auf die Gesellschaft wie auf den Einzelnen, aber auch mit solchen Themen, die für die Allgemeinbildung – und damit für das human(istisch)e Persönlichkeitsprofil des Individuums – Bedeutung haben.